Fundamentos Culturales de la Educación China

Gu Mingyuan

Fundamentos Culturales de la Educación China

Traductoras
Hu Yiyun, Bai Zhimeng and Tong Ruoxi

PETER LANG
New York - Berlin - Bruxelles - Chennai - Lausanne - Oxford

Library of Congress Cataloging-in-Publication Data

Names: Gu, Mingyuan, author.
Title: Fundamentos culturales de la educación China / Gu Mingyuan.
Other titles: Zhongguo jiao yu de wen hua ji chu. Spanish
Description: First edition. | New York, NY : Peter Lang Publishing, Inc.,
[2024] | Includes index.
Identifiers: LCCN 2023040523 (print) | LCCN 2023040524 (ebook) |
ISBN 9781433197673 (hardback) | ISBN 9781636677453 (ebook) |
ISBN 9781636677460 (epub)
Subjects: LCSH: Educational anthropology–China. | Educational
sociology–China. | Education–China–History.
Classification: LCC LA1133.7 .G818 2024 (print) | LCC LA1133.7 (ebook) |
DDC 306.430951–dc23/eng/20231019
LC record available at https://lccn.loc.gov/2023040523
LC ebook record available at https://lccn.loc.gov/2023040524

DOI 10.3726/b21041

Bibliographic information published by the Deutsche Nationalbibliothek.
The German National Library lists this publication in the German
National Bibliographyy; detailed bibliographic data is available
on the Internet at http://dnb.d-nb.de.

This edition is an authorized translation from the Chinese language edition
Published by arrangement with Shanxi Education Press Co., Ltd.

Cover design by Peter Lang Group AG

ISBN 9781433197673 (hardback)
ISBN 9781636677453 (ebook)
ISBN 9781636677460 (epub)
DOI 10.3726/b21041

El libro "<中国教育的文化基础>" fue publicado originalmente en 2004 por Shanxi Education Press. En 2010, el libro recibió el apoyo del Proyecto de Publicación Internacional del Consejo de Prensa y Publicaciones de Clásicos Chinos. Ha sido traducido a diferentes idiomas, incluidos japonés, inglés y francés.

Published by Peter Lang Publishing Inc., New York, USA
info@peterlang.com - www.peterlang.com

This publication has been peer reviewed.

Índice

Prólogo para la edición en español

La educación china posee una historia milenaria y alberga un invaluable patrimonio cultural. Los estudiosos de la historia de la educación de China han alcanzado logros abundantes a través de las investigaciones sobre el desarrollo histórico de la educación en el país. No obstante, al llevar a cabo investigaciones en el campo de la educación comparada, considero necesario examinar el proceso de formación de la tradición educativa de China y su influencia en la educación contemporánea desde la perspectiva de la teoría de la civilización. Esto me ha motivado a investigar los fundamentos culturales de la educación china. Este estudio difiere de la historia de la educación en términos diacrónicos, ya que busca abstraer la esencia de la cultura tradicional china y su impacto en la educación del país, con el objetivo de obtener una comprensión integral del estado actual del desarrollo de la educación en China.

Esta investigación es el resultado de 10 años de trabajo. El primer borrador terminó de redactarse en 2003. Fue publicada en 2004 por la Editorial de Educación de Shanxi. El libro despertó el interés tanto de académicos nacionales como internacionales, especialmente de educadores extranjeros. A través de la lectura de este libro, pudieron relacionar la educación china con la cultura en sí misma y, así, comprender el pasado y el presente. Desde entonces, se han publicado una edición traducida al japonés por Toshindo en 2009 y al inglés por Brill en

2014. Estas traducciones permitieron que un público más amplio tuviera acceso a la investigación y ampliaron su alcance internacional.

Me gustaría expresar mi más sincero agradecimiento a la Dra. Hu Yiyun, Dra. Bai Zhimeng y Tong Ruoxi, quienes, a pesar de sus numerosas responsabilidades investigadoras y educativas, se encargaron de la traducción de este libro al español. Gracias a su dedicación, académicos en países de habla hispana podrán adentrarse en el conocimiento de la educación china. La publicación de este libro seguramente fomentará el intercambio educativo entre ambas partes. También deseo agradecer a la Editorial de Educación de Shanxi y a la Editorial Peter Lang por su valioso apoyo, su cuidada edición y su meticuloso diseño, que han contribuido al éxito de este libro y han permitido que llegue a los lectores de manera efectiva.

28 de junio de 2023

Notas de traductoras

Con gran respeto y entusiasmo, hemos completado la traducción del libro *Fundamentos culturales de la educación china* del Catedrático Gu Mingyuan.

Estamos encantados de haber llevado a cabo esta traducción, ya que consideramos que esta obra es de gran importancia para comprender la educación en China desde una perspectiva cultural. El Catedrático Gu Mingyuan ofrece profundos conocimientos sobre la relación entre la cultura y la educación, destacando la relevancia de los valores y las tradiciones culturales chinas en el ámbito educativo.

Profesamos el mayor de los respetos por el Catedrático Gu como destacado educador en China, quien ha trabajado en el ámbito educativo durante más de 60 años. Comenzó a enseñar en Beijing en la década de 1950, después de completar sus estudios en la Unión Soviética, y ha ocupado diversos cargos en la administración y gestión educativa. Desde la reforma y apertura iniciada en 1978, ha participado en todos los debates sobre la educación china y ha desempeñado roles importantes en la formulación de políticas en todos los frentes de la educación y en todas las reformas educativas de las últimas tres décadas. Sus estudiantes se encuentran dispersos por toda China y en muchos países.

Este libro representa otro logro importante del Catedrático Gu. Si bien ha habido publicaciones sobre la cultura china que abordan el papel de la educación, así como libros sobre la educación china que mencionan las influencias de la cultura, antes de la publicación de esta obra en 2004, ninguna otra había analizado los fundamentos culturales de la educación china. El Catedrático Gu es el primer académico en analizar la evolución de la educación en el contexto de la evolución cultural, señalando el impacto de los elementos culturales en diferentes momentos de la educación china y destacando los contraimpactos de la educación en el desarrollo de la cultura china. Gracias a este trabajo, el lector comprenderá cómo se inició la educación china, cómo ha evolucionado, qué sucedió en cada momento histórico debido a los cambios culturales, por qué la educación china tiene el formato, la estructura y los enfoques actuales, y qué filosofías, tanto chinas como extranjeras, han influido en la educación china. Este libro ha obtenido una buena respuesta y se ha reimprimido en varias ocasiones. En 2018, la Editorial de Educación de Shanxi publicó la segunda edición del libro. Además, el libro ha sido traducido a diferentes idiomas, incluyendo el japonés, el inglés y el francés.

Agradecemos al Catedrático Gu por habernos otorgado los derechos de traducción al español de este libro. La idea de traducirlo surgió durante una conversación entre la Dra. Hu Yiyun y el Catedrático Gu, durante la cual este expresó que China debería tener un mayor conocimiento sobre la educación en América Latina. La Dra. Hu Yiyun se mostró de acuerdo y consideró que el intercambio educativo entre China y América Latina debería ser bidireccional. No solo tendríamos que estudiar la educación latinoamericana en China, sino que también China debería activamente difundir sus ideas educativas en América Latina, fortaleciendo así el intercambio educativo y cultural entre ambas partes.

Sin embargo, una vez que comenzó el trabajo de traducción, nos sentimos emocionados y nerviosos por la misma razón: se trata de un libro tan importante que resultaba de suma importancia garantizar la calidad de nuestra traducción. A pesar de nuestras agendas ocupadas, creamos varios enfoques para asegurar la calidad de esta versión traducida del libro del Catedrático Gu.

El primer desafío que encontramos es la traducción del chino clásico al español. El chino clásico (*Wen Yanwen*), difiere mucho del chino moderno (*Baihua Wen*): es elevado, conciso y literario. Varios caracteres en chino clásico pueden traducirse en una larga oración en chino moderno, y muchos caracteres pueden entenderse de diferentes maneras. Solo las personas educadas en tiempos antiguos podían leer este lenguaje. No fue hasta principios de 1900 que el chino clásico se transformó gradualmente en chino moderno, en gran parte debido al movimiento de la nueva cultura, desarrollado en el seno del movimiento del 4 de mayo en 1919. En las escuelas chinas contemporáneas, los estudiantes aprenden a traducir del chino clásico al chino moderno. Debido a la larga historia de China, el Catedrático Gu cita muchos autores clásicos para analizar la relación entre la cultura china y la educación china. Para traducirlos al español utilizamos muchos diccionarios chinos para identificar el significado exacto de cada palabra y oración clásicas. Nuestro equipo de traducción ha contratado a expertos en el chino clásico para que nos guíen en la traducción del antiguo idioma chino.

El segundo desafío al que nos enfrentamos es la traducción de nombres de personas y lugares. El libro es rico en contenido y las notas de los autores, abundantes. En ellas se mencionan o se citan a muchas personas y se describen muchos eventos relativos a diferentes periodos y aspectos de la milenaria historia de China. Para los lectores chinos, esos nombres y eventos pueden formar parte de la cultura general, pero para los lectores hispanohablantes podrían resultar difíciles de entender. Para mayor comodidad de todos los lectores, cada vez que aparece un nombre o un evento en el texto, agregamos una nota al pie de página además de las notas originales del Catedrático Gu. Todas las notas realizadas por nosotros se enumeran al final de la página como Notas de los autores.

La Dra. Hu Yiyun es profesora titular en el Instituto de Educación Internacional y Comparada de la Universidad Normal de Beijing. Ella ha sido responsable de la traducción del prólogo, epílogo y la corrección de todo el libro. La Dra. Bai Zhimeng es profesora lectora en la Facultad de Filología Extranjera de la Universidad Normal de China Central. A ella le ha correspondido la traducción de los capítulos uno al diez del libro. Tong Ruoxi es estudiante de posgrado en el Instituto de Educación Internacional y Comparada de la Universidad Normal de Beijing y se ha encargado de la traducción del capítulo once y la edición de todo el libro.

En el proceso de traducción de este libro, nos gustaría expresar nuestro agradecimiento a los siguientes profesores por su invaluable ayuda. Agradecemos al Dr. Marco Aurelio Navarro Leal, profesor de la Facultad de Filosofía y Letras de la Universidad Nacional Autónoma de México y presidente de la Sociedad Iberoamericana de Educación Comparada, por su orientación en la traducción completa al español. Damos las gracias también al Dr. Guillem Castañar Rubio, profesor lector de lengua y cultura catalanas en la Universidad de Helsinki, por su guía en la traducción al español de todo el texto. Queremos agradecer al Sr.Wang Zhiwei del Departamento Internacional del Ministerio de Educación de China por sus valiosos comentarios sobre esta traducción. Agradecemos el apoyo y la orientación del investigador *honoris causa* Xu Shicheng del Instituto de America Latina de la Academia China de Ciencias Sociales, del Catedrático Dr. Huang Zhicheng de la Universidad Normal del Este de China, del Catedrático Lv Longgen, de la Catedrática Dra. Zhang Ke de la Universidad de Estudios Internacionales de Beijing, del Dr. Sun Wei de la Universidad de Lenguas Extranjeras de Beijing, y del Dr. Song Yang de la Universidad de Pekín. Agradecemos al Catedrático Dr. Wang Yingjie, al Catedrático Dr. Liu Baocun, a la Catedrática Dra. Teng Jun, al Dr. Ding Ruichang y a todos los colegas del Instituto de Educación Internacional y Comparada de la Universidad Normal de Beijing.

A lo largo del proceso de traducción, el Sr. Wang Jiegong, editor de la Editorial de Educación de Shanxi, ha sido responsable del proceso de publicación. Su aliento, paciencia y coordinación nos han ayudado a superar muchas dificultades.

El Catedrático Gu nos ha brindado un fuerte apoyo con orientación detallada. En muchas ocasiones, detuvo otras tareas para ayudarnos a comprender el contenido del libro. Su visión y su sabiduría nos inspiran y han inspirado a muchos educadores chinos.

Esta traducción busca acercar este valioso conocimiento a los lectores de habla hispana, especialmente a aquellos interesados en profundizar en la relación entre la cultura y la educación en China. Creemos que este libro ofrece una perspectiva única y proporciona una base sólida para comprender las peculiaridades y los desafíos de la educación china en la actualidad.

Esperamos que esta traducción sea de gran utilidad para los lectores, y que les brinde una visión enriquecedora sobre los fundamentos culturales de la educación en China. Estamos agradecidos de cualquier comentario o pregunta.

CAPÍTULO I

Educación y cultura

Una parte esencial en la investigación de la educación de un país debe ser la indagación de los fundamentos culturales de su origen. A principios del siglo XX, el inglés Michael E. Sadler (1861–1943), investigador y educador de educación comparada, consideraba incorrecta la investigación aislada de la educación. Es imprescindible prestar atención a la situación cultural de la educación e investigar los diversos elementos que determinan un tipo de educación. El alemán Friedrich Schneider (1881–1974) y el inglés Nicolas Hans (1888–1969), quienes sentaron la metodología de análisis de elementos de educación comparada, coinciden en que hay varios elementos que pueden influir en la educación, como la peculiaridad nacional, la ubicación geográfica, la cultura, la economía, la ciencia, etc. Además, Hans estableció tres tipos de elementos influyentes en la educación de cada país: elementos naturales, que incluyen elementos étnicos, idiomáticos, geográficos, económicos, etc.; elementos religiosos, que abarcan las tradiciones católicas, anglicanas, puritanas, etc.; y elementos seculares, que contienen el humanismo, el socialismo, el nacionalismo, la democracia, etc.[1]

Esta clasificación está centrada en la civilización occidental. Si bien no la consideramos científica, debe ser tenida en cuenta su propuesta de unir los diferentes elementos complicados que influyen en la educación. Desde el punto de vista de las actividades básicas del ser humano, los elementos influyentes de la educación pueden ser clasificados en políticos, económicos (productivos), culturales y otros. Entre estos, los elementos culturales tienen un efecto más profundo y prolongado en la educación. Se puede destacar en las actividades educativas de muchos países que el progreso del sistema político y de las estructuras económicas no conlleva necesariamente el desarrollo de regímenes ni de pensamientos educativos. Por lo tanto, solo se puede entender la esencia de un tipo de educación mediante la investigación de los elementos culturales que lo influyan. Actualmente, si queremos crear un sistema educativo socialista con características chinas (y el sistema teórico), es imprescindible llevar a cabo una investigación de los fundamentos culturales sobre los que la educación china existe y se desarrolla.

Definiciones de la cultura y sus características

Varias definiciones y explicaciones de cultura

Para entender la relación entre la educación y la cultura, deben plantearse dos preguntas fundamentales: ¿qué es la cultura?, y ¿cómo definimos la cultura? La cultura es un concepto con una gran variedad de connotaciones. Hay aproximadamente 200 definiciones de cultura en el mundo académico. Dentro de ellas, algunas la consideran como un estado de la vida, algunas la sintetizan como la suma de los frutos materiales y espirituales, y otras la vinculan especialmente a los logros espirituales. Al juicio de Liang Shuming, «¿Miren ustedes qué es la cultura? Solo trata del estilo de vida de un pueblo».[2] Explica también que «**La cultura es un conjunto de todo lo que nos sostiene la vida**».[3] Sus palabras tienen similitudes con las opiniones de Qian Mu. Este historiador, en su libro *Cultura y Vida*, dice: «La cultura debe empezar desde la vida de los seres humanos. Sin vida no existe. La cultura consiste en un gran conjunto que abarca todos los aspectos de la vida humana».[4] En otro libro, *Metodología de investigación en la historia china*, este autor indica que la cultura significa la integridad de toda la historia. En otras palabras, la cultura es la vida. Esta vida no se refiere a la vida de cualquier persona sino a una integración, constituida conjuntamente por la vida de toda la gente, que incluye todos los aspectos y secciones, sean sustanciales o espirituales.[5] Esto quiere decir que todas las actividades vitales de un colectivo y todos los tesoros creados por él son cultura. Sin embargo, en *Introducción de la historia cultural china*, establece una distinción conceptual entre cultura y civilización:

> Tanto la cultura como la civilización se refieren a la vida conjunta de los seres humanos. La civilización tiende a lo exterior, lo sustancial, mientras que la cultura tiende a lo interior, lo espiritual. Por esta razón, la civilización se puede propagar en el extranjero

> y ser aceptada, pero la cultura sólo puede nacer mediante la acumulación espiritual dentro de un grupo.[6]

De modo parecido, Qian opina que «la cultura puede crear la civilización mientras que la última no es capaz de hacer lo mismo». En este caso, su concepto de cultura solo hace referencia a los logros espirituales. Podemos destacar que hay diferencias diminutas entre las definiciones de Liang y Qian. Qian cree que la cultura es toda la vida, sin embargo, Liang la entiende como todo el amparo de la vida. El erudito taiwanés Zhao Yabo piensa lo siguiente:

> La esencia de la cultura consiste en el cambio de la naturaleza y del estado original de sí mismo y los complementa con nuevas circunstancias. Mejor dicho, se trata de desplegar la función y la capacidad de la naturaleza o de sí mismo, es decir, los seres humanos utilizan sus capacidades –la inteligencia, la voluntad y los sentidos–, para convertir las fuerzas potenciales de la naturaleza o de uno mismo en realidad y alcanzar estados diferentes a los originales, con el objetivo de que el ser humano alcance estadios superiores.[7]

Este cambio puede ser entendido en dos vertientes: lo sustancial y lo espiritual. Las definiciones y explicaciones expuestas en los párrafos anteriores, que son razonables todas, explican la compleja concepción de la cultura desde diferentes perspectivas. Aunque sus puntos de vista son diversos, todos consideran que la cultura se refiere a las actividades humanas y sus resultados.

Estamos más de acuerdo con las ideas de Zhang Dainian y Cheng Yishan, en *La cultura china y la polémica cultural*, que definen la cultura de esta forma:

> La cultura es el conjunto de medios con los que los seres humanos abordan su relación con el mundo y realizan sus actividades espirituales y prácticas, así como los logros sustanciales y espirituales conseguidos en este proceso. Es la combinación dialéctica de los medios y los logros de las actividades humanas.[8]

En esta definición destaca la unión de los medios (dinámicos) y los logros (estáticos) de las actividades humanas. Los logros abarcan tanto las ganancias sustanciales como las espirituales; mientras que los medios también se dividen entre las acciones espirituales y las prácticas. La cultura no solo trata de los éxitos conseguidos, sino también los medios de las actividades humanas. Por lo tanto, esta definición será más completa que las otras.

Características de la cultura

La cultura es un proceso creativo en constante desarrollo. Esto recibe el nombre de peculiaridad temporal de la cultura. Qian Mu establece tres tipos de culturas humanas –la cultura nómada, la agrícola y la comercial– y los complementa con sus explicaciones. Sin tener en cuenta la cientificidad de su clasificación ni la exactitud de sus explicaciones, sus razones para establecer esta taxonomía se basan en la idea de que la cultura progresa con los cambios de la época y el desarrollo de la sociedad. En las épocas nómada y agrícola hay culturas correspondientes, y con el advenimiento de la sociedad industrial surgieron las culturas industrial y comercial. Actualmente, los humanos están caminando hacia la era de la informatización. Por eso, la cultura humana también va a entrar en un nuevo período. Este cambio se realiza mediante las actividades espirituales y prácticas de los humanos. Estas acciones son la fuente y la fuerza motriz de la vicisitud cultural. Por otro lado, los cambios o las creaciones culturales se establecen con base en las culturas antiguas y no pueden aparecer de manera separada sin relacionarlos con las culturas tradicionales. Las culturas nuevas son capaces de cambiar las antiguas y superar sus deficiencias, pero no pueden desvincularse de las tradiciones. Se parecen a los seres vivos recién nacidos, que aun estando separados del cuerpo de la madre, conservan la herencia genética. Esto es así porque, en primer lugar, las actividades espirituales y prácticas de los humanos siempre se efectúan en el marco de las situaciones culturales originales; en segundo lugar, la gente no vive en el vacío ni las nuevas culturas se crean en ello. Precisamente su peculiaridad hereditaria y transmutable explica que se mantenga viva la investigación sobre la cultura.

La cultura tiene peculiaridad nacional. Creada por un pueblo o una etnia determinada, la cultura siempre refleja las características especiales de su pueblo fundador. Esto es lo que define Liang Shuming «el estilo de vida del pueblo».[9] Por lo tanto, la tradición cultural y la tradición cultural nacional pueden ser sinónimos. Debido a las diferencias de los períodos históricos y de las situaciones naturales y sociales, los diferentes pueblos del mundo entendieron de manera distinta los fenómenos naturales y sociales e inventaron sus propias culturas. En la antigüedad hay cinco civilizaciones, que son la civilización antigua egipcia, la india, la babilonia, la griega y la china. Los conflictos bélicos y otros accidentes históricos a lo largo de la historia motivaron la decadencia de algunas civilizaciones. Después de todo, la civilización griega se convirtió en el origen de la cultura occidental, mientras que la china de Oriente se ha prolongado hasta la actualidad. Acompañados del surgimiento de los estados nación, la peculiaridad nacional de la cultura se destaca de manera más clara, e incluso en un mismo estado nación, en la sociedad de clases, las culturas pueden ser diferentes por las distintas clases sociales que existen. A juicio de Lenin, en cada cultura nacional hay dos tipos de subculturas:

> Dentro de la cultura de cada pueblo, hay algunos elementos, aun subdesarrollados, de la democracia y el socialismo, debido a que en todos los pueblos existen grupos

> trabajadores y explotados. Sus míseras condiciones de vida provocarán el surgimiento de la ideología democrática y socialista. Mientras que en cada pueblo también vive las clases burguesas y su cultura (en la mayoría de los pueblos, también se encuentran culturas criminales organizadas o de sectas religiosas), las cuales no son una parte inapreciable del conjunto de una cultura, sino que ocupan una posición dominante.[10]

Tomada como un caso único de estudio, la cultura es constituida por diversos componentes subculturales; comparada con otros pueblos, siempre goza de unas características propias. En la cultura nacional existen la cultura central y la periférica, y las distintas subculturas de los diferentes pueblos que viven en un mismo país. De todas maneras, hay una cultura dominante que representa el conjunto de las subculturas de un pueblo.

Las peculiaridades temporal y nacional son las dos características principales de la cultura. Por un lado, la naturaleza temporal, o cambiante, significa que la cultura progresa al compás del cambio de la época. Esto revela también el carácter dinámico de la cultura, la cual se cambia con el desarrollo económico, político y científico de la sociedad y se adapta a las necesidades de la época. Justo por el mismo motivo, puede conseguir el progreso y alcanzar los pasos de la historia. Si la cultura de un pueblo no puede realizarlos, decaerá e incluso desaparecerá. Son dos las razones por las que algunas de las civilizaciones antiguas desaparecieron o fueron sustituidas por otras civilizaciones: bien a causa de las invasiones, bien a causa de su incapacidad de adaptación a las necesidades contemporáneas. Por otro lado, la naturaleza nacional se refiere a que la cultura es relativamente estable y permanente, a veces «solidificada» y difícil de modificar. La tradición cultural nacional está formada por las características estables y permanentes de la cultura. La modificación es absoluta mientras que la estabilidad es relativa. Las características típicas de una cultura solo se pueden mantener dinámicas y ser sucedidas a causa de los cambios progresivos y adecuados al período histórico.

Hay dos tipos de cambios culturales: el cambio paulatino y el brusco. El paulatino acontece en el interior de una cultura, debido al desarrollo de las fuerzas productivas y el cambio de los modos de vida, así como a las comunicaciones comerciales con los pueblos extranjeros y a la absorción de los elementos culturales exteriores. El brusco ocurre principalmente en épocas de revoluciones violentas. Por ejemplo, el Renacimiento de Europa derribó la cultura religiosa de la Edad Media, reconstruyó las civilizaciones de la Antigüedad Clásica y facilitó el camino a la industrialización de la sociedad; la guerra de Independencia de los Estados Unidos abandonó algunas tradiciones europeas y estableció paso a paso la cultura estadounidense; la Nueva Revolución Democrática de China destruyó la cultura tradicional semicolonial y semifeudal, y permitió la fundación de una nueva cultura socialista. Sin embargo, todos estos avances no conllevaron la eliminación de las tradiciones de la cultura original. La cultura estadounidense sigue siendo sucesora de la tradición europea y la nueva cultura socialista china también mantiene las características tradicionales. Por lo tanto, la cultura nacional es, en este sentido, estable o solidificada. Algunos elementos culturales, que a veces desaparecen en las revoluciones sociales, pueden resucitar en situaciones adecuadas. La tradición ortodoxa rusa, aun desaparecida después de la Revolución de Octubre, renació debido a la disolución de la Unión Soviética setenta años después. A lo largo de la historia, los cambios culturales, que tienen por resultado choques y encuentros de las diferentes culturas, siempre se manifiestan de manera paulatina, a veces mediante las comunicaciones y los negocios, a veces por las guerras. La Ruta de la Seda permitió la difusión los Cuatro Inventos de China a Europa y trajo la cultura europea a China. Las guerras incesantes de la Europa antigua también difundieron la cultura romana.

La fuerza motriz de los progresos culturales puede provenir de las presiones exteriores o interiores. Como todos sabemos, la civilización del antiguo Egipto y su cultura perecieron debido a las invasiones romanas. A mediados del siglo VII, Egipto fue conquistado por los musulmanes, quienes fundaron la cultura islámica. Sin embargo, la ciencia y tecnología avanzada y el arte y la literatura esplendorosos del antiguo Egipto llega hasta la actualidad y se convierte en el patrimonio de la cultura humana. En China, el aprendizaje occidental hacia Oriente también se llevó a cabo al compás del estruendo de los proyectiles de los invasores imperialistas europeos. Antes de la Guerra del Opio la cultura china también había absorbido las culturas de otros pueblos, si bien su influencia fue escasa y superficial. Después de la guerra, el Movimiento de Autofortalecimiento y el Movimiento Reformista de 1898 tuvieron que enfrentarse directamente a la cultura occidental y se produjo un brusco choque entre China y Europa. Durante este choque, los chinos adoptaron distintas medidas, tales como «conservar la cultura ética tradicional como esencia, utilizar la ciencia y tecnología occidentales como auxilio» y «aprovechar de las habilidades de los occidentales para vencerlos», pero ninguna de ellas impidió cambios en el seno de la cultura china. Otro tipo de fuerza que también puede proceder del interior de un pueblo es su capacidad de adaptación a los cambios que tienen lugar en una época determinada. Los caracteres cuneiformes egipcios fueron sustituidos por escrituras fonéticas debido al desarrollo de la ciencia y tecnología y las necesidades de la producción y de la vida cotidiana. Este cambio provocó avances en la cultura egipcia. Los progresos de los humanos desde la época nómada hasta la industrial e informática también son resultados del cambio interior. Desde 1840, China empezó a sufrir las invasiones constantes de los imperialistas europeos, pero la fuerza de nuestro desarrollo también provenía del interior, de nuestras necesidades para llevar a cabo un proceso de modernización. Podemos sacar la conclusión de que la potencia interior será la causa del cambio cultural y la fuerza exterior, la condición.

La naturaleza temporal de la cultura refleja la comunidad de la cultura humana, mientras que la naturaleza nacional revela su personalidad. Los dos maestros Zhang Dainian y Cheng Yishan escriben:

> La relación entre las peculiaridades temporal y nacional de la cultura es, en verdad, una cuestión sobre lo general y lo especial. Lo general se refiere a que las culturas de los distintos pueblos de una misma época disponen de características temporales comunes, mientras que lo especial está ligado a la peculiaridad de cada pueblo. Lo general también puede significar la cultura y la mentalidad conjuntas de un mismo pueblo de una época determinada, y lo especial trata de las diferentes subculturas y modos de pensar de sus distintas clases y partidos.[11]

Bajo la situación de globalización económica, internacionalización informática y frecuente comunicación internacional entre personas, la aparición de choques culturales entre países y pueblos será inevitable. Por un lado, mediante las comunicaciones internacionales, las culturas de diferentes pueblos se intercambian y se influyen mutuamente. Por otro lado, cada pueblo intenta mantener las particularidades de su cultura y evitar que sea asimilada o sustituida por otras, especialmente los pueblos pequeños y débiles que soportan las presiones de culturas dominantes. Algunos países poderosos intentan propagar el hegemonismo en todo el mundo mediante la globalización económica e imponer su ideología a los otros. Preconiza su estilo de vida como la cultura más avanzada del mundo. El hegemonismo cultural no solo genera oposición de otros pueblos, sino que también será contraproducente para la internacionalización verdadera. La internacionalización cultural no consiste en la sustitución de una cultura por otra, sino en el intercambio y el aprendizaje mutuos de todas las culturas con el objetivo de conseguir un desarrollo conjunto. La cultura de cada pueblo cuenta con sus ventajas y deficiencias. Por lo tanto, hay que asimilar las excelencias de los otros países para mejorar nuestra propia cultura y realizar el enriquecimiento conjunto de la cultura de todo el mundo. Algunos opinan que actualmente, la cultura que goce de más peculiaridad nacional dispone de mayor nivel de internacionalidad. Es decir, cada persona vive en su propia situación cultural, pero también tiene ganas de conocer las culturas de los otros. Por ejemplo, un viajero extranjero prefiere visitar la Gran Muralla, las Tumbas de la Dinastía Ming y los Guerreros de Terracota que el Parque Mundial de Pekín, porque estos tres lugares turísticos cuentan con más características típicas chinas. La naturaleza nacional de la cultura, en este sentido, no se refiere simplemente al nacionalismo egoísta, sino que hace referencia también a las especificidades preferidas por el pueblo. Por la misma razón, la UNESCO incluye las Pirámides de Egipto y la Gran Muralla de China en la lista del Patrimonio Mundial Cultural.

Transmisión y evolución de la cultura

La transmisión y la evolución de la cultura es un proceso muy complejo. Hay tres teorías sobre este fenómeno: evolutiva, difusionista y aculturativa. La teoría evolutiva sostiene que el desarrollo de la cultura es un proceso de acumulación gradual e incesante, desde lo sencillo hasta lo complicado, desde lo inferior hasta lo superior. Esta teoría general e histórica sobre la transmisión y la evolución de la cultura destaca su forma temporal. Se trata de la norma común e histórica del desarrollo cultural.

El difusionismo explica que la propagación y el progreso culturales se producen gracias a las comunicaciones humanas, como los negocios, las guerras y las migraciones. Hace hincapié en la forma espacial de este proceso. Se refiere a la norma regional del desarrollo cultural.

La aculturación sintetiza que una cultura no se desarrolla de manera aislada. Mediante los contactos, choques y encuentros entre diferentes culturas, se provocan los cambios mutuos y se forma una situación aculturativa. Después de selecciones y ajustes conscientes o inconscientes, nace un tipo de cultura nueva. Consiste en la ley común del desarrollo cultural.

Debido a los diferentes conocimientos de la transmisión y la evolución de la cultura, se han establecido diferentes escuelas, que enumeramos a continuación.

La escuela evolucionista, representada por las teorías del inglés Edward Teller y del estadounidense Lewis Morgan, subraya la unanimidad de la naturaleza humana y la consiguiente del desarrollo cultural y también se denomina como evolucionismo unilineal o evolucionismo clásico. Durante los años cincuenta del siglo XX, también apareció el «evolucionismo nuevo», es decir, el evolucionismo multilineal. Esta escuela no está de acuerdo con la comunidad ni las leyes universales que existen en el desarrollo de diversas culturas humanas.

La escuela expansionista, cuyos representantes son los alemanes Friedrich Ratzel y Fritz Graebner, propone la teoría del círculo cultural, que considera el círculo cultural (*kulturkreis*) como una entidad. El origen de la cultura está en el centro del círculo, desde el cual se expande a otras regiones del mundo. Hace demasiado hincapié en el movimiento espacial de la cultura.

La escuela socialista, simbolizada por los franceses Émile Durkheim y Marcel Mauss, argumenta que el origen de la cultura humana es la sociedad y la situación social. La cultura está ligada a los pensamientos colectivos de la sociedad. Por lo tanto, este constructo teórico debe ser investigado por los estudios positivistas de la sociología.

La escuela histórica está representada por el estadounidense Franz Boas. Enfatiza la investigación dinámica e histórica de la cultura y la teoría independentista cultural. Considera que cada cultura está influida por elementos biológicos, geográficos, históricos y económicos. Todos estos son factores decisivos, pero ninguno es único. El desarrollo de la cultura humana es irregular.

La teoría de la relatividad cultural, denominada también teoría del valor, considera que las culturas de cada pueblo son iguales en término de valor. No hay una norma absoluta de evaluación que pueda adaptarse a cualquier sociedad.

La escuela funcionalista está propuesta por los ingleses Bronislaw y Malinowski y trata la cultura como un conjunto entero compuesto por diferentes partes. Cada parte cuenta con sus propias funciones y objetivos.

Además, también aparecen escuelas psicológicas (de Sigmund Freud) y estructuralistas,[12] que constituyen otros puntos de vista acerca de esta cuestión. De todas maneras, la ley común es que en la transmisión y la evolución de la cultura son imprescindibles la evolución, la difusión y la aculturación. Es indudable que cada cultura dispone de sus propios procesos evolutivos, caminos de desarrollo y especialidades. Las teorías mencionadas afectan a diversos niveles los conocimientos de la gente sobre la educación y su relación con la cultura.

Eslabones fundamentales del desarrollo cultural

Aunque el desarrollo cultural es un proceso muy complicado, tiene cuatro eslabones básicos: la transmisión, la selección, el descubrimiento y la creación.

La transmisión expande el producto cultural existente a lo largo del tiempo y a lo ancho del espacio, con el objetivo de reservarlo para el futuro y ampliar su influencia hasta diferentes regiones. La transmisión vertical a lo largo del tiempo trata del factor directo de la formación de las tradiciones culturales nacionales, mientras que la horizontal a lo ancho del espacio promueve los intercambios culturales entre diferentes pueblos y regiones y dota de contenido a las culturas. La transmisión no es lo mismo que la creación, pero tampoco se trata de un movimiento mecánico. Los contenidos de la transmisión se ven afectados por el sujeto y la situación y pueden ser eliminados o complementados. También se puede dividir en dos tipos: la transmisión activa propuesta por la cultura anfitriona y la transmisión pasiva realizada por la cultura huésped. La expansión del cristianismo en todo el mundo fue efectuada por misioneros (de la cultura anfitriona) de manera activa. La difusión de los Cuatro Inventos de China y las técnicas de la fábrica de porcelana y de la sericicultura se llevan a cabo tanto por los comerciantes chinos (de la cultura anfitriona) como los europeos (de la cultura huésped). De todas maneras, la transmisión de la cultura siempre se realiza con el acompañamiento de la selección.

La selección se refiere a que el sujeto cultural, cuando transmite la cultura existente y absorbe la extranjera, siempre subraya o complementa, elimina o abandona algunos elementos según las necesidades de la época y de sí mismo. La selección y la transmisión son inseparables, en el proceso de la transmisión siempre hay algún tipo de selección. Las doctrinas de Confucio se transformaron después de las selecciones y explicaciones de Dong Zhongshu y Zhu Xi. Las diversas críticas surgidas en el mundo académico y político desde el aprendizaje occidental hacia Oriente consisten en actividades de conocer y seleccionar los diferentes aspectos de la cultura occidental. En la actual propagación de la tradición cultural excelente del pueblo chino, es indispensable también la selección: hay que mantener los componentes avanzados y suprimir los caducos. Además, la selección de la cultura está restringida por las condiciones económicas y políticas de la época. Excepto los productos culturales a nivel material, las instituciones y los pensamientos, que son parte de la superestructura de la sociedad, también se ven afectadas por la infraestructura económica.

La clase dominante de una época se inclina a elegir las instituciones y los pensamientos que le permiten ejercer su dominio. Las culturas que puedan adaptarse a sus necesidades son reservadas y difundidas, mientras que las inadecuadas son rechazadas. La «quema de libros y sepultura de intelectuales» de Qin Shi Huang, la política de «profesar únicamente el confucianismo» de Dong Zhongshu e incluso la recopilación *Colección imperial de los cuatro depósitos (Siku Quanshu)* del emperador Qianlong son selecciones de una cultura. Incluso la cultura material experimenta la cuestión de la elección. Debido a los distintos desarrollos productivos de las diferentes épocas, las necesidades de la gente cambian y esto ocasiona la selección y eliminación de los productos culturales existentes. Hay dos tipos de contenidos escogidos: por un lado, la crítica, que permite la sucesión y el desarrollo de la cultura doméstica; por otro lado, la introducción e integración de la cultura extranjera. Además, también hay dos maneras selectivas. Una se refiere a las actividades decisivas realizadas desde un ámbito superior hacia uno inferior, es decir, las medidas de prohibición o difusión adoptadas por la clase dominante, como las políticas de sinización propuestas por los emperadores mongoles y manchúes después de que entraran en el centro de China. Otra guarda relación con las actividades que se llevan a cabo desde el ámbito inferior al superior. Mejor dicho, la cultura se populariza entre los ciudadanos y después su influencia llega a la clase superior de la sociedad hasta ser consentida por todos. Por ejemplo, durante el aprendizaje occidental hacia Oriente, los misioneros introdujeron primero su cultura entre las clases populares y poco a poco su fama empezó a afectar a la corte. Se puede decir que la difusión y el desarrollo de la cultura no se pueden realizar sin los escogimientos.

El descubrimiento significa la exploración y la utilización de las culturas existentes pero desapercibidas por la gente. Un tipo de descubrimiento es de carácter temporal e intenta revelar y aprovechar los logros de culturas anteriores. La Escuela de la Escritura Sagrada de la dinastía Han fue establecida debido a la exploración de un caudal de documentos de los períodos de las Primaveras y los Otoños y de los Estados Combatientes en el interior de las paredes de la residencia antigua de Confucio. Las actividades arqueológicas y las investigaciones actuales sobre la ciudad histórica Dun Huang, la novela clásica *Sueño en el pabellón rojo* y el autor Lu Xun también son descubrimientos de la cultura. Estos trabajos son capaces de añadir color a la cultura y promover su desarrollo. El Renacimiento de Europa, proveniente de la recuperación de la cultura antigua griega, impulsó la formación de las tradiciones ideológicas y culturales burguesas europeas. Otro tipo de exploración es de rasgo espacial, es decir, la absorción de una cultura heterogénea. Se puede tratar tanto de actividades iniciativas, por ejemplo, la difusión del budismo en China, como de actividades pasivas, por ejemplo, el aprendizaje occidental hacia Oriente a finales de la dinastía Qing. Los proyectiles europeos hicieron que los chinos conocieran lo avanzado de la cultura occidental. El descubrimiento de la cultura es un proceso que siempre se combina con la selección.

La creación está relacionada con la fundación de una cultura nueva no existente. Es la forma más avanzada del desarrollo cultural e incluye la creación original que tiene un significado inicial y la creación modificadora, unida a la recreación de una cultura existente. Sin embargo, ninguna de las dos puede realizarse sin la base de la cultura original. El sujeto de la creación está viviendo en una situación cultural determinada y la cultura nueva no puede nacer desde el vacío. Después de la Revolución de Octubre, Lenin criticó el rechazo de aprovechar las herencias culturales anteriores propuesto por los bandos culturales proletarios durante el proceso de la creación de la cultura socialista:

> El sistema de pensamientos revolucionarios proletarios del marxismo ha conseguido una popularidad mundial e histórica. La razón consiste en que no ha abandonado los logros más destacados de la época burguesa. Al contrario, ha absorbido y recreado todos los contenidos valiosos en el desarrollo de la ideología y la cultura humanas a lo largo de dos mil años.[13]

La fundación y el cimiento de la cultura china provienen de las épocas anteriores de la dinastía Qin. Según evidencias arqueológicas, durante los años 7000 a. C. y 2300 a. C. nacieron grupos culturales como Hua Xia, Dong Yi y Nan Man. Ellos crearon una civilización material muy avanzada dotada de cultura e ideología. Durante la dinastía Zhou se establecieron el sistema patriarcal y las normas de etiqueta, los cuales sobreviven en los siguientes milenios en China. En los períodos de las Primaveras y los Otoños y de los Estados Combatientes, apareció una gran cantidad de escuelas ideológicas, culturales y académicas y la cultura china inauguró un período de esplendor creativo. A partir de ese momento, quedó determinado el camino de desarrollo de la cultura china. Por lo tanto, podemos percibir que el primer paso de la formación de una cultura nacional será el trabajo creativo. La creación no es solo imprescindible en el cimiento de una cultura, sino también en el siguiente desarrollo, es decir, se necesita la recreación basada en la cultura existente. El pueblo chino es un conjunto que abarca muchas etnias y la cultura china progresa mediante la constante absorción e integración de las excelencias de las diferentes etnias. A partir del año 1842, la influencia de la cultura occidental ha complementado a la cultura china de manera significativa. Tras el nacimiento de la nueva China, se introdujo la dirección del marxismo, leninismo y maoísmo a la cultura china. Basada en la cultura original, se incluyen y se perfeccionan todos los logros valiosos del pueblo chino y del mundo a lo largo de miles de años, y se crea una nueva cultura socialista y científica. Desde la Reforma y Apertura, tomando como punto de referencia las teorías de Deng Xiaoping, la nueva cultura socialista con características chinas ha ganado en esplendor. En conclusión, la creación siempre será el eslabón más importante para el avance de la cultura nacional.

Si la transmisión y la selección son eslabones para la conservación de la cultura, el descubrimiento y la creación son producciones. El desarrollo de la cultura está dependiente de estos cuatro eslabones. Ellos no se efectúan por orden sino de manera alternativa.

Connotaciones y composición de la cultura

La cultura está integrada por connotaciones diferentes. Cada cultura abarca ámbitos tan variados como la ciencia, el arte, la religión, la moralidad, el derecho, la academia, la ideología, el folclore, la costumbre, la institución, etc. Hay varias clasificaciones sobre la composición de la cultura. En primer lugar, existen divisiones dicotómicas de la cultura, que distinguen dos partes en la cultura: la espiritual y la sustancial, o la concepción y la entidad, lo explícito y lo implícito. En segundo lugar, pueden encontrarse divisiones tricotómicas, que exponen la sustancia, el espíritu y la institución, o la sustancia, la concepción y la relación. La cultura sustancial se crea a partir de las prácticas productivas de los seres humanos, cuyo objetivo es la producción de los datos de la vida material. Se refiere a los éxitos logrados en la conquista de la naturaleza. La cultura relacional va unida a las relaciones establecidas durante el proceso de la creación: relación productiva, comercial, público-privada, internacional, nacional, política, etc. La cultura conceptual trata de las mentalidades sociales y culturales, las tradiciones culturales históricas, las personalidades culturales nacionales, las ideologías filosóficas, los pensamientos y las teorías, las aspiraciones culturales, el arte y la literatura, las religiones, las normas y las moralidades, que se han formado a lo largo de la historia.[14] Por último, algunos proponen una clasificación de la cultura en cuatro niveles: el sustancial, el institucional, el operativo y el mental.[15]

Zhang Dainian y Cheng Yishan están a favor de la tricotomía. Opinan:

> Desde nuestro punto de vista, hay tres niveles de cultura. El primer nivel es la ideología, la conciencia y el pensamiento. Los dos aspectos más importantes de este nivel son la concepción de valor y el modo de pensar. El segundo nivel es la sustancia que presenta la cultura. Abarca tanto objetos como obras filosóficas, literarias y artísticas, como otras entidades como la ciencia y la tecnología, es decir, la sustancia realizada por transformación artificial. El tercer nivel trata de las instituciones, las costumbres y los reglamentos compuestos por la ideología.[16]

Pang Pu también distribuye la cultura en tres partes: la sustancial, la mental y la intermedia (entre la sustancial y la mental), pero sus explicaciones son diferentes. Propone el cine como ejemplo, en que las instalaciones para la emisión de la película son «la parte sustancial»; el tema, la idea principal propuesta por la película y las normas administrativas del cine son «la parte intermedia», la parte que combina la sustancia y la mente. La apreciación estética, las opiniones sobre la belleza y el juicio de valor de los espectadores son «la parte mental».[17] Las cuatro clasificaciones de la cultura separan el folclore y la costumbre desde la cultura institucional y los denominan la cultura operativa. Según la calidad de la cultura, también podemos dividirla en cultura elegante y cultura popular. A nuestro juicio, independientemente de los contenidos y las clasificaciones de la cultura, hay un punto que debemos tener en cuenta: el espíritu humanista de la cultura. La cultura está creada por los humanos y ella también plasma a la gente. La gente crece en una situación cultural determinada y, por lo tanto, hay que prestar atención al espíritu humanista de la cultura. La cultura no se puede llamar cultura sin los logros creados por el humanismo, o solo puede recibir el epíteto de «cultura-basura» o «cultura-desechable». Por ejemplo, las armas de aniquilación, las máquinas de juego de apuestas y las obras e informaciones que difunden la violencia y la pornografía son productos de la cultura-basura.

La concepción de cultura que será definida en los párrafos siguientes es principalmente de nivel mental e ideológico, así como una pequeña parte de nivel institucional, porque la relación entre la cultura ideológica y la educación es más estrecha. No por ello consideramos que las culturas sustanciales e institucionales son menos importantes ni tienen menos efectos, sino que la influencia de la ideología y del pensamiento en la educación es más profunda y prolongada. Por lo tanto, vamos a dedicar únicamente algunas páginas del libro a la investigación sobre este aspecto de la cultura.

Educación: componente de la cultura

La educación constituye una actividad social y cultural de gran importancia en los seres humanos. La definición de la cultura de Zhao Yabo que hemos mencionado antes guarda un parecido incontestable con la definición de educación. La esencia de la educación consiste en la exploración de la capacidad potencial del ser humano. De esta manera, el ser humano puede cambiar su estado original y mejorar su vida. La educación también consiste en la formación de la gente, es decir, la sucesión de las experiencias de producción y supervivencia y la transmisión de la cultura de generaciones en generaciones. Sus objetivos son promover el desarrollo intelectual de los humanos y convertirlos en seres capaces de adaptarse a la sociedad. Los productos creados por la educación son espirituales, ocultados en las personas formadas y los conocimientos propagados. La misión de la educación es la formación de intelectuales. Durante este proceso, la cultura se difunde y se crea.

La educación divulga y establece la cultura. Al mismo tiempo, esta no puede separarse de la cultura. Se efectúa siempre bajo una situación cultural determinada y está restringida por las tradiciones culturales. La educación clásica china creció en la tierra de la cultura feudal y creó el sistema de Examen Imperial que sobreviviría a lo largo de la historia china. Este examen, que formaba parte de la cultura feudal y combinaba la enseñanza y la selección de los intelectuales, había tenido una influencia profunda durante más de mil trescientos años.

La educación, como parte de la cultura, es producto de la economía y la política de una época determinada. Está afectada por una variedad de factores: los sistemas económicos y políticos, el nivel del desarrollo productivo y la cultura. Dentro de ellos, la influencia de la cultura es más profunda y prolongada que la de la economía y la política. Los elementos básicos de la educación son el profesorado, el alumnado, los contenidos y la metodología. Estos cuatro elementos reciben la influencia constante de la cultura. Las ideologías, las mentalidades y los pensamientos tienen influencia especial en todos los aspectos de la educación, como el juicio del valor educativo, la concepción de intelectuales, la enseñanza, la relación entre el profesorado y el alumnado, e incluso la elaboración de objetivos, contenidos y sistemas educativos.

Influencia de la cultura en la educación

La influencia de la cultura en la educación se presenta en los aspectos que mencionamos a continuación.

La orientación del valor de la cultura influye en el juicio de valor de la educación. La orientación principal de la cultura tradicional estadounidense es el individualismo, el cual es consecuencia de su historia. Los Estados Unidos es un país conformado por inmigrantes, y los estadounidenses provienen de todas las regiones del mundo. La supervivencia y el desarrollo se basan en el esfuerzo personal. Por tanto, este individualismo que llevan en los genes tiene una influencia profunda en su educación. Por otro lado, la orientación de valor inglesa, diferente de la estadounidense, se basa en la apreciación de las tradiciones. Es por esta razón que las tradiciones no han sido criticadas y denegadas al cien por cien en Inglaterra. Los ingleses son conservadores y siguen manteniendo algunas normas y opiniones arcaicas. El sistema educativo y el valor de la educación son tradicionalistas y aristocráticos, puesto que su objetivo consiste en la formación de caballeros. Por último, la cultura china es de naturaleza ética y persigue la perfección de la personalidad. Por lo tanto, la educación china da prioridad a la formación de la moralidad, enseñando a los alumnos que sean buena gente, sientan piedad de los padres y sean leales al país.

Las políticas educativas y culturales de un país afectarán a los sistemas y contenidos educativos. Todos los países disponen de políticas educativas correspondientes a las condiciones económicas y políticas de la época. Por ejemplo, durante el período de la Restauración Meiji en Japón se decidió llevar a cabo una occidentalización completa del país, la cual provocó un cambio radical de la educación moderna japonesa. Durante la dinastía Han de China, las clases dominantes aplicaron una política consistente en la profesión exclusiva del confucianismo, lo cual tuvo una influencia profunda en los sistemas y contenidos educativos posteriores de más de dos mil años; el Examen Imperial, como un tipo de cultura institucional, también tuvo un gran impacto en la educación de los siguientes mil trescientos años. En los párrafos posteriores, se mencionará de nuevo este aspecto en relación con la investigación de la base de la cultura.

Los productos culturales, que abarcan los medios productivos y las formas presentadas de los productos materiales y espirituales, también influyen en contenidos, métodos y sistemas de organización de la educación. La aparición y el progreso de la escritura no solo tienen impacto en el desarrollo de la cultura, sino también en la educación. La educación escolar surgió en condiciones de abundancia material. El invento y la divulgación de la imprenta dieron ayuda a la conservación y la difusión de obras clásicas y las escuelas empezaron a tener libros de texto. La organización educativa formada por clases también fue establecida durante el comienzo del modo productivo capitalista. Más aún, los libros redactados por filósofos, pensadores y literatos son productos espirituales que surten efecto en conceptos, contenidos y métodos de la educación. El florecimiento rápido de la ciencia moderna ha transformado considerablemente la educación. Por eso, la educación moderna es fruto de una producción desarrollada y resultado de una cultura avanzada.

Naturalezas fundamentales de la educación

La educación como parte de la cultura también dispone de naturalezas nacional y temporal.

Las tradiciones educativas de un pueblo o un país, igual que las tradiciones culturales, tienen peculiaridades propias. Se corresponden al nivel de la economía, la política y la ciencia del país y se adaptan a las tradiciones culturales por las que se forman. He escrito en la introducción del libro *Las tradiciones culturales nacionales y la modernización de la educación* lo siguiente:

> Descubrimos que, en la investigación durante las primeras dos etapas (etapas de la investigación filosófica y social sobre la educación comparada antes del séptimo plan quinquenal y entre el séptimo y el octavo plan), prestamos más atención a los elementos económicos y políticos que influyen en la educación, pero ignoramos a veces los elementos culturales. Sin embargo, los económicos y políticos, aunque son importantes, no pueden explicar de manera clara y exacta los sistemas y las realidades educativas de cada país. Por ejemplo, los Estados Unidos, Francia y Alemania son países desarrollados capitalistas, pero sus sistemas de educación y sus métodos para resolver los problemas educativos son muy diferentes. Especialmente, aunque tanto Francia y Alemania pertenecen a Europa, sus educaciones son muy distintas. No obstante, en las naciones orientales de sistemas políticos diferentes, como China, Japón y Corea, hay muchas similitudes en sus tradiciones educacionales. ¿Por qué sucede esto? … Desde aquí, se me ocurre que es debido a la relación entre la educación y la tradición cultural.

Las tradiciones educativas siempre llevan huellas de la cultura nacional, que forman las características típicas de la educación. Estas peculiaridades, que provienen de la economía, la política, la ciencia y la institución de su país de origen, no pueden ser aprobadas o denegadas sencillamente. Son adecuadas para sus propias tradiciones culturales, pero tal vez no puedan adaptarse a otros países o pueblos. En eso consiste la naturaleza nacional de la educación.

Otra característica de la educación es su naturaleza temporal, es decir, la naturaleza cambiante. Se desarrolla con el progreso de la época. Los cambios educativos son iguales que los culturales, afectados por fuerzas tanto exteriores como interiores. La potencia exterior se refiere al progreso de los sistemas económicos y políticos, así como al desarrollo científico y tecnológico. En la actualidad, el rápido desarrollo de la ciencia y la tecnología propone nuevas necesidades para la formación de intelectuales. La educación debe reformarse y modernizarse con vistas a adaptarse a las demandas de la época. La fuerza también proviene de lo interior.

Por ejemplo, el progreso de la educación suscita el cambio de las estructuras y necesidades educativas, el desarrollo de la ciencia educativa promueve el descubrimiento de nuevos conocimientos sobre las leyes formativas; las prácticas educativas proporcionan nuevas experiencias de enseñanza, etc. De esta manera, la educación se reforma y se complementa.

La educación forma parte de la cultura, pero también dispone de una independencia relativa. Cada una de las partes integrantes de una cultura, como la literatura, el arte y la arquitectura, tiene un grado relativo de independencia. El objeto de la educación es la gente, especialmente los adolescentes y niños, quienes gozan de sus propias leyes de crecimiento. Por lo tanto, la educación no solo debe adecuarse a las condiciones económicas, políticas y culturales, sino que también debe armonizarse con las leyes de crecimiento de los adolescentes y niños. Si no obedecemos estas leyes, la fuerza potencial de los alumnos se detendrá y los intelectuales no saldrán a la luz. Por consiguiente, la educación también tiene naturaleza científica. Se trata de un tipo de arte y una ciencia[18]. La educación, como un tipo de ciencia, se caracteriza por su universalidad, que es diferente pero compatible con la naturaleza nacional. Debido a esta universalidad, los sistemas educativos de todos los países cuentan con similitudes, que pueden intercambiarse y de las que unos y otros pueden aprender. Algunos sistemas, contenidos y métodos educativos también pueden ser trasplantados a otros países. Los sistemas educativos modernos de China, Japón y Corea son trasplantaciones de los regímenes occidentales. Sin embargo, en la trasplantación hay que tener en cuenta las tradiciones culturales y educativas de la situación doméstica. La cultura trasplantada crece en la tierra de su país de llegada y tiene características de este país. De esta manera, la naturaleza científica y la nacional se combinan perfectamente.

La educación moderna es el resultado de los contactos y los aprendizajes mutuos entre diferentes países y, por eso, dispone de más peculiaridades internacionales. Debido al desarrollo tecnológico y la implantación de Internet, el mundo se vuelve más pequeño, las comunicaciones informáticas internacionales son más fáciles y la reforma educativa de un país puede ser propagada a otros países de manera rápida. Los estudiantes, los especialistas y los investigadores en países extranjeros, las conferencias internacionales celebradas y los intercambios de sus documentos y epístolas también promueven la comunicación cultural y la internacionalización educativa.

La naturaleza internacional de la educación refleja su peculiaridad temporal y no se contradice con la nacional. Las necesidades de la comunicación están basadas en las particularidades nacionales de la educación. Debido a la profundización de la internacionalización de la educación y al aumento de los estudiantes extranjeros, los países tienen que firmar acuerdos bilaterales para facilitar la legalización y la homologación de los títulos.

Cabe mencionar que las tradiciones culturales y la modernización educativa poseen aspectos contrarios e interdependientes al mismo tiempo. Las tradiciones culturales son los modelos y las peculiaridades que se forman después de un largo tiempo de acumulación histórica y tienen una influencia enorme en la sociedad actual. Abarcan muchos contenidos antiguos y tradicionales. Fueron consideradas como una cultura nueva y la orientación del desarrollo social en la etapa inicial de su establecimiento. Sin embargo, a pesar de que se complementan con contenidos nuevos, siguen siendo tratadas como parte de la cultura vieja en la actualidad. Además, al igual que otros tipos de culturas, en ellas también hay ventajas y deficiencias. Por lo tanto, necesitamos distinguir, seleccionar y modificar la cultura tradicional en el proceso de la modernización educativa.

Las tradiciones culturales nacionales y la modernización educativa son interdependientes. Por un lado, las tradiciones son el fundamento de la modernización, como lo que hemos explicado en los párrafos anteriores. Por otro lado, las tradiciones promueven el desarrollo de la modernización, porque como peculiaridades del pueblo, siempre cuentan con sus juicios razonables que reflejan la nacionalidad y representan la dirección del desarrollo nacional y del progreso humano.

Función cultural de la educación

La educación recibe influencias constantes de la cultura; mientras, la difusión y la sucesión de la cultura dependen de la educación. La educación constituye la vía principal, pero no la única, de la propagación, la sucesión y el desarrollo de la cultura. Por ejemplo, las obras clásicas fueron heredadas por la enseñanza de las escuelas, que empezaba desde la alfabetización, de generación en generación. En conclusión, la función cultural de la educación corresponde a los eslabones del desarrollo cultural, es decir, la selección, la propagación y la creación de la cultura.

Las clases dominantes de todas las épocas se han visto ante la necesidad de conservar y eliminar las culturas existentes según las exigencias sociales y sus conocimientos sobre la cultura. Este proceso de conservación y eliminación siempre se ha llevado a cabo mediante la educación. El desarrollo cultural, que siempre sigue los pasos de la historia, no solo trata de la creación, sino también la eliminación y la conservación. Las culturas, como los sistemas políticos y las ideologías, pertenecen a la superestructura de la sociedad y están restringidos por la infraestructura económica y el modo productivo. Las clases dominantes de cada época se han inclinado a elegir los pensamientos y sistemas favorables para su soberanía. Por lo tanto, las culturas que se adaptaban a sus necesidades fueron conservadas y las que se oponían fueron eliminadas. Como se ha mencionado previamente, la «quema de libros y sepultura de intelectuales» de Qin Shi Huang y la «despedida de Cien Escuelas y profesión única del confucianismo» de Dong Zhongshu son selecciones de la cultura. La primera se realizó por medios políticos y destruyó la cultura hasta cierto punto, mientras que la segunda se efectuó principalmente por la política y la educación y amplificó la influencia del confucianismo en los siguientes dos mil años. Incluso en la cultura sustancial también hay selecciones. Algunas se llevaron a cabo de manera espontánea en la vida social y otras, mediante la educación, es decir, mediante la propagación de conocimientos avanzados productivos y tecnológicos y la eliminación de los antiguos.

En los párrafos anteriores hemos expuesto que hay dos tipos de selecciones: la elección de la cultura doméstica y la extranjera. Nuestra educación debe ampliar la excelencia de la cultura china y aprender de las ventajas de las culturas extranjeras al mismo tiempo. Para alcanzar este objetivo, tenemos que elaborar una selección minuciosa de la cultura china y las exteriores, desde el nivel superficial hasta el profundo. En cuanto a nuestra cultura, hay que oponerse tanto al nihilismo histórico, que desprecia la cultura tradicional como componente de la sociedad feudal y la deniega completamente, como a los movimientos que abogan por el resurgimiento de las doctrinas confucianistas para administrar el país. Suponemos que en la cultura antigua china hay ventajas y deficiencias y tenemos que extraer sus esencias según las necesidades de la época moderna, con el objetivo de conservar los aspectos notables de nuestra cultura y establecer juicios de valor modernos. El pueblo chino solo puede conseguir alcanzar el desarrollo con la selección de la cultura espiritual y la sustancial, como la arquitectura, el vestuario, la decoración, etc. En cuanto a la cultura extranjera, nos oponemos tanto al exclusivismo, que considera todas las culturas extranjeras inadecuadas y las rechaza; como a la occidentalización completa que solo aprecia las culturas occidentales. Cada cultura cuenta con aspectos superiores e inferiores, así como elementos que solo se acomodan a su país de origen. La selección de la cultura es de importancia clave, especialmente para los países menos poderosos. Si no hacen selecciones, su propia cultura será sometida a un proceso de erosión por otras. La educación tiene una función de mucha importancia en la integración de culturas extranjeras.

La educación constituye una vía para la propagación de la cultura. La tarea principal de las escuelas es la transmisión de los conocimientos que se presentan en los libros. Además, la educación escolar, mediante sus sistemas educativos y la enseñanza de los profesores, se transmiten las normas de comportamiento y los conceptos de valor a los estudiantes, y se ejecuta la sucesión vertical de la cultura de generación en generación. La cultura también se puede transmitir de manera horizontal, mediante intercambios internacionales de estudiantes.

Durante el proceso de la propagación es imprescindible la elección. Los sujetos de la difusión de la cultura (el gobierno y los profesores) van a añadir o suprimir algunos elementos según sus preferencias y los requisitos de la época. Con el fin de elegir los contenidos correspondientes a los objetivos educativos y al desarrollo de los niños, el gobierno elabora los planes de estudio, los programas de estudio, las normas de las asignaturas y los libros de texto.

La educación es capaz de crear una cultura nueva, porque tras el proceso de selección la cultura no será ya la misma que en su origen. Tras la exégesis y los comentarios de Dong Zhongshu y Zhu Xi, el confucianismo no equivale ya a las doctrinas originales propuestas por Confucio. Las elucidaciones antiguas y modernas del confucianismo constituyen tanto un proceso de selección como de creación. La Escuela de Li de la dinastía Song y Ming puede catalogarse como un tipo de creación porque ha aprendido desde los contenidos ideológicos del budismo y del *zen*.

La educación desempeña un papel trascendental en la creación de la cultura. La misión de la escuela consiste en la formación de intelectuales y la generación de los conocimientos. Durante el proceso de perfeccionamiento de los alumnos, los institutos despliegan simposios académicos e investigaciones científicas con el fin de crear nuevos conocimientos y modos de pensar. Desde aquí, la cultura humana se multiplica.

Las academias antiguas chinas y las universidades europeas de la Edad Media han desempeñado papeles insustituibles en la historia de la civilización humana. Igualmente, las escuelas modernas son cuna del conocimiento; numerosas tecnologías avanzadas nacen en los laboratorios de ellas y han formado una gran cantidad de intelectuales creativos y proporcionan constantemente nuevos tesoros materiales y espirituales a la sociedad.

Notas

1 Wang, C. Y. y Gu, M. Y. (1999). *Educación comparada (Edición III)*. Pekín: Educación del Pueblo.
2 Liang, S. M. (1996). *La esencia de la cultura china*. Hebei: Editorial de la Educación Hebei.
3 Liang, S. M. (1996). *La esencia de la cultura china*. Hebei: Editorial de la Educación Hebei.
4 Qian, M. (1963). *Cultura y vida*. Taiwán: Editorial de Letian.
5 Qian, M. (2001). *Metodología de investigación en la historia china*. Shanghái: Librería Vida, Lectura y Aprendizaje.
6 Qian, M. (1993). *Introducción de la historia cultural china*. Taiwán: Impreso Comercial.
7 Zhao, Y. B. (1992). *La cultura china y su modernización*. Taibei: Liming Cultura.
8 Zhang, D. N. y Cheng, Y. S. (1990). *La cultura china y la polémica cultural.* Pekín: Universidad del Pueblo.

9 Liang, S. M. (1996). *La esencia de la cultura china.* Hebei: Editorial de la Educación Hebei.
10 Lenin (Eds.) (1958). *Obras completas de Lenin* (Vol. 20). Pekín: Editorial del Pueblo.
11 Zhang, D. N. y Cheng, Y. S. (1990). *La cultura china y la polémica cultural.* Pekín: Universidad del Pueblo.
12 Editorial de Obras Antiguas. (1987). *Trescientas cuestiones sobre la historia cultural china.* Shanghái: Autor.
13 Lenin (Eds.) (1958). *Obras completas de Lenin* (Vol. 20). Pekín: Editorial del Pueblo.
14 Jin, D. K. (1994). *Teorías sobre la historia cultural china.* Taibei: Estudio Tunqing.
15 Zhang, D. N. y Fang, K. L. (1994). *Introducción de la cultura china.* Pekín: Universidad Normal de Pekín.
16 Zhang, D. N. y Cheng, Y. S. (1990). *La cultura china y la polémica cultural.* Pekín: Universidad del Pueblo.
17 Pang, P. (1988). *Las características nacionales y temporales de la cultura.* Pekín: Editorial Heping.
18 Algunos piensan que solo la pedagogía puede considerarse como la ciencia. En nuestra opinión, la educación es una ciencia, porque debe respetar las leyes científicas del desarrollo humano.

CAPÍTULO II

La cultura china y sus características esenciales

Origen y evolución de la cultura china

China es un país que cuenta con una civilización larga y esplendorosa. La cultura china goza de un origen antiguo y una larga historia, por lo que, para el autor, es difícil y casi imposible terminar la presentación del desarrollo de la cultura china dentro del margen de un capítulo breve. Sin embargo, este tema es de mención obligada si se quiere explicar la formación de la tradición educativa china. He aquí algunas reflexiones del autor.

China es un país multinacional y cada pueblo chino dispone de sus propias tradiciones culturales. Por eso, la tradición cultural china es un sistema que abarca muchos subsistemas culturales. Su formación es el resultado de conflictos, intercambios e integraciones de diferentes pueblos a lo largo de una historia milenaria. En el sistema de la cultura china, la cultura del pueblo han siempre ocupó una posición dominante. Durante la época moderna, muchos eruditos realizaron investigaciones sobre la historia de la evolución cultural china. Por ejemplo, Liang Qichao, en su libro *Sobre la tendencia principal de la evolución de las ideologías académicas chinas*, dividió el desarrollo del pensamiento académico chino en las etapas siguientes: la embrionaria (desde la época del Emperador Amarillo hasta el período de las Primaveras y los Otoños), la del apogeo (desde el período de las Primaveras y los Otoños hasta el período anterior a la fundación de la dinastía

Qin), la dominada por la doctrina de Confucio, la de la doctrina de Lao Zi, la del budismo y la moderna (desde la decadencia de la dinastía Ming hasta la actualidad). Esta división toma conciencia tanto del desarrollo longitudinal como de la comunicación transversal.

Sin embargo, en libros de reciente publicación se proponen divisiones diferentes. En *Esquema de la historia cultural china*,[1] recopilado principalmente por Wu Xiaoru, se divide este desarrollo de manera tradicional en tiempos antiguos, tiempos medievales y tiempos modernos. Desde su punto de vista, los tiempos antiguos abarcan la larga época histórica anterior a las dinastías Qin y Han y consisten en la etapa del nacimiento y de la fundación de la cultura china. Los tiempos medievales se caracterizan por dos fenómenos: el desarrollo de la cultura aristocrática y la comunicación e integración entre diferentes pueblos. Los tiempos modernos, tiempos en que la cultura china llevó a cabo una transformación, se refieren a las dinastías Song, Yuan, Ming y Qing.

Por su parte, en la *Introducción a la cultura china*, recopilada por Zhang Dainian y Fang Keli, no se ha adoptado la clasificación general, sino que se divide el desarrollo de la cultura china en nueve fases según sus transiciones intrínsecas:

1) Tiempos antiguos: el nacimiento de la cultura china.
2) Dinastías Shang (1600 a. C.- 1046 a. C.) y Zhou del Oeste (1046 a. C.-771 a. C.): desde el teocentrismo hasta el antropocentrismo.
3) Períodos de las Primaveras y los Otoños y de los Estados Combatientes (770 a. C.-221 a. C.): eje central de la cultura china.
4) Dinastías Qin (221. a. C.- 207 a. C.) y Han (206 a. C.-220): imperios unitarios y unificación de la cultura.
5) Dinastías Wei, Jin y dinastías Meridionales y Septentrionales (220–589): diferentes vías de desarrollo de la cultura en una época llena de conflictos.
6) Dinastías Sui (581–619) y Tang (618–907): apogeo de la cultura china.
7) Dinastía Song del Norte y del Sur (960–1279): introspección, tendencia a la exquisitez y desarrollo de la cultura urbana.
8) Dinastías Liao, Xixia, Jin (907–1234) y Yuan (1271–1368): choque y encuentro de la civilización nómada y la agrícola.
9) Dinastías Ming (1368–1644) y Qing (1636–1912): crepúsculo y renacimiento.[2] Ambos libros cuentan la historia antes del aprendizaje occidental hacia Oriente. Sin embargo, no presentan la evolución y el desarrollo de la cultura de nuestro país durante la época moderna y contemporánea. Es decir, no versa sobre la evolución íntegra de la tradición cultural china sino solamente sobre la cultura tradicional. La cultura moderna y contemporánea, aunque se diferencia significativamente de la antigua, también

constituye una parte de la cultura china, además de ser la base cultural y un gran factor influyente en la educación. Por esta razón, hago un esbozo del nacimiento y la evolución de la cultura china a mi entender.

El nacimiento y los primeros años de la civilización de Huaxia

Los documentos arqueológicos muestran que los tres grandes grupos civilizados de Huaxia, Dongyi y Nanman nacieron entre los años 7000 a. C. y 2300 a. C. En los vastos territorios de los cursos medio y superior del Río Amarillo apareció la cultura de Yangshao; en las llanuras centrales de los cursos medio e inferior del Río Amarillo, donde se encuentran las actuales provincias de Shandong, Henan y Jiangsu, surgió la cultura de Longshan; asimismo, la cultura de Liangzhu, en las provincias Jiangsu y Zhejiang, fue descubierta posteriormente. Las reliquias históricas de San Xing Dui, descubiertas hace pocos años cerca de la provincia de Chengdu, explican que la cultura de Ba Shu, de más de tres mil años de antigüedad, mantuvo una intensa comunicación con la civilización central. Los numerosos descubrimientos arqueológicos recién aparecidos en el sur y el norte de China permiten afirmar que los orígenes de la cultura china son todavía más antiguos. Hace más de siete mil años, los antepasados del pueblo chino habían creado una cultura floreciente en tierra china. Las escrituras en huesos o caparazones de tortugas descubiertos en Yinxu y otros objetos muestran que, durante la época de Yinshang, fundamos una civilización material de alto nivel y unas ideologías y culturas fructíferas. La cultura de esta época pertenecía al sistema de clan; por ejemplo, la cultura de Yangshao correspondía al clan matrilineal y la de Longshan, al patrilineal. Los aspectos principales de la cultura primitiva consisten en el uso de fuego y la fabricación y uso de instrumentos de piedra, madera, hueso y cerámica. En cuanto a la cultura y la ideología, la característica más destacada era la adoración a la religión primitiva, a los ancestros y a los tótems, y surgieron figuras de dragones y fénix diseñadas por los antepasados del pueblo chino.

El establecimiento de la política patriarcal de la dinastía Zhou

La vicisitud cultural ocurrida entre las dinastías Shang y Zhou fue la primera gran reforma en la historia de la cultura china. Tanto la *Introducción a la cultura china* como el *Esquema de la historia cultural china* nombran esta época como una transición «del teocentrismo al antropocentrismo». Desde el punto de vista del sistema social, la sociedad primitiva de clan se convirtió gradualmente en una sociedad patriarcal compuesta por el nobiliario y la esclavitud. Desde la dinastía Zhou, se estableció en el país la política patriarcal basada en la sangre, como se puede leer en el *Libro de los Cantos*: «Aunque eran los Zhou un pueblo antiguo, nuevo fue el mandato recibido». La innovación de la dinastía Zhou consistió principalmente en la fundación del sistema patriarcal, cuyo núcleo era la herencia legítima de la primogenitura de la esposa oficial y la división de los restos de la riqueza entre los otros hermanos. La conservación de esta política requería de una serie de etiquetas y normas de sacrificio para mantener las relaciones interpersonales, por eso, nació un régimen ritual, es decir, el código ritual feudal. Fue heredado por la doctrina de Confucio y su influencia en la cultura china se dejó sentir por miles de años.

«El Florecimiento de las Cien Escuelas», del período de las Primaveras y los Otoños y de los Estados Combatientes

El período de las Primaveras y los Otoños y de los Estados Combatientes es un período en el que la agricultura primitiva, que empleaba herramientas conocidas como *Lei* y *Si*,[3] se transformó gracias a la adopción del arado. En cuanto al sistema político, el sistema patriarcal se derrumbó y fue sustituido por el sistema de prefecturas y condados prematuro, acompañado con la monarquía y el centralismo. Sin embargo, los diversos señores feudales ocuparon la tierra, y, por consiguiente, no se podía llevar a cabo la unificación. Por lo que respecta a la economía, el sistema de reparto de tierra de Jingtian se convirtió en el de Mingtian.[4] En el ámbito cultural, diferentes tipos de escuelas filosóficas coexistieron. Sima Tan, monarca histórico de los primeros tiempos de la dinastía Han del Oeste, dividió las Cien Escuelas en la Escuela Confucianista, la Taoísta, la Legalista, la Moísta, la de los Nombres y la de Yin-Yang. Liu Xin, a finales de la dinastía Han del Oeste, las separó en diez: la Confucianista, la Taoísta, la Legalista, la Moísta, la de los Nombres, la de Yin-Yang, la de los Agricultores, la de los Diplomáticos, la de los Narradores y la de los Eclécticos. En realidad, las principales doctrinas académicas de la época fueron la Confucianista, la Taoísta, la Moísta, la Legalista y la de Yin-Yang. ¿Por qué durante este período pudieron surgir al mismo tiempo tantas escuelas filosóficas? Esto depende tanto de las vicisitudes de la política y de la sociedad como de la acumulación de fuerzas dentro del ámbito académico. Los historiadores también tienen opiniones diferentes sobre este fenómeno. Liang Qichao, político y pedagogo chino, propone siete factores para analizar las causas de este florecimiento en el terreno del pensamiento filosófico:

(1) La acumulación de pensamientos y conocimientos.
(2) Las vicisitudes de la sociedad y la destrucción del sistema patriarcal: «Los conocimientos, antes monopolizados por nobles y cortesanos, se divulgaron entre los ciudadanos corrientes».[5]

(3) La libertad ideológica: «Destruida la Corte y dispersado el poder, los eruditos difundieron y elogiaron sus pensamientos para conseguir la popularidad; si un reino no los aceptaba, se marchaban a otro».
(4) El desarrollo del transporte.
(5) La valoración de intelectuales.
(6) La simplificación de la escritura.
(7) La prosperidad de lecciones y reuniones académicas.[6]

Este análisis obedece a diferentes razones. La convivencia de las Cien Escuelas tiene como resultado el aprendizaje, la complementación mutua y el desarrollo del pensamiento académico. Como Liang Qichao explica:

> Las diversas escuelas filosóficas independientes no se comunicaban nada más nacer. Sin embargo, a medida que se desarrollaban, empezaron a debatirse y a influirse, provocando cambios en sus doctrinas originales y beneficiándose de otras opiniones académicas.

La convivencia de las Cien Escuelas, una etapa brillante de la historia cultural china, promovió de manera sorprendente el desarrollo de la cultura china y definió sus principales tendencias futuras.

La posición predominante del confucianismo

Después de muchos años de guerras y fusiones, el emperador Ying Zheng de la dinastía Qin consiguió la gran hazaña de unificar China. El emperador publicó una serie de normas culturales al tiempo que efectuaba una reforma política, cuyo objetivo era llevar a cabo la unificación de la escritura, la moneda y el sistema de medición o, como se suele decir, «las mismas escrituras en libros, los mismos tamaños de ruedas de carruajes y las mismas formas de medición». Además, aceptó la propuesta del primer ministro Li Si de «quemar todas las obras que desobedezcan las ideologías de Qin», y aplicó el absolutismo cultural: «Quemó una gran cantidad de libros sagrados y castigó a las personas que difundían opiniones contrapuestas a las del emperador». Peor aún, «enterró vivos a cuatrocientos sesenta discípulos de Confucio que violaron sus órdenes en Xian Yang». Este sorprendente acontecimiento recibió el nombre de «quema de libros y sepultura de intelectuales». El absolutismo de la dinastía Qin provocó su destrucción prematura.

A principios de la dinastía Han, los gobernantes adoptaron políticas más relajadas a fin de descansar y recobrar las fuerzas con el pueblo. De este modo experimentaron un renacimiento las diferentes escuelas filosóficas surgidas durante los períodos de las Primaveras y los Otoños y de los Estados Combatientes. Sin embargo, la unificación política conllevó inevitablemente la integración cultural. Durante la estancia en el poder del emperador Wu, Dong Zhongshu presentó a la corte en tres ocasiones artículos para propagar su idea de «despedir Cien Escuelas y profesar únicamente el confucianismo», propuesta en su libro *Tres textos entre el Cielo y el hombre*. Además, modificó las doctrinas confucianistas en la ética y moralidad feudal cuyo núcleo son «Tres Principios y Cinco Virtudes». La cultura tradicional unificada, dirigida por el confucianismo, fue definida y se mantuvo por más de dos mil años y no hubo cambios hasta la erupción del Movimiento del 4 de Mayo de 1919. Por supuesto, la cultura china no se limita a la Escuela Confucianista, sino que consiste en el encuentro de culturas de diversos pueblos. La cultura del pueblo han, a pesar de ser una cultura independiente, ha sido influida por las tradiciones ideológicas de las Escuelas Taoísta y Legalista, así como por los pensamientos del budismo. Sin embargo, no hay duda de que el confucianismo siempre ha ocupado una posición predominante en la cultura tradicional. Los académicos Zhang Dainian y Cheng Yishan dicen:

> El pensamiento y la ideología confucianistas, aunque no equivalen a la totalidad de la cultura tradicional china, significan la parte más representativa de esta [...] Tanto el espíritu principal de la cultura tradicional china, como la diferencia más destacada entre la cultura china y la occidental, radican en las doctrinas de Confucio.[7]

A lo largo de la historia, la cultura china experimentó varios conflictos y encuentros enormes, pero todos los choques e integraciones antes del Movimiento del 4 de Mayo no cambiaron de manera radical la posición predominante del confucianismo. No obstante, la cultura del pueblo han absorbió los elementos culturales de otros pueblos, alcanzando así su esplendor y abundancia.

El choque entre la metafísica y el budismo de las dinastías Wei y Jin y el confucianismo

Durante las dinastías Wei y Jin surgió el primer gran conflicto cultural desde Qin y Han: la colisión de la metafísica y el budismo contra el confucianismo. Los libros sagrados de la metafísica son *Lao Zi*, *Zhuang Zi* y *I Ching*. Los pensamientos taoístas se debilitaron tras la propagación de la política de «despedir Cien Escuelas y profesar únicamente el confucianismo» del emperador Wu. Desde el establecimiento de los Tres Reinos a finales de la dinastía Han del Este hasta la unificación del país de la dinastía Sui, China sufrió divisiones y turbulencias durante más de trescientos años. El confucianismo no pudo mantener su posición predominante, pero otras escuelas filosóficas renacieron. La metafísica se convirtió en la ideología principal entre los intelectuales. Debido a los cambios frecuentes de gobierno, la muerte de personas comunes, los conflictos entre nobles y terratenientes y las matanzas, los eruditos decepcionados y pesimistas se dedicaron a la metafísica para satisfacer sus anhelos espirituales. Por lo tanto, la metafísica se volvió popular entre la gente y llegó a suponer una amenaza para la moralidad principal de la dinastía Han. El desarrollo de la metafísica planteó un desafío para el confucianismo, tanto en la filosofía como en la literatura y el arte. Por ejemplo, el sometimiento a la naturaleza y la libertad de la metafísica supone un choque directo con la etiqueta confucianista. Como observan Zhang Dainian y Fang Keli en *Introducción a la cultura china*:

> El origen de la metafísica era la filosofía de Lao Zi y Zhuang Zi. Sus juicios de valor, consistentes en la admiración de la naturaleza y el desdén por los asuntos profanos, entró por primera vez a gran escala en el corazón de los eruditos chinos, moldeó su temperamento y generó entre ellos intereses puros y sublimes.[8]

Aquí se revela el origen del carácter altanero de los intelectuales chinos.

Además, el budismo se divulgó por la tierra china en esa época. Esta religión, proveniente de India, entró en las zonas centrales de China ya en la dinastía Han y se expandió durante la etapa turbulenta de las dinastías Wei y Jin, con el fin de adaptarse a las necesidades de la anestesia mental por parte de la clase dominante. Al mismo tiempo, las doctrinas budistas se combinaron con los pensamientos morales y religiosos tradicionales chinos. El budismo, que influiría profundamente en la filosofía, la literatura, el arte y la arquitectura, llegó a su apogeo durante las dinastías Sui y Tang. Asimismo, nacieron muchas ramas budistas con características chinas.

Aunque la metafísica y el budismo se difundieron durante las dinastías Wei y Jin, y los períodos Meridionales y Septentrionales, el confucianismo también se estaba desarrollando. Las peculiaridades de la metafísica de las dinastías Wei y Jin provocaron el avance del confucianismo, que alcanzó una nueva etapa evolutiva histórica.[9]

Durante este período surgió el gran encuentro de diferentes etnias chinas. Debido a las calamidades naturales y las guerras, desde la dinastía Han pueblos minoritarios del norte empezaron a migrar a las regiones fronterizas de la China central, y se fueron asimilando al han. Durante la época de las dinastías Wei y Jin y los períodos Meridionales y Septentrionales, ellos fundaron sus regímenes en las zonas centrales de China. Para consolidar su poder, aplicaron una política de sinización. Después de la unificación de las tribus del norte, el estado Wei del Norte, fundado por el grupo étnico de Xianbei, trasladó su capital a Luoyang. Durante el dominio del emperador Xiaowen, se propagó de forma generalizada la sinificación. Este acto promovió enormemente la fusión de los pueblos minoritarios del norte con los hanes. Además, los hanes absorbieron determinados aspectos culturales de la población minoritaria y formaron poco a poco la tradición de la cultura china.

La comunicación entre la cultura oriental y la occidental durante las dinastías Sui y Tang

Las dinastías Sui y Tang fueron, para China, períodos de descubrimiento de nuevas tierras y de la fundación de un gran imperio. La cultura también llegó a su apogeo de grandiosidad. La prosperidad de las dinastías Sui y Tang guarda relación con profundos cambios sociales. El establecimiento del sistema de Examen Imperial nació en la época en que sucedió la decadencia brusca de las familias nobles hereditarias y permitió el acceso a la corte a intelectuales de clases sociales inferiores. Por lo tanto, se optimizó inmensamente la participación de eruditos de familias humildes en la política y se aceleró su ascenso al trono cultural. «La cultura de la dinastía Tang tiene peculiaridades de la época; es brillante, gloriosa, inclusiva y apasionada».[10] La creación lírica llegó a su cumbre e influyó notablemente en la literatura china posterior. También es un momento de esplendor para la pintura y la escritura. La producción cultural de la época Tang refleja el ambiente de sublimidad de una dinastía esplendorosa.

Las dinastías Sui y Tang fueron la época más importante para el desarrollo de las zonas del oeste. Tras la fundación de la dinastía Tang, China se centró en la explotación de las regiones fronterizas del noroeste y los poderes políticos de los pueblos túrquicos fueron destruidos. La corte de Tang mandó ejércitos y estableció embajadas en el oeste, con el fin de mantener la libertad de tráfico y la prosperidad de los estados a lo largo de la vía comercial. La Ruta de la Seda permitió la comunicación entre las culturas oriental y occidental; el pueblo han absorbió aspectos medulares extranjeros. La dinastía Tang era una etapa caracterizada por el coraje y el espíritu cosmopolita. Su capital, Chang' an, se convirtió en una gran metrópolis. El Imperio bizantino realizó siete viajes a China y las huellas de los comerciantes extranjeros se dispersaron hasta ciudades del sur como Yangzhou. Las técnicas de la fabricación de papel, de seda, de pólvora y de oro se propagaron primero por el mundo musulmán, y después, por Europa. Aparte de las relaciones con Occidente, China también mantuvo amistad con los países orientales. Japón, Corea y Vietnam enviaron muchas veces emisarios a la corte de Tang. Sin embargo, para estos países, la comunicación consistía esencialmente en la difusión de la cultura china. Se puede decir que las dinastías Sui y Tang habían heredado las experiencias de comunicación entre diversas etnias de Wei y Jin, y aprendieron de culturas de diferentes pueblos gracias a una actitud más abierta y un ambiente más inclusivo. Este período tuvo una influencia importante en el desarrollo de la cultura china.

La formación de la Escuela de Li (neoconfucianismo)[11] de las dinastías Song y Ming

La dinastía Song es una época significativa para el avance cultural. Después de la fundación de la dinastía por el emperador Taizu, se llevó a cabo una política consistente en favorecer el acceso a la burocracia por méritos académicos y no militares. El ambiente social invitaba al estudio de las letras y los funcionarios prestaban más atención a los conocimientos académicos. Por esta razón, ámbitos como la filosofía, la literatura, la pintura y la tecnología experimentaron un gran progreso. Sus características, sin embargo, eran diferentes de las de la dinastía Tang. La cultura de Tang se distinguía por el resplandor, la vehemencia y el cosmopolitismo, mientras que la de Song era más suave, tranquila y conservadora.

El acontecimiento histórico más importante de las dinastías Song y Ming consiste en la formación de la Escuela de Li, que influiría en el desarrollo de la sociedad feudal posterior de China. Era el producto de la combinación del confucianismo, el taoísmo y el budismo. Los pensamientos confucianistas, llegaron a ocupar una posición suprema del mundo ideológico chino desde la estancia en el poder del emperador Wu de la dinastía Han, pero se encontraron con los desafíos de la metafísica y el budismo. El confucianismo integró así contenidos del taoísmo y del budismo durante las dinastías posteriores y como resultado se realizó una reforma del confucianismo y se creó la Escuela de Li.[12] Esta ideología se inició con las propuestas de Zhou Dunyi, Zhang Zai, Cheng Yi y Cheng Hao de la dinastía Song del Norte, que pretendían «explorar con profundidad las razones y la naturaleza humana». En opinión de estos eruditos, «todos los seres en la tierra obedecen una única razón». De entre las figuras representativas de esta escuela, fue Zhu Xi, filósofo y pedagogo de la dinastía Song del Sur, quien la explicó de manera más clara. Desde su punto de vista, en el universo existen el *li* y el *qi*: el *li* significa el principio racional o la ley objetiva del desarrollo, mientras que el *qi*, la fuerza vital de las entidades materiales. El *li* es el origen del mundo y la condición *sine qua non* para la existencia del *qi*. Además, insistía en «proteger el principio de la naturaleza y moderar las pasiones de los seres humanos». Lu Jiuyuan, pensador de la dinastía Song del Sur, y Wang Shouren, erudito de la dinastía Ming, consideraron la mente como el origen de todo el universo. Destacaron la importancia de que los humanos conocieran su propia mente y mejoraran su moralidad para entrar en el nivel de la armonía con el universo. La Escuela de Li dotó el confucianismo de un aparato filosófico: los principios éticos y morales de la política feudal, representados por los «Tres Normas y Cinco Virtudes», se convirtieron en la razón suprema de la existencia del mundo. De esta manera, se consolidó la institución feudal. Se puede deducir que gracias a esta ideología el confucianismo alcanzó su máximo desarrollo. Los libros sagrados recopilados y anotados por Zhu Xi, emblemático personaje de la Escuela de Li, fueron considerados como la interpretación ortodoxa del confucianismo, se convirtieron en lecturas obligatorias de los letrados chinos antiguos y constituyeron los fundamentos del Examen Imperial. Sin embargo, como reza el proverbio, «cuando algo llega a su cumbre, empieza una mudanza hacia su contrario». Este pensamiento oficial confinó los sentimientos humanos y provocó la desaparición de la vitalidad y de la energía cultural. Por eso, la sociedad feudal china empezó a entrar en decadencia.

Conflictos e integración entre pueblos de las dinastías Liao, Jin y Yuan

Después de las dinastías Sui y Tang, en la época de Liao, Jin y Yuan, de nuevo tuvieron lugar conflictos e integración entre culturas a gran escala. Durante ese período, pueblos minoritarios del norte de China como los qidan; nüzhen o los mongoles efectuaron invasiones frecuentes a las zonas centrales de China con el fin de expandir su poder. Por primera vez, la población minoritaria consiguió dominar el país. Sin embargo, lo sorprendente es que estas invasiones no supusieron una interrupción de la cultura tradicional china, sino que conllevaron su ampliación y desarrollo. La razón se encontraba en las políticas culturales y educativas de sinización propuestas por las etnias del norte, centradas en la apreciación del confucianismo, para acelerar el proceso de convertir la institución de esclavitud en la feudal. Estas políticas fomentaron la fusión a gran escala de los pueblos chinos y amplió la influencia de la cultura confucianista hacia el norte, el sur y el oeste de China, a medida que se conquistaban nuevos territorios. Pese a poner en práctica políticas de sinización, los pueblos minoritarios mantuvieron sus propias tradiciones culturales. Durante esta etapa de choques y encuentros, la cultura han absorbió contenidos esenciales de las culturas minoritarias como, por ejemplo, su combatividad y su ambiente de poco interés por el estudio. Los instrumentos musicales y bailes minoritarios también pasaron a formar parte del arte chino. La integración se habría prolongado hasta la dinastía Qing, cuando la población manchú unificó el país. Herederos de la cultura ortodoxa feudal, los gobernadores manchúes generalizaron la sinización e integraron su propia cultura en el sistema cultural de han. Por lo tanto, durante el período histórico desde la época de Liao, Jin y Yuan hasta la dinastía Qing el confucianismo seguía ocupando la posición dominante, si bien también se caracterizó por ser una etapa de integración cultural. En ese momento, el desarrollo de la cultura china entró en una nueva etapa.

El desafío del aprendizaje occidental hacia Oriente

En el período comprendido entre los últimos años de la dinastía Ming y los primeros de la dinastía Qing empezaron a llegar a China misioneros occidentales con intenciones evangelizadoras. Durante los años de Wan Li de la dinastía Ming, misioneros jesuitas como el italiano Matteo Ricci (1552–1610) y el español Diego de Pantoja (1571–1618) viajaron por Macao y Cantón y llegaron finalmente a Pekín. Sus actividades religiosas se caracterizaban por abrir el camino de la evangelización mediante la introducción de los conocimientos académicos occidentales y la sinización del catolicismo. A mediados de la dinastía Ming, en algunas zonas de China había surgido el germen de las relaciones de producción capitalistas. Los intelectuales más progresistas empezaron a hacer crítica de la moralidad feudal y a proponer «aplicar el saber a la práctica». Los pensamientos académicos occidentales, difundidos por misioneros como Matteo Ricci, atrajeron el interés de estos eruditos chinos. Xu Guangqi, por ejemplo, pudo ver el mapa *Kunyu Wanguo Quantu (Mapa de la mirada de países del mundo)* elaborado por Ricci. Lo admiró y comenzó a estudiar con él la ciencia natural moderna extranjera, como la astronomía y las matemáticas. Además, colaboró con Ricci para traducir los seis tomos de *Elementos de Euclides.* Los misioneros no solo introdujeron en China la astronomía y las matemáticas, sino que también difundieron otras ramas científicas. Por ejemplo, el suizo Jean Terrenz (1576–1630) escribió el libro *Esquema de teorías occidentales sobre el cuerpo humano*, que introdujo por primera vez la anatomía humana en China; Giulio Alèni (1582–1649) publicó *Introducción a la academia occidental* –que explicaba sistemas educativos occidentales centrados en especialidades, asignaturas, métodos didácticos y exámenes universitarios– y *Resumen de los estudios en Europa*, con información acerca de plazos de educación, cursos, asignaturas, métodos de evaluación o certificados de profesorado. De este modo empezó a difundirse la pedagogía extranjera en China.

El aprendizaje occidental hacia Oriente no solo trajo la ciencia moderna, sino que también atacó la concepción del mundo y el juicio de valor de la cultura tradicional, así como sus pensamientos. Pensadores ilustrados de ese tiempo como Huang Zongxi y Yan Yuan se lanzaron a la lucha contra un ambiente académico desvinculado de lo práctico y la Escuela de Li, ocupada únicamente en asuntos relacionados con la mentalidad y la moralidad. Propusieron aplicar el saber a la práctica e hicieron crítica de las opiniones tradicionales confucianistas, como «los letrados no pueden restringir sus talentos en las habilidades manuales; para ellos, no merece la pena reflexionar sobre estas destrezas insignificantes ni dedicarse a los trabajos artesanales». Se opusieron al sistema de Examen Imperial y estimularon la formación de intelectuales con «capacidad de gobernar y administrar bien los asuntos reales del mundo». Sin embargo, debido a la influencia de elementos económicos y políticos, tras la fundación de la dinastía Qing fue imposible destruir la sociedad feudal, en una era de prosperidad dominada por los emperadores Kang Xi, Yong Zheng y Qian Long. El poder tradicional era demasiado fuerte; por eso, el aprendizaje occidental hacia Oriente no fue capaz de debilitar los pilares sobre los que se sostenía la cultura tradicional.

Movimiento del 4 de Mayo y la destrucción de la cultura tradicional

Las Guerras del Opio de 1840 produjo cambios de mayor envergadura para la cultura china y el Movimiento del 4 de Mayo aglutinó las fuerzas opositoras al régimen feudal. No obstante, el acontecimiento que supuso el fin del feudalismo chino fue el triunfo de la Nueva Revolución Democrática. El sistema feudal había existido en China desde las dinastías Zhou y Qin hasta el inicio de las Guerras del Opio; por esta razón, la cultura reflejaba la economía y la política feudales. Después de 1840, potencias extranjeras invadieron China, sentando las bases para el desarrollo de una economía capitalista. Desde aquel entonces, el país se convirtió gradualmente en una sociedad semicolonial y semifeudal, en la que floreció una cultura con esas características. Por lo tanto, se puede afirmar que la destrucción de la cultura tradicional china empezó con la Guerra del Opio. Sin embargo, la existencia de la corte Qing hasta la Revolución de Xinhai en 1911, permitió la supervivencia de elementos feudales en la cultura china, cuyo núcleo era el confucianismo. El Movimiento del 4 de Mayo fue una revolución total contra el imperialismo y el feudalismo que nació bajo el signo de la Revolución de Octubre de la antigua Unión Soviética. Obviamente, en un principio este movimiento agrupaba a elementos dispares, como observaba Mao Zedong: «El Movimiento del 4 de Mayo, en sus orígenes, fue una revolución emprendida por el frente unido de intelectuales comunistas, pequeños burgueses y capitalistas (participantes del ala derecha)».[13] Un grupo de intelectuales radicales, como Li Dazhao o Chen Duxiu, habían recibido influencia de la Revolución de Octubre y difundieron el marxismo en China. Con la fundación del Partido Comunista de China, el Movimiento por la Nueva Cultura (1915–1923) se convirtió en parte integrante de la Nueva Revolución Democrática. El sistema cultural tradicional y feudal solo podía ser destruido de manera completa tras el triunfo de la Nueva Revolución Democrática. A partir de ese momento, se establecería un sistema nuevo. No obstante, como ya se ha explicado en párrafos anteriores, la cultura, especialmente la ideología, se caracteriza por su resistencia. El cambio de régimen social puede debilitar el cimiento y destruir el sistema de la cultura anterior, pero los pensamientos antiguos son capaces de sobrevivir. La fundación de una nueva cultura requiere el esfuerzo de las generaciones posteriores. En la actualidad, la nueva cultura socialista china todavía está en proceso de construcción. Sin embargo, los acontecimientos que han tenido lugar desde el Movimiento del 4 de Mayo han supuesto para la cultura china una transformación radical y un cambio cualitativo. En los párrafos siguientes analizamos con más detalle el impacto de la cultura occidental en China.

El estudio de la evolución de la cultura china permite deducir que su desarrollo es un proceso lleno de conflictos y encuentros. Cada choque e integración tiene como resultado la selección y la creación culturales. En este proceso, los elementos avanzados se han conservado y desarrollado mediante la reforma y la renovación para satisfacer las necesidades de la época; los elementos atrasados se han abandonado, si bien parte de estos puede conservarse en la mente de algunas personas. A lo largo de la historia, la cultura china ha realizado un cambio cualitativo después de muchas vicisitudes; a lo ancho del espacio, se diferencia de las culturas de otros pueblos y países y goza de sus peculiaridades. Estas características coacervan el amor de todos los chinos del mundo y nos unifican para llevar a cabo el gran rejuvenecimiento de la cultura china.

Características fundamentales de la cultura china

La cultura china forma una parte importante de la cultura mundial y es el gran tesoro del pueblo chino. Tras una evolución de miles de años, se ha convertido en una cultura de alto nivel con características tanto nacionales como mundiales. Se caracteriza por una serie de peculiaridades que se citan a continuación.

En primer lugar, sobresale su potente capacidad de creación, que asegura la continuación del esplendor cultural, pese a las vicisitudes provocadas por una existencia milenaria. Hallazgos arqueológicos recientes permiten percibir la creatividad e imaginación de nuestros antepasados. En 1998, el autor visitó una de las sepulturas de la dinastía Han situadas en Xuzhou. El corredor de la cripta mide cien metros de largo, dos metros de ancho y un metro de alto. No hay errores de elevación entre las líneas de las paredes. La exactitud de los cálculos aritméticos es admirada por los especialistas modernos. En 2000, el autor acudió otra vez al yacimiento San Xing Dui ubicado cerca de la provincia de Chengdu y miró las máscaras de bronce y los tótems de pájaro de oro, que eran elegantes, refinados y llenos de imaginación. Todos estos descubrimientos muestran que los antiguos chinos gozaron de un espíritu creativo y habilidades magistrales. Más aún, los Cuatro Inventos de la Antigüedad constituyen la contribución más grande del pueblo chino a la civilización mundial. Los chinos no solo han hecho grandes aportaciones a la cultura material, sino también en el terreno político e ideológico. Por ejemplo, el libro sagrado *I Ching* propuso las ideas de simplificación (aplicación de lo sencillo para dominar lo complejo), transformación (el cambio de los seres) y permanencia (la perpetuidad), así como el símbolo de Pa Kua dialéctico, cuyos representantes son los ocho fenómenos naturales. El sistema de Examen Imperial abrió el camino al sistema de la selección de funcionarios mediante pruebas evaluativas. La cultura confucianista se desarrolló mediante un proceso de muchas renovaciones hasta que llegó a su cumbre con la fundación de la Escuela de Li de las dinastías Song y Ming. La cultura china entró a la decadencia en la dinastía Qing debido al orgullo ciego de la corte y la prohibición sobre el comercio marítimo. Sin embargo, desde que el pueblo chino derrocó la opresión del imperialismo y del feudalismo y encontró la institución social adecuada a las circunstancias del país, la cultura china ha conseguido, una vez más, renacer, rejuvenecer y desarrollarse mediante la creación.

En segundo lugar, la cultura china se caracteriza por ser inclusiva: tiene la capacidad de absorber elementos de otras culturas y combinarlos orgánicamente con la cultura propia. La mayoría de las culturas extranjeras que históricamente han entrado en China se han ido convirtiendo en parte integrante de la cultura china. En palabras de Liang Qichao:

> Al recibir las culturas extranjeras, los chinos podemos absorber al máximo sus beneficios y utilizarlos para desarrollar nuestra propia cultura. Con las modificaciones de formas y núcleos de las culturas exteriores, creamos una nueva cultura más avanzada que pertenece a nosotros, como si fuera el añil, más profundo que el azul; como si fuera el hielo, más fresco que el agua.[14]

Un ejemplo destacado que ya se ha mencionado es la propagación del budismo por Oriente. El budismo es originario de India, pero fue conservado, desarrollado y difundido en China. Originalmente, las doctrinas budistas y las ideologías patriarcales chinas entraron en conflicto. La primera tiene características divinas que persiguen la otra vida, mientras que la segunda es profana, está principalmente vinculada a la vida real y a la cotidianeidad. Además, las enseñanzas budistas no son compatibles con las virtudes de lealtad y piedad existentes en la sociedad feudal. Sin embargo, tras un proceso de integración y transformación de centenares de años, una parte del budismo se convirtió en religión china (como la religión *zen*) y la otra fue absorbida por la Escuela de Li. Asimismo, muchas civilizaciones antiguas de la historia fueron interrumpidas o desaparecieron debido a las invasiones de otros pueblos: así sucedió con la antigua cultura hindú tras la invasión de los arios; la cultura egipcia fue sometida a sucesivos procesos de helenización, romanización e islamización tras la ocupación del territorio por Alejandro Magno, Julio César y de los árabes; el asalto de los pueblos germánicos causó una interrupción de mil años en la cultura griega y romana. No obstante, la cultura china adaptó la cultura de las etnias nórdicas que entraron en la zona central con fuerzas militares a la trayectoria del desarrollo de su propia cultura. Es evidente que este fenómeno tiene relación con el nivel de desarrollo de la cultura. A lo largo de la historia, la cultura china era agrícola, mientras que las minorías del norte eran nómadas. Estos pueblos, al incorporarse a la zona central de China, estudiaron la cultura del pueblo han y adoptaron la agricultura. De manera semejante, tras la fundación de su dinastía, la corte Qing aplicó la cultura han y exigió a los funcionarios manchúes estudiar los libros sagrados correspondientes, con el objetivo de llevar a cabo la unificación del país. Más aún, el emperador Kang Xi fue el actor principal en la recopilación del *Diccionario de Kang Xi*, y su nieto, Qian Long, editó la biblioteca imperial de *Siku Quanshu*. De esta manera, la cultura manchú se integró totalmente con la de han, pero su escritura estaba al borde de la extinción debido a la escasez de personas dispuestas a aprenderla. Al mismo tiempo, la cultura han recibió nueva sangre y nutrientes de las culturas minoritarias y se volvió más rica y variada.

En tercer lugar, la cultura china goza de una gran fuerza de aglutinación. La cultura antigua abarca muchos subsistemas culturales, como los de Qi Lu, Jing Chu, Ba Shu, Wu Yue o Ling Nan. Aunque estas culturas están ubicadas en diversos lugares y se caracterizan por rasgos diferentes, además de niveles de desarrollo dispares, tienen una tradición común, destacable incluso en la actualidad. Todos los chinos del mundo, aunque estén en diferentes sitios, cuentan con los mismos juicios de valor y objetivos de vida. Las razones del nacimiento de esta fuerza cohesiva son diversas. A lo largo de la historia, China ha sido siempre un país unificado. Había diferencias regionales, pero todas las zonas del país estaban bajo una única institución política y un mismo sistema productivo, y respetaban el confucianismo como la cultura dominante. A lo largo y ancho del país se hablaban diferentes dialectos, pero se utilizaba una única escritura. Los pueblos minoritarios, al combinarse con el han, empezaron a hablar y escribir en chino mandarín. De esta manera, la cultura confucianista consiguió conservarse y propagarse por todo el país. En este sentido, la función de la educación es significativa.

En cuarto lugar, la cultura china es pluralista. China es un país multinacional que cuenta con cincuenta y seis etnias. Aunque la cultura han es la principal, cada pueblo minoritario goza de sus propias tradiciones culturales y forma el pluralismo de la cultura china. A pesar de que el 91,51 % de la población de China proviene del pueblo han, las subculturas son variables en función de las regiones. Existen muchas diferencias entre la de Qi Lu, nacida en el este de China y la Ling Nan del sur. Las condiciones de vivienda, las tradiciones arquitectónicas y las costumbres del norte y del sur también difieren. En China hay ocho estilos de cocina de ingredientes y técnicas diferentes. Sin embargo, todos ellos tienen similitudes que forman una cultura gastronómica china propia, diferente de la occidental. Por lo tanto, la cultura china goza de abundantes elementos variopintos que giran en torno a un mismo espíritu fundamental. Esta tradición cultural, que combina la variación con la aglutinación, es menos frecuente en otros pueblos del mundo. El pluralismo y el inclusivismo constituyen una relación dialéctica unificada. Las culturas multicolores, ricas y variadas nacen en ambientes inclusivos y necesitan el inclusivismo y la adhesión para reunirse en un conjunto.

En quinto lugar, la cultura china es profana. Comparada con las religiones occidentales, que sostienen el perseguimiento de una vida apartada del mundo, la china presenta un espíritu optimista que participa en la sociedad. Confucio expresa las opiniones siguientes en su libro *Analectas*: «Dedicarse al bien del pueblo y respetar a ánimas y espíritus manteniéndolos a distancia puede llamarse sabiduría» y «No siendo aún capaz de servir a los hombres, ¿cómo se puede servir a los espíritus?». Aunque las opiniones de Confucio sobre los fantasmas eran neutrales, dejaron una gran influencia en la formación posterior del ateísmo. El confucianismo, como la ideología dominante de la cultura china, propone una participación optimista en los asuntos sociales. Se exigen «la buena formación de la moralidad propia, el suministro acomodado de la familia, el dominio justo del país y la construcción de un mundo ideal y armonioso». Estimula el sentido de la responsabilidad social, que trata los problemas del país como los deberes individuales. Se diferencia de las culturas religiosas occidentales, cuyo núcleo consiste en el pecado original, y del budismo, que presta atención a la vida futura.

Estas características fundamentales de la cultura china permitieron su prolongación de miles de años y fomentaron su avance y desarrollo.

Notas

1 Wu, X. R. (2001). *Esquema de la historia cultural china*. Pekín: Universidad de Pekín.
2 Zhang, D. N. y Fang, K. L. (1994). *Introducción a la cultura china*. Pekín: Universidad Normal de Pekín.
3 Lei, Si 耒耜: los aperos agrícolas antecedentes de los arados.
4 Jingtian; el noble propietario de la tierra la dividía en nueve piezas y las arrendaba a los campesinos. La cosecha de la tierra central pertenecía al hacendado y las otras, a los campesinos. Mingtian: el gobierno dividía la tierra entre los nobles y los cortesanos según su rango.

5 Liang, Q. C. (1996). *Libro clásico de la academia china moderna. Tomo de Liang Qichao*. Hebei: Educación de Hebei.

6 Liang, Q. C. (1996). *Libro clásico de la academia china moderna. Tomo de Liang Qichao*. Hebei: Educación de Hebei.

7 Zhang, D. N. y Cheng, Y. S. (1990). *La cultura china y el debate entre culturas*. Pekín: Universidad de Pekín.

8 Zhang, D. N. y Fang, K. L. (1994). *Introducción a la cultura china*. Pekín: Universidad Normal de Pekín.

9 Mao, L. R. y Shen, G. Q. (1986). *Historia general de la educación china. Tomo II*. Shandong: Educación de Shandong.

10 Zhang, D. N. y Fang, K. L. (1994). *Introducción a la cultura china*. Pekín: Universidad Normal de Pekín.

11 Ideología propuesta por los eruditos Cheng Yi (程颐) y Zhu Xi (朱熹), que consiste en una reforma del confucianismo.

12 Li, Z. G. (1988). *Introducción a la cultura china*. Guangzhou: Universidad de Zhongshan.

13 Mao, Z. D. (Eds.) (1991). *Antología de Mao Zedong* (Vol. 2). Pekín: El Pueblo.

14 Liang, Q. C. (1996). *Libro clásico de la academia china moderna. Tomo de Liang Qichao*. Hebei: Educación de Hebei.

CAPÍTULO III

Tipología, naturaleza y espíritu esencial en la cultura tradicional china

Por cultura tradicional china debe entenderse la cultura de la antigua China, es decir, la cultura que existía antes de la modernización. Como se ha explicado en el capítulo anterior, el proceso de la modernización china empezó después de las Guerras del Opio, durante el Movimiento de Occidentalización o de Autofortalecimiento (1861–1895). No obstante, la fundación de una sociedad moderna no sucede de inmediato, sino que requiere un largo tiempo. Durante el período histórico entre el movimiento de occidentalización y el Movimiento del 4 de Mayo, todavía no se había establecido la cultura china moderna. Aunque con el triunfo de la Revolución de 1911, la dinastía feudal Qing se derrumbó y la cultura antigua perdió sus fundamentos sociales, los pensamientos feudales no desaparecieron inmediatamente con el cambio de la institución social. Más aún, después de la Revolución de 1911, los poderes feudales no cejaron en su empeño de restaurar el imperio y se valieron para ello de los valores caducos de la cultura antigua. Por eso, algunos especialistas consideran la Revolución de 1911 como un fracaso. Asimismo, la cultura moderna china se desarrolla tomando como base la cultura antigua: se heredan y se mejoran los contenidos avanzados de la anticuada. Definimos la cultura tradicional china como antigua por la razón de que nació y creció en una sociedad feudal. Aunque no se puede establecer una equivalencia entre la cultura tradicional y la feudal, es producto de la sociedad feudal y difiere significativamente de la cultura moderna. Pese a haberse formado en el seno de una época feudal, la cultura tradicional china es la cristalización cultural del pueblo chino, abunda en contenidos y encierra el espíritu fundamental de la nación. Por lo tanto, constituye los cimientos sobre los que se funda la cultura moderna nueva. Debemos dar reconocimiento a la cultura tradicional y embebernos de sus excelencias si queremos establecer una nueva cultura socialista. En palabras del presidente Mao Zedong, necesitamos analizarla con detalle y distinguir las diferencias entre sus contenidos medulares, que prolongan a lo largo de la historia, y sus componentes caducos, que obstaculizan el desarrollo de la sociedad. Esta tarea es de suma importancia para los trabajadores dedicados a la educación, porque tiene la función de propagar, seleccionar y modificar la cultura. Si los educadores quieren legar la cultura tradicional a las generaciones venideras, deben hacer una criba y modificar algunos de sus contenidos. La selección consiste en distinguir entre lo avanzado y lo caduco, y la creación consiste en introducir las características contemporáneas a los espíritus excelentes y propagarlos. Para efectuar bien este trabajo, es primordial analizar la tipología y la naturaleza de la cultura tradicional.

Tipología y naturaleza

El nacimiento y el desarrollo de cualquier cultura guarda una estrecha relación con las condiciones naturales y las circunstancias históricas y sociales en que se enmarca. Desde la perspectiva de sus condiciones naturales, China está situada en el interior de Asia. El este está cerca al mar y en el oeste abundan las montañas. En la antigüedad, cuando viajar no era una empresa fácil, el país estaba sumido en un estado de semiaislamiento. Aunque China empezó a comunicarse con las regiones vecinas desde muy temprano y abrió la Ruta de la Seda a Europa en la dinastía Han, los contactos eran difíciles y limitados. La cultura tradicional china pertenecía básicamente a una cultura continental semicerrada. Desde la perspectiva de la producción material, a lo largo de la historia China se caracterizaba por una economía agrícola con una actividad comercial poco desarrollada. A pesar de que durante la dinastía Song el comercio había florecido en algunas zonas (como se destaca en la pintura *El festival Qingming junto al río*), las políticas siempre prestaban atención a la agricultura y descuidaban la artesanía y los negocios. En consecuencia, estas dos actividades económicas no consiguieron suficiente reconocimiento ni el desarrollo a largo plazo. La economía se basaba principalmente en la agricultura a pequeña escala. Desde el punto de vista de la organización social, el sistema patriarcal, cuyo núcleo era la consanguinidad, dominaba el orden de la sociedad feudal y tiránica. En un vasto territorio coexistían decenas de pueblos que conformaban un país unificado a lo largo de más de dos mil años. Este fenómeno era único en el mundo y la cultura tradicional nació y se desarrolló bajo estos regímenes sociales. Al mismo tiempo, se protegió el establecimiento, la prolongación y el fortalecimiento de la institución. Estas características definen las diferencias entre la cultura tradicional china y otras culturas del mundo.

La cultura tradicional china es de tipo ético

A rasgos generales, se puede definir la cultura tradicional china como ética. Esta característica, reconocida también en el ámbito académico, es la más típica y representativa. Algunos expertos sintetizan la cultura occidental con el término «inteligencia» y la china, con «moralidad». A lo largo de miles de años de unificación y desarrollo, el pueblo chino estableció una serie completa de valores y preceptos morales, así como un sistema constituido por éticas individual, doméstica, nacional y universal. Además, creó una teoría integral de la educación moral. Estos son los contenidos importantes de la tradición cultural china. Por supuesto, la cultura tradicional no solo tomó conciencia de la ética y la moralidad, sino que también prestó atención a la adquisición de conocimientos. La moralidad y la inteligencia guardan una estrecha relación, mientras que la inteligencia sirve para la ética. La primera frase del *Gran Saber* es la siguiente: «Los principios del gran saber consisten en manifestar las virtudes humanas, en establecer una relación estrecha con el pueblo, educarlo y ayudarlo a alcanzar el nivel supremo de la bondad». El estudio de los conocimientos tiene por objetivo la perfección de la moralidad. En las *Analectas* se puede leer: «Si, actuando (los requisitos morales), le sobran fuerzas, las dedicará a ilustrarse». De esta manera, Confucio pone los conocimientos en una posición secundaria. Más aún, el confucianismo también incluye la naturaleza, tanto la Tierra como el Cielo dentro de la ética, como explica Zhang Zai, filósofo de la dinastía Song del Norte:

> El hexagrama *qian*, respetado como el padre de todos los seres, representa el misterio de la creación del Tao del Cielo; el hexagrama *kun*, considerado como la madre, significa los principios materiales y estructurales de la generación de los seres. Soy tan módico, pero dentro de mí se reúnen las fuerzas del Tao del Cielo y de la Tierra y vivo entre los dos. De esta manera, el *qi* (la fuerza vital) que rellena entre el Cielo y la Tierra constituye mi cuerpo físico. Las leyes que dominan los seres y promueven sus movimientos consisten en mi naturaleza humana. Todo el pueblo es mi hermano conterráneo y todos los seres son de la misma tipología que yo.

En este caso, el autor humaniza la naturaleza, metaforizando el Cielo con el padre, la Tierra con la madre y estableciendo lazos fraternales entre todos los humanos y los seres.

Otros expertos consideran que la cultura occidental examina la verdad, mientras que la china persigue la bondad. El lema de la Universidad de Harvard de Estados Unidos es *Ser amigo de Platón, ser amigo de Aristóteles, pero lo más importante es ser amigo de la verdad*, mientras que los lemas de las universidades chinas ponen el acento en la moralidad. Por ejemplo, el lema de la Universidad de Tsinghua es *Autodisciplina y Compromiso Social*. Los valores destacados son diferentes de los occidentales.

La ética es una forma de relación interpersonal y lo importante es la relación dentro de la familia. Liang Shuming, en «La esencia de la cultura china», considera que la pauta principal de la sociedad china es la ética: «La ética empieza por la familia, pero no se limita a ella. Es tanto un tipo de cuidado y amor, como una obligación mutua». Además, explica que «todas las vinculaciones sociales pueden ser sintetizadas como relaciones familiares. Por lo tanto, deben promover el amor mutuo y estimar la obligación mutua entre personas».[1] Esta relación tiene que ver con el sistema patriarcal, cuyo núcleo es la consanguinidad. Vamos a explicar más sobre esta cuestión en los apartados siguientes.

La cultura ética china se diferencia de la cultura religiosa occidental, dominada por Dios. En esta cultura, la religión es el componente principal y un elemento imprescindible en la vida cotidiana de la gente. Mientras tanto, la ética china es profana y da importancia a las relaciones interpersonales. Por lo tanto, los chinos no tienen mucha necesidad de la religión. En los últimos años de la dinastía Qing, el letrado Gu Hongming (1857–1928), conocido como «erudito extraño», escribió *El espíritu de los chinos*, conocido también como *Chunqiu Dayi* o *Yuan Hua*, un famoso libro de influencia mundial. Originalmente escrito en inglés, fue traducido a otros idiomas como el francés, el alemán o el japonés, y en 1996, al chino. Aunque en el libro abundan las opiniones absurdas, su explicación de que los chinos no necesitan la religión es relativamente razonable. Según Gu, «los chinos no tienen la necesidad de la religión debido a que gozan de un sistema ético y filosófico confucianista. Esta combinación de la sociedad humana con la civilización sustituye la religión». Desde su punto de vista, la religión puede traer a los humanos sentimientos de seguridad y de perpetuidad. El confucianismo no es una religión, pero puede sustituirla, porque en este sistema de pensamiento también existen elementos que pueden proporcionar estas dos sensaciones a la gente. Estos temas fueron tratados en el libro *Chun Qiu (Anales de las Primaveras y los Otoños)*, editado por Confucio. Gu analiza la diferencia entre las religiones europeas y el confucianismo, considerando que las primeras persuaden a los seres humanos a ser buenos individuos, mientras que la segunda les enseña a ser buenos ciudadanos: «A juicio del confucianismo, el objetivo principal de la vida es ser hijo con piedad filial y ciudadano con bondad». ¿Por qué tal objetivo? Explica: «Confucio enseña que, dentro de todas las relaciones que se establecen en el seno de la sociedad humana, hay un comportamiento más importante que el que viene motivado por las pérdidas y ganancias: se trata de la 'responsabilidad' ». Para definir los fundamentos de esta responsabilidad, Confucio propone la concepción de «Ming Fen (名分)», es decir, la reputación y la dignidad. Gu Hongming también subrayó en los últimos apartados del libro que «un chino, especialmente un chino educado, si traiciona la ley o abandona la lealtad al emperador, es decir, si desecha la reputación y la dignidad, perderá el espíritu étnico y nacional y no podrá ser considerado como un chino verdadero»[2]. ¿Por qué citamos una y otra vez sus palabras? Porque son palabras que no solo explican la razón por la que los chinos no necesitan la religión (debido a la ética confucianista), sino que también muestran el espíritu ético feudal de la cultura tradicional, cuyo núcleo es el confucianismo. Él describe a los chinos típicos de la sociedad feudal y define la lealtad y la piedad filial como el espíritu fundamental de los chinos y de su cultura. Da suma importancia a la reputación y la dignidad, considerándolas como la base de la ética y la moralidad feudales. La reputación y la dignidad tienen su origen en el sistema jerárquico y el pensamiento patriarcal, es decir, en los «Tres Normas y Cinco Virtudes». De esta manera, el maestro Gu explica las deficiencias de la cultura ética china con muchísima claridad. Sin embargo, él únicamente menciona aquellos elementos negativos y caducos que tenemos que criticar y abandonar en la actualidad y no ha dominado la esencia verdadera de la cultura china.

La cultura ética se ha prolongado durante miles de años. Lógicamente, goza de sus ventajas y no se puede decir que esta cultura sea negativa. Enfatiza el despliegue del espíritu moral individual y aspira a un elevado estado mental. La ética tiene una función significativa para incrementar la aglutinación del pueblo, estimular el espíritu nacional, integrar el valor colectivo y concordar el orden social. Promueve el desarrollo de la sociedad china. Existen en China muchos credos que concilian la relación entre el individuo, el pueblo y el país: «Del ascenso y la caída del estado, todos son responsables», «Preocupémonos antes de otras personas de los beneficios y del destino del país, disfrutemos de la felicidad después de que todo el pueblo goce del bienestar». Otros conceptos conciertan las relaciones domésticas: «El amor del padre al hijo y la piedad del hijo al padre; el cuidado del hermano mayor al menor y la reverencia del menor al mayor; el respeto del marido a la esposa y la obediencia de la esposa al marido». También existen pautas que normalizan las relaciones interpersonales: «No hagas al prójimo lo que no quieres que te hagan a ti», «Trata con otros con bondad e integridad». Y existen propuestas que fomentan las cualidades individuales: «Los héroes verdaderos no cambian sus aspiraciones, creencias y voluntades, aunque los atraigan con riquezas, los atormenten con pobreza y los amenacen con violencia». Además, virtudes como la benevolencia y la piedad, la humildad y la cortesía, la integridad y la dedicación, la contribución sincera al público sin procurar el interés personal, la apreciación de la justicia en la búsqueda de los beneficios, la lealtad y el patriotismo son rasgos positivos de la cultura ética china y desempeñan un papel real e importante en la construcción actual de la sociedad socialista moderna.

El sistema patriarcal es el fundamento social de la cultura ética china

La sociedad antigua se estructuró de acuerdo con un sistema patriarcal, por un lado, debido a que el país desarrolló un sistema de clases sin haber destruido la organización social previa, basada en el parentesco; por otro lado, dicha sociedad se cimentó sobre una base económica de carácter agrícola. La economía agrícola era una forma de producción basada en la familia. El sistema patriarcal empezó por la familia, y se transmitió primero al clan y luego al país. De esta manera, se generó una organización unificada de la familia y del país mediante normas patriarcales que describían tres relaciones principales: entre emperador y súbdito, entre padre e hijo, y entre marido y esposa.

Los chinos tienen mucho en cuenta la consanguinidad y las relaciones familiares; prestan especial atención a su posición, responsabilidades y obligaciones en la familia. «La cultura china está orientada a la familia y da importancia a la responsabilidad y las obligaciones de las personas, mientras que la occidental está orientada al individuo y toma más conciencia de sus libertades y derechos».[3] Chen Duxiu publicó un artículo en la revista *Nuevos Jóvenes* en el que afirma lo siguiente:

> El enfoque social occidental está basado en el individuo y el oriental, en la familia. [...] La sociedad patriarcal respeta a los progenitores y distingue claramente las generaciones dentro del clan, por eso, enseña la piedad filial [...] La organización nacional, parecida al clan, da importancia al emperador y divide las clases sociales, por lo tanto, aprecia la lealtad. La piedad y la lealtad son los dos principios morales fundamentales de la sociedad patriarcal feudal y el espíritu permanente del pueblo oriental semicivilizado.[4]

En la antigüedad, diferentes generaciones vivían en una familia y disponían de riqueza común. Ningún miembro de la familia disponía de bienes propios. Los principios éticos para tratar las relaciones familiares, como los que hemos mencionado, son normas que mantienen el orden doméstico, y estas normas giran en torno a la piedad filial. El *Clásico de la piedad filial* considera que la piedad «goza de un sentido similar que la ley del movimiento de los planetas y del crecimiento de los seres, y se trata del instinto natural que tienen las personas». «Es el origen de toda moralidad». En la sociedad popular, también existen expresiones coloquiales como «La principal de todas las bondades es la piedad» y «No hay ninguna virtud más importante que la piedad». Por lo tanto, expertos como Qian Mu consideran la cultura china como una cultura de la piedad. Xie Youwei explica en su libro *La piedad y la cultura china* que «la cultura china, en algún sentido, es una cultura de la piedad. Esta virtud tiene una función indispensable y una posición suprema. Para obtener un conocimiento verdadero de la cultura china es imprescindible tenerla en cuenta».[5] El miembro que ocupa la posición más alta de la familia es el padre y los hijos deben obedecerlo sin cuestionarlo.

La estructura ética china proviene de la familia y traza una línea continua. Se transmite de la familia al clan y del clan al país. Dentro de la familia se propone la piedad a los patriarcas, mientras que, en el país, se fomenta la lealtad al emperador. En consonancia, el *Clásico de la piedad filial* dice: «El principio de la piedad empieza por cuidar a los padres, y desarrolla hacia la lealtad a los emperadores, y al final alcanza la capacidad de mantenerse con su trabajo». De esta manera, la ética abarca todos los principios sobre la gestión de las relaciones interpersonales. Uno de sus rasgos importantes es la importancia otorgada a la familia, al grupo y a la obligación, mayor que la concedida al individuo y a los derechos.

Debido a la destrucción del sistema patriarcal, la moralidad tradicional china ha perdido su base social, aunque permanecen sus conceptos, frutos de su influencia. Este pensamiento patriarcal todavía deja huella en la vida cotidiana de los chinos. Por ejemplo, los jóvenes de familias occidentales salen de la casa y viven solos cuando alcanzan la mayoría de edad. Sin embargo, los chinos prefieren vivir juntos en familia y los padres cuidan a los hijos y los nietos. Todavía hoy muchas personas están de acuerdo con máximas éticas como las siguientes: «Criar a hijos con el propósito de ser atendidos en la vejez, acumular cereales para evitar el hambre en los períodos de hambruna». Estos conceptos tienen aspectos positivos: gracias a ellas, los chinos respetan a los ancianos y consideran la piedad y el cuidado a los padres como una obligación filial. No obstante, hay también un lado negativo, puesto que muchos chinos tratan a los hijos como bienes de su propiedad. No respetan la personalidad de los hijos y no se cuidan ni de la formación de su carácter individual ni del desarrollo de su autonomía.

El espíritu humanista de la cultura tradicional china

Una peculiaridad importante de la cultura tradicional es el enfoque centrado en los humanos. En esto se diferencia radicalmente con la cultura occidental, cuyo enfoque se centra en la divinidad y según la cual todos los seres del universo son una creación divina. Por el contrario, la cultura china pone énfasis en la función de los humanos y los considera el espíritu y el centro del universo. La mayoría de los filósofos antiguos sospechaban la existencia de fantasmas y dioses. Confucio dijo: «Respetar a ánimas y espíritus manteniéndolos a distancia».[6] Cuando sus discípulos le preguntaron la manera de tratar a los fantasmas, les respondió: «No siendo aún capaz de servir a los hombres, ¿cómo se puede servir a los espíritus?». Las doctrinas confucianistas siempre toman conciencia de los problemas reales y sociales y ponen los principios humanos en una posición más importante que los divinos. Inspeccionan los valores de las personas en el marco de unas relaciones éticas y políticas determinadas y prestan atención a las prácticas morales. El elemento nuclear del confucianismo es el «Ren (仁)», que tiene muchos espíritus y los más importantes son «Keji (克己)» y «Ai' ren (爱人)». «Keji» se refiere a las restricciones autoimpuestas de carácter ético: «Templarse y volver a los ritos consiste en la humanidad»; «No mire, escuche, diga ni haga nada contrario a los ritos». «Ai' ren» significa tratar a otros con cortesía: «La humanidad es amar al hombre»;[7] «La humanidad consiste en formarse formando a los demás, lograr haciendo que logren los demás»;[8] «Lo que no desees para ti, no lo inflijas a los demás».[9] Tras la reforma del confucianismo realizada por Dong Zhongshu en la dinastía Han, se estableció un sistema ético de «Tres Normas y Cinco Virtudes», que prestaba más atención a las relaciones éticas interpersonales. Para proteger el poder de la corte de Han, Dong construyó la teoría de las conexiones entre el Cielo y el hombre, pero su punto de partida también se concentraba en las relaciones entre el emperador y el súbdito, el padre y el hijo y el marido y la esposa. La Escuela de Li de la dinastía Song intentó descubrir a fondo las razones del universo y conocer con exhaustividad la naturaleza humana. Centrada en la teoría de *li* (el principio racional), fundó la concepción universal de la unificación entre el hombre y el Cielo y consideró los «Tres Normas y Cinco Virtudes» como la única verdad del mundo. También tomó como punto de partida las relaciones éticas. Prestó atención a la formación moral y a la capacidad iniciativa del humano y se opuso a la inmortalidad del alma y a la existencia de fantasmas. Así pues, las modificaciones de Dong Zhongshu y de la Escuela de Li al confucianismo deformaron en gran medida sus doctrinas originales. Subrayaron las relaciones interpersonales para justificar la dominación feudal. Reprimieron el desarrollo del carácter humano y se desviaron del humanismo.

Los espíritus humanistas de la cultura china también se presentan en su actitud a la religión. La cultura cristiana occidental propone el pecado original: los seres humanos deben confesarse con regularidad y comportarse con bondad para entrar en el paraíso después de la muerte. La cultura budista también persuade a sus creyentes para que sean bondadosos y así convertirse en Buda en la otra vida. Sin embargo, la cultura china hace hincapié en la vida real y la solución de problemas cotidianos. Las creencias religiosas exigen exclusividad: uno no puede creer en más de una religión al mismo tiempo. Por el contrario, los chinos no sostienen una religión única. A veces son supersticiosos, cuando tienen algún deseo, profesan tanto a Buda como a otras divinidades, como la diosa del mar, Mazu, o el dios de la fuerza, Guan Yu. Además, a veces son pragmatistas, cuando quieren la riqueza hacen ofrendas al dios de la riqueza, cuando desean tener un hijo piden a la *bodhisattva* Guan Yin.

Esta orientación humanista de la cultura tradicional china tiene un valor incalculable para desarrollar el potencial del ser humano, enriquecer su mundo interior y fomentar sus esfuerzos.

Espíritu esencial

Aparte de los contenidos ricos y variados, cada cultura dispone de su espíritu fundamental, es decir, el espíritu nacional. Este término hace referencia al estado mental y a las características psicológicas permanentes y comunes de un pueblo formados después de prolongadas prácticas sociales, y constituyen el núcleo más profundo y positivo de la cultura. El espíritu nacional está arraigado en la cultura y, al mismo tiempo, influye y promueve el progreso de la cultura y constituye la fuerza motriz del desarrollo del pueblo. Por esta razón, si investigamos la cultura de un pueblo es inevitable adquirir conocimientos sobre su espíritu fundamental; sin este conocimiento, no se tiene la capacidad de entender exhaustivamente esta cultura. El espíritu del pueblo –su conciencia y sus juicios de valor– impregna cada nivel de la cultura nacional. Desde luego, tanto las teorías y los libros de los filósofos como las costumbres y los comportamientos de la gente común pueden reflejar la conciencia y el espíritu de su propio pueblo. Además, los artefactos arqueológicos también tienen huellas de la cultura nacional. Por ejemplo, muchos hallazgos arqueológicos chinos son objetos de bronce y cerámica con pinturas, mientras que los griegos son esculturas de piedra. Sus sentidos implícitos y símbolos son radicalmente diferentes debido a las peculiaridades espirituales.

La cultura tradicional china es amplia y variada y goza de una historia milenaria. Consiste en los frutos materiales y espirituales creados a través de las prácticas del pueblo chino a lo largo de miles de años. Su estructura está constituida por tres niveles: la sustancia, la institución y la concepción. El espíritu de la cultura tradicional hace referencia a concepción, como los pensamientos, las conciencias, los juicios de valor y las formas de pensar. Puesto que cada cultura cuenta con aspectos positivos y negativos, en estos apartados solo hablamos de los elementos positivos de la cultura tradicional, sintetizados por los pensadores chinos después de un largo tiempo de ejercicio profesional. Estos componentes ideológicos reúnen las excelencias de la cultura tradicional, orientan los comportamientos de los chinos y promueven el desarrollo de la sociedad.

Existen muchas teorías sobre el espíritu fundamental de la cultura tradicional. En el libro *La cultura china y la polémica cultural* de Zhang Dainian y Cheng Yishan, se identifican cuatro aspectos del espíritu fundamental: la fuerza y el perseguimiento del éxito; la armonía y la medianía; la perfección de la moralidad con la sabiduría; y la concordancia entre el Cielo y el humano. Mientras que en *Introducción a la cultura china*, recopilada por Zhang Dainian y Fang Keli, se habla de tres núcleos: la unificación del Cielo y el humano; la orientación al ser humano; y la fuerza y el perseguimiento del éxito. En *Exposición sumaria de la cultura china*, el autor Li Chonggui propone ocho elementos: el esfuerzo por progresar sin cansancio; la rectitud y la justicia; la apreciación de la armonía y el sostenimiento de la medianía; la consideración del pueblo como el fundamento del país; la equidad y la igualdad; la búsqueda de la verdad y la dedicación; la generosidad y el optimismo; y la moderación del deseo con la razón. Debe existir una norma para definir el espíritu fundamental de la cultura tradicional china. Consiste en las relaciones entre el ser humano y la naturaleza; el individuo y la sociedad (pueblo y nación); el yo y el otro; la materia y la mente. Según estas cuatro relaciones y el enfoque de la educación, el espíritu cultural abarca los aspectos siguientes: la concordancia entre el Cielo y el humano, el esfuerzo por progresar sin cansancio, la apreciación de la armonía y el sostenimiento de la medianía, el patriotismo sincero, el respeto a los ancianos y el cuidado a los niños, la integridad de tratar con personas, la diligencia y el ahorro, la conciencia y la autoestima, etc. Estos aspectos influyen de manera profunda en pensamientos y costumbres de cada generación, así como la tradición educativa de nuestro país. Los analizaremos con más detalle en los apartados siguientes.

Concordancia entre el Cielo y el humano

Cuando se exploran las diferencias entre la cultura china y la occidental, muchos especialistas hablan de una comprensión diferente sobre la relación entre el ser humano y la naturaleza. El filósofo y pedagogo estadounidense John Dewey afirmó en un discurso pronunciado en China que la cultura occidental intentaba conquistar la naturaleza, mientras que la china trataba de convivir con ella. Durante el Movimiento del 4 de Mayo, Li Dazhao dijo: «La diferencia radical entre la cultura oriental y la occidental consiste en que la primera se inclina a la inacción y la segunda, al movimiento». Consideró que la causa de estas diferencias se encontraba en la diversidad de las circunstancias geográficas. La dicotomía de la inacción de la civilización oriental y el movimiento de la occidental no solo se refiere a la relación entre los humanos y la naturaleza, sino también a todos los aspectos del universo y de la vida. En cuanto a la naturaleza, el autor opina que, en la cultura oriental, «la naturaleza domina a la sociedad humana», mientras que, en la occidental, «los seres humanos conquistan la naturaleza».[10] Sin embargo, estas opiniones tienen un carácter absoluto si meditamos sobre ellas más profundamente. Tanto los orientales como los occidentales se desarrollan haciendo uso y modificando la naturaleza. Los seres humanos no se adaptan a la naturaleza de manera pasiva, sino que la conquistan y la utilizan para garantizar su subsistencia y desarrollarse. Como resultado, se ha producido una grave degradación medioambiental debida a la acción humana descontrolada. Por eso, aquí se tratan únicamente las diferentes ideas y actitudes de orientales y occidentales sobre la naturaleza.

Muchos eruditos chinos consideran la unificación entre el Cielo y el ser humano como uno de los elementos constituyentes del espíritu fundamental de la cultura china. Pese a la existencia de una gran variedad de teorías que entienden y explican este vínculo de manera diferente, existe un denominador común: esta unificación significa la concordancia entre el Cielo y el humano, entre la razón divina y la humana, entre la naturaleza divina y la humana. Los chinos percibieron muy temprano la importancia de la coexistencia entre las personas y la naturaleza. Por lo tanto, la unificación del cielo y el humano no solo consiste en una actitud hacia la naturaleza, sino que también forma parte de la ideología ética confucianista. Explica y apoya la razón humana con la divina. En su tesis doctoral, Shi Zhongying analiza la comprensión de la filosofía clásica sobre el Cielo, destacando que este concepto tiene tres sentidos: el sentido natural, el religioso y el ético. Él opina que «los chinos antiguos no hablaban de la relación entre el Cielo y el humano desde perspectivas naturales y religiosas, sino que se inclinaban a considerarla desde un punto de vista ético». La unificación del Cielo y el ser humano puede ser considerada como una norma ética del más alto nivel.[11] Estamos muy de acuerdo con las opiniones de Shi, que sintetizan las explicaciones de los eruditos antiguos sobre esta concepción.

El pensador de la dinastía Han, Dong Zhongshu, proponía las conexiones entre el Cielo y el hombre, considerando que el cielo era el Emperador Celestial y que el poder de los monarcas era una concesión divina. Esta teoría idealista se puso al servicio del gran régimen unificado del emperador Wu de la dinastía Han. El filósofo de la dinastía Song Zhang Zai definió el concepto de la «unificación entre el Cielo y el humano» y consideró que los humanos formaban parte de la naturaleza y estaban constituidos por la fuerza de Tai Xu (太虚).[12] Además, también incluyó la naturaleza en el sistema ético. Desde su punto de vista, los discípulos del confucianismo:

> Alcanzaron la sinceridad de la razón divina mediante la comprensión de la ética humana, y aprendieron la ética humana gracias a su sinceridad. Por lo tanto, el Cielo y

> el humano eran integrados. Uno podía convertirse en sabio por el aprendizaje: era capaz de dominar la razón divina, sin ignorar la exploración y la reflexión de la ética humana.[13]

Los pensadores posteriores, cuando hablaron de la razón divina, no se refirieron a las leyes del desarrollo de la naturaleza, sino que la combinaron con la razón humana y utilizaron la anterior para apoyar la posterior. Asimismo, algunos filósofos investigaron sobre las leyes del desarrollo del universo y propusieron teorías propias. Sin embargo, al tratar la relación entre el Cielo y el ser humano, siempre estuvieron limitados por las teorías éticas tradicionales y explicaron la moralidad mediante la razón divina.

En épocas posteriores, los especialistas han vaciado de contenido ético esta unificación entre el Cielo y el ser humano y le han devuelto su significado original. Así se ha convertido en uno de los elementos fundamentales del espíritu de la cultura tradicional china. En el libro sagrado *I Ching* se dice que «el Cielo y la tierra engendran a todos los seres del mundo; entre los seres se desintegran hombres y mujeres, quienes contraen matrimonio».[14] «El principio del caballero revela la bondad y entraña las leyes del desarrollo de los seres. Puede estimular que el pueblo tenga la misma aspiración con el emperador y promover que la causa grandiosa alcance la prosperidad».[15] Estas propuestas indican que las leyes del desarrollo de la naturaleza son inconscientes y no cambian por la voluntad de los humanos. Las personas solo forman parte de la naturaleza. Esta tendencia es la verdadera concordancia entre el Cielo y el humano en comparación con la unificación entre la razón divina y la humana. Siempre ha obtenido la atención de los expertos antiguos y se ha convertido en la cultura dominante. Ha contribuido mucho a la cohesión de la ideología y de la conciencia nacional, por lo tanto, reconocemos su valor y lo definimos como un componente esencial del espíritu de la cultura tradicional.

Esfuerzo por progresar sin cansancio

El esfuerzo por progresar sin cansancio, la fuerza y el perseguimiento del éxito son elementos importantes del espíritu chino y el núcleo de la cultura china. El gran pensador Confucio ha llevado plenamente a la práctica estas virtudes, como puede leerse en sus obras sagradas: «Firmeza, determinación, simplicidad y circunspección en lo que se dice aproximan a la humanidad»;[16] «Se puede arrebatar el jefe a un ejército, pero no se puede arrebatar la voluntad, ni siquiera al hombre más humilde»;[17] «Un letrado no puede prescindir de magnanimidad y firmeza»;[18] «En el entusiasmo, olvida comer; en la alegría, olvida las inquietudes, y ni siquiera siente la vejez venir».[19] Estos pensamientos estimulan a las personas a esforzarse, superar las dificultades y dedicar toda la energía a los estudios y al trabajo. En el libro *Explicaciones de I Ching*, también se presenta una síntesis famosa de este espíritu: «El universo progresa con vigor, el caballero se esfuerza sin cesar». Los movimientos de la naturaleza son constantes y vigorosos, por lo tanto, los humanos deben aprender de la naturaleza, esforzándose con fuerza y sin cansancio para conseguir el éxito. También considera la fuerza, la rectitud y la buena educación como las mejores cualidades de los hombres: «La fuerza y la buena educación, corresponden a los principios universales y a la naturaleza humana; la fuerza y la rectitud, son espíritus puros sin imperfecciones». Si la concordancia entre el Cielo y el ser humano ha sido tenida en cuenta mayoritariamente por los letrados, el esfuerzo por progresar sin cansancio ha sido heredado por las generaciones posteriores y ha echado firmes raíces entre los chinos comunes.

El esfuerzo por progresar sin cansancio es un elemento del espíritu firme, progresivo, independiente y unificado. Ha impulsado el desarrollo de la sociedad china a lo largo de miles de años. Se refleja en leyendas que tratan de la lucha contra la naturaleza como «Dayu encauza una corriente de agua», «Jinwei rellena el mar», «El Viejo Tonto remueve las montañas». Durante los períodos de peligro y calamidad del pueblo, este rasgo estimula la voluntad de combate para resistir la presión y superar las dificultades y a los enemigos agresivos. En los tiempos de apogeo, anima a las personas a desarrollarse y a perseguir la innovación. Aumenta la cohesión y el espíritu indomable del pueblo y se trata de un elemento imprescindible en el proceso de la modernización socialista.

Apreciación de la armonía y sostenimiento de la medianía

La armonía y la medianía también son contenidos fundamentales de la cultura tradicional. La armonía significa la coexistencia de diferencias dentro de un conjunto, mientras que la medianía se refiere a la imparcialidad y la elusión de los extremos. A finales de la dinastía Zhou del Oeste, el pensador Shi Bo comprendió que la combinación de diferentes seres podía producir efectos armónicos. Con la conciliación de cinco sabores se pueden cocinar comidas sabrosas; con la combinación de diferentes sílabas se puede componer una pieza musical melodiosa. Dijo:

> La armonía de diversos seres es el principio de la creación de nuevos objetos; si todos son iguales, las innovaciones no pueden surgir. La armonía se refiere a la combinación de diferentes seres de manera equilibrada. De esta manera, ellos se enriquecen y crecen. No obstante, la existencia única de los mismos objetos solo provoca la monotonía, la rigidez y el agotamiento.[20]

Es decir, la armonía es el principio de la creación. Las diferentes materias solo pueden crecer mediante la combinación y el equilibrio. Sin embargo, las mismas cosas se repelen y no pueden llevar a cabo el desarrollo. Esta teoría está llena de pensamientos dialécticos de paradoja y unificación. Durante los finales de los períodos de las Primaveras y los Otoños y de los Estados Combatientes, el funcionario Yan Ying del reino Qi también utilizó esta dialéctica para explicar la relación entre el rey y los súbditos:

> La armonía se parece a la cocina. Los cocineros utilizan agua, sal, vinagre, salsas y ciruelas para aliñar la carne y el pescado, y los calientan con fuego adecuado. Deben manejar el equilibrio entre los sabores: añaden especies cuando la comida es ligera y las quitan cuando la comida sabe fuerte. Los caballeros comen estos platos bien cocinados para moderar sus sentimientos. La relación entre el rey y los súbditos es similar. Las consideradas buenas ideas del rey pueden ocultar deficiencias y los súbditos deben indicarlos para perfeccionarlas. Las propuestas inadecuadas al juicio del emperador también pueden entrañar contenidos beneficiosos, y los súbditos tienen que descubrirlos. De esta manera, la política es pacífica y obedece los principios de la cortesía, y los plebeyos no tienen intenciones de conflicto.[21]

Confucio también estaba de acuerdo con la apreciación de la armonía y el sostenimiento de la medianía. Consideraba la armonía como un principio moral de los caballeros, explicando: «El caballero cultiva la armonía, no la conformidad. El villano cultiva la conformidad, no la armonía».[22] Además, relacionaba la armonía con la medianía y se oponía a los extremos. Solo se podía alcanzar la armonía mediante el sostenimiento de la medianía. El criterio para evaluar la medianía era la cortesía. Dijo:

> En la práctica de los ritos, es principal la armonía. Es lo que constituye la belleza de la vía de los reyes de la antigüedad, que, conforme a la armonía, hacían todas las cosas, ya fueran grandes o pequeñas. No obstante, hay algo que se ha de evitar: estimar la armonía y practicarla sin moderarla mediante los ritos es cosa que no se ha de hacer.[23]

Su libro sagrado *Doctrina de la medianía* también reflejaba estas ideas. Zhu Xi, filósofo de la dinastía Song, definía la medianía y la modestia como las leyes principales del universo:

> La medianía se refiere a la imparcialidad, que no se inclina a ningún lado, ni sobra ni escasea, mientras que la modestia significa lo común y general. La medianía es lo más esencial del universo y la armonía es el principio que obedece todos los seres. Si se alcanzan las dos, todos los seres entre el Cielo y la Tierra están en sus posiciones correctas y crecen.

Además, las consideraba como la cualidad moral más elevada de los humanos: «¡La medianía y la modestia pueden ser las moralidades de nivel más alto! No obstante, pocas personas pueden seguirlas de manera incesante».

La apreciación de la armonía y el sostenimiento de la medianía siempre se combinan con la cortesía. Los chinos prefieren tratar a los otros con respeto y modestia. De esta manera, podemos absorber los contenidos de otras culturas con carácter inclusivo y utilizarlas para la construcción de la cultura china.

Además, esta virtud ha sido reconocida por todo el pueblo como uno de los rasgos fundamentales del espíritu de la cultura tradicional y se ha convertido en un criterio principal para coordinar diferentes relaciones interpersonales. Los chinos dan prioridad al beneficio colectivo y persiguen la paz y la estabilidad. Por lo tanto, se progresa tanto en la cohesión interna del pueblo como en la comunicación con otros países. La utilizamos en las relaciones internacionales e intentamos llevar a cabo el desarrollo común con todas las otras naciones del mundo, siguiendo la idea de «buscar un terreno común dejando a un lado las diferencias» propuesta por el primer ministro Zhou Enlai en la Conferencia de Bandung, y aplicando la estrategia de desarrollo pacífico de nuestro país.

Sin embargo, la medianía también tiene deficiencias. Se inclina al conservadurismo y procura evitar las luchas. Aunque no es beneficiosa para la renovación y el desarrollo ni se ajusta al mundo actual de competición, su aspecto positivo ocupa la posición principal.

Patriotismo sincero

El patriotismo es un elemento espiritual fundamental y un principio moral importante de la cultura tradicional china. A lo largo de la historia, siempre ha consistido en el criterio primordial para la evaluación de una persona dentro del sistema ético chino. El gran pensador soviético Lenin indicó: «El patriotismo ha sido consolidado, a lo largo de miles de años, como el sentimiento más profundo de los ciudadanos por su país. Se trata de la protección fundamental de la existencia y del desarrollo del país y del pueblo».[24] Se puede decir que cada pueblo siente entusiasmo por su patria. Para los chinos, el patriotismo tiene un significado especial: durante los cien años desde las Guerras del Opio, siempre ha sido la fuerza motriz para luchar contra las invasiones y presiones de las potencias imperialistas occidentales y lograr el desarrollo.

Desde la perspectiva de la cultura tradicional, la sociedad antigua china se organizaba en un sistema patriarcal. Las familias y el país eran un conjunto; la lealtad y la piedad constituían las dos concepciones fundamentales éticas. Confucio recopiló el libro histórico *Chun Qiu* para regular la sociedad con la ética de la dinastía Zhou. A su juicio, lo más importante era la obediencia y la lealtad absoluta de los súbditos al emperador. Confucio respondió a la pregunta de Ding Gong sobre la relación entre los funcionarios y el emperador de la siguiente manera: «El señor ha de disponer de sus vasallos según los ritos. Los vasallos han de servir a su señor con lealtad».[25] En la dinastía Han del Oeste, Dong Zhongshu propuso los «Tres Normas y Cinco Virtudes» según las necesidades de centralización del poder. Este pensamiento ha influido en los juicios de valor de los chinos durante más de dos mil años. El primer principio trataba de la obediencia absoluta de los súbditos al emperador y justificaba la dominación feudal. Contenía abundantes ideas éticas feudales y podía obstaculizar el desarrollo de la sociedad. Aunque estos elementos negativos deben ser abandonados, su núcleo de patriotismo sincero es reconocido por el pueblo chino y considerado como una virtud. A lo largo de miles de años, los chinos han dado prioridad a las necesidades del país y del pueblo, y muchos de ellos han llevado a cabo actos heroicos memorables por su patria.

El patriotismo incluye también la preocupación por el pueblo y el país, como está escrito en el *Libro de los ritos*: «No perseguimos las riquezas individuales sino los beneficios del país». En la *Crónica de Zuo* se afirma: «La verdadera lealtad es no olvidar el país cuando está en la desdicha». Por su parte, el artículo «Recuerdos del pabellón de Yueyang» de Fan Zongyan afirma: «Preocupémonos antes de otras personas de los beneficios y del destino del país, disfrutemos de la felicidad después de que todo el pueblo goce del bienestar». El poema de Wen Tianxiang asegura: «Todos, sin excepción, han de morir. Lo importante es dejar un corazón del todo limpio, que brille en el jade de una hoja de la historia». Por último las palabras de Gu Yanwu proclaman: «Del ascenso y la caída del estado, todos son responsables». Estas ideas patrióticas estimulan nuestra voluntad y esfuerzo comunes en la lucha contra la invasión de las potencias imperialistas occidentales, en el triunfo en la Guerra Antijaponesa y en el surgimiento de la Revolución de Nueva Democracia. Asimismo, animan a los eruditos chinos a dedicarse de manera completa a la construcción del socialismo para conseguir la prosperidad de China. El patriotismo siempre ha consistido en la fuerza motriz del desarrollo del pueblo chino.

El patriotismo ha tenido significados distintos en diferentes épocas históricas. Antes de la unificación del país, eran frecuentes los conflictos y guerras entre diferentes reinos y pueblos. Durante aquella época, el patriotismo se refería principalmente a la lealtad al propio reino, como la fidelidad de Qu Yuan al estado de Chu, o la de Yue Fei al imperio de Song. Tras la fundación de la nación unificada, las cincuenta y seis etnias conviven en la gran familia de China. La ideología del patriotismo se refleja en la gran cohesión del pueblo chino, en la unificación de la tierra china y en la identificación conjunta de la cultura.

Respeto a los ancianos y cuidado a los niños

Debido a que la sociedad antigua china era de carácter patriarcal, el concepto de familia es muy importante en la mente de los chinos. Prestan atención a la posición y responsabilidad de cada individuo en la familia. Las moralidades y éticas que mantienen la familia consisten en «el amor del padre al hijo y la piedad del hijo al padre; el cuidado del hermano mayor al menor y la reverencia del menor al mayor; el respeto del marido a la esposa y la obediencia de la esposa al marido». La piedad filial constituye el núcleo del sistema patriarcal y se considera un elemento fundamental en la moral confucianista. El *Clásico de la piedad filial* explica de manera sistemática este concepto y propone la idea de gobernar el país con piedad. Según esta obra, la piedad es «la virtud más importante del ser humano»: «La piedad goza de un sentido similar que la ley del movimiento de los planetas y del crecimiento de los seres, y se trata del instinto natural que tienen las personas». Confucio observó que la piedad se presenta principalmente por el respeto: «La piedad de hoy en día consiste en mantener a los padres. Pero hasta los perros y los caballos reciben sustento. Sin la debida veneración, ¿qué diferencia hay?».[26] Mencio también explicó: «El nivel más alto de comportamiento piadoso es el respeto».[27] En la cultura antigua china, se trata de una norma para proteger el orden feudal y, por lo tanto, ha obstaculizado en alguna medida el desarrollo de la sociedad. Sin embargo, el respeto a los ancianos ha dejado una huella profunda en la mente de los chinos y se ha convertido en una virtud tradicional que tiene un significado positivo en la actualidad. Por un lado, los ancianos merecen el respeto de la sociedad debido a sus contribuciones anteriores; por otro lado, necesitan el cuidado de la sociedad porque pertenecen a un grupo vulnerable.

El respeto a los ancianos siempre se combina con el cuidado a los niños, debido a que los niños son la prolongación de la vida y futuro del pueblo. Necesitan el cuidado de los adultos. Las opiniones antiguas como «el amor del padre al hijo» y «el cuidado del hermano mayor al menor» se refieren al cuidado de los pequeños. Este cuidado no solo se limita a la propia familia, sino que se extiende a todos los niños de la sociedad. En palabras de Mencio: «Respetar a todos los ancianos como a nuestros padres; cuidar a todos los niños como a nuestros hijos». Estas frases se han convertido en aforismo de la virtud tradicional china.

Integridad de tratar con personas

Una norma importante para regular las relaciones interpersonales en la antigua china era la integridad. Los eruditos antiguos dijeron: «Por la integridad, la inteligencia y la valentía, uno se erige firmemente como persona». La integridad constituye la base de la formación de una persona y de la existencia de un país. En *Crónica de Zuo* se puede leer: «El que pierde la integridad no puede incorporarse a la sociedad». La integridad de tratar con personas también consiste en una virtud tradicional y una doctrina importante del confucianismo. Dong Zhongshu, la incluyó entre las «Cinco Virtudes», junto con la bondad, la justicia, la cortesía y la inteligencia. Confucio dijo: «Que hable con buena fe en el trato con los amigos». Zeng Shen, el discípulo de Confucio, expresó: «Cada día examino mi ser por tres veces: en mi servicio a otros, ¿he sido leal? En el trato con mis amigos, ¿he sido sincero? ¿He llevado a la práctica las enseñanzas que me han sido transmitidas?».[28] Confucio también explicó: «No sé cómo puede ser que un hombre no tenga palabra. ¿Avanzaría acaso un carro sin yugo, o una carreta sin lanza?».[29] Muchos cuentos históricos apreciaron la virtud de cumplir el compromiso a pesar de sacrificar los intereses personales, cuyas moralejas reflejaban que la integridad era lo esencial para que uno se erigiera como persona. Para conseguir el respeto, los emperadores debían mantener sus palabras al pueblo; para lograr la amistad, había que ser confiable con los amigos. Los de edad mayor o los profesores necesitaban obtener la confianza de los niños o de los alumnos, y solo de esta manera, se podían formar jóvenes con integridad. «Hay que garantizar la confiabilidad de tus palabras y realizar lo que has dicho en práctica» se ha convertido en una filosofía de tratar las relaciones interpersonales y ha sido reconocida por toda la gente como espíritu fundamental de la cultura china. En la actualidad, también la necesitamos para gobernar el país, así como para proteger la estabilidad, la unificación y el desarrollo de la sociedad.

Diligencia y ahorro

La diligencia y el ahorro también son virtudes tradicionales y fundamentos de la creación de la esplendorosa civilización china. La *Crónica de Zuo* expone: «Las ganancias y la riqueza del pueblo son obtenidas mediante la diligencia».[30] El pensador Mozi, de la época Zhanguo, dijo: «La diligencia trae la prosperidad, el derroche provoca la destrucción».[31] El poeta de la dinastía Tang, Li Shangyin, expresó en sus versos: «Pienso en las dinastías y los estados anteriores, prosperaban por la diligencia y el ahorro, pero caducaban por la fastuosidad». Estas frases expresan que la diligencia y el ahorro son dos elementos imprescindibles para generar riqueza. Sin el ahorro, el tesoro obtenido no puede ser conservado a largo tiempo. Asimismo, los versos populares que transmiten el espíritu popular también aconsejan a las personas ser diligentes y ahorradoras: «Los campesinos se afanan bajo el sol del mediodía, el sudor le cae a la tierra. ¿Quién sabe que cada grano de cereal es fruto del trabajo duro?».[32]

La diligencia se puede aplicar también a los estudios, como puede leerse en las reflexiones de los pedagogos de la dinastía Tang: «El estudio se perfecciona por la diligencia y se fracasa por el exceso de entretenimiento; la causa consigue el éxito por la constante reflexión y se destruye por poca consideración».

La sociedad moderna también necesita estas virtudes en el trabajo y el estudio para crear la riqueza y ahorrar recursos. Algunas personas piensan que, en las condiciones de la economía de mercado, hay que promover el consumo para aumentar la producción. Sin embargo, los recursos de la tierra son limitados; si no buscamos nuevos recursos con diligencia ni ahorramos los existentes, no podemos promover el desarrollo de la economía, sino que ponemos en peligro la vida de las generaciones posteriores. Por lo tanto, las virtudes tradicionales de diligencia y ahorro merecen ser conservadas y difundidas.

Conciencia y autoestima

Estas dos características espirituales pertenecen al nivel más alto dentro de la formación personal de los chinos. Ser consciente significa que uno puede obedecer las normas morales incluso cuando está solo. El *Libro de los ritos* explica: «Los sentimientos vienen reflejados por el comportamiento. Por eso, los caballeros de alta moralidad deben ser prudentes, incluso cuando están solos». La autoestima se refiere a que uno respeta a sus propias personalidades y siente el deseo de progresar. Guarda relación con el esfuerzo individual y la confianza en uno mismo. Confiar en la propia capacidad y esforzarse sin cansancio pueden traer el éxito. Para ser consciente hay que tener la autorregulación y persistir en los principios morales sin ser distraídos por los beneficios. Las frases «Los héroes verdaderos no cambian sus aspiraciones, creencias y voluntades, aunque los atraigan con riquezas, los atormenten con pobreza y los amenacen con violencia» también son muestras de la autoestima. Las personas con autoestima pueden lograr el respeto de otros; sin ella, se provoca la desestimación. En la actualidad, nos tenemos que tratar de manera correcta a nosotros mismos y a las dificultades impuestas. No nos rendimos a ellas sino que efectuamos esfuerzos incesantes para superarlas; además, también hay que ser modestos frente a los méritos. La conciencia y la autoestima se han convertido, de entre las virtudes que valoran los chinos, en las de nivel más alto.

A nuestro juicio, los valores espirituales descritos anteriormente son fundamentos de la cultura tradicional china que influyen en los pensamientos y comportamientos de los chinos. Sin embargo, si se reflexiona desde la perspectiva de la formación de moralidad, hay muchas otras virtudes tradicionales del pueblo chino. Estos son los más típicos, que versan sobre las relaciones entre el humano y la naturaleza, entre el individuo y el país, entre el yo y el otro, entre la persona y su formación de moralidad. Aunque no nos queda espacio para versar sobre virtudes de todos los niveles, las que hemos explicado tienen una fuerza espiritual grande y ejercen una enorme y profunda influencia en las concepciones de universo, de vida, de valor y de moralidad de los chinos, prolongada hasta la actualidad.

Aspectos negativos

La cultura tradicional china pertenece a la época antigua. Se formó en una época anterior a la dinastía Qin y no ha experimentado cambios radicales. Ha protegido la unificación del país y ha impulsado el desarrollo de la cultura china. Sus espíritus fundamentales influyen de manera profunda en los pensamientos, los juicios de valor y los comportamientos de los chinos. Sin embargo, se trata de una cultura nacida en una época pretérita y cuenta, por tanto, con aspectos negativos bajo la óptica del materialismo histórico. Sus elementos positivos han sido sucedidos y los negativos han sido abandonados, aunque no de manera completa. La base social de la cultura tradicional china es el absolutismo feudal. Durante un largo tiempo de la historia, la cultura tradicional ocupó la cumbre de la civilización mundial. Sin embargo, se eclipsó en la época moderna. ¿Por qué ha surgido esta decadencia? ¿Ha sido provocada parcialmente por efecto de la cultura tradicional? A lo largo de los recientes cien años, los intelectuales chinos estaban buscando las razones. Desde que tuvo lugar el Movimiento del 4 de Mayo hasta la actualidad, muchos expertos han expresado su opinión al respecto.

Un número considerable de especialistas consideraba que la razón de la decadencia de China en la época moderna fue el atraso en materia cultural e ideológica. Chen Duxiu explicaba que los chinos necesitaban dos tipos de conciencias para andar al paso con los occidentales: la conciencia relacionada con la participación política y la de ética. En sus palabras:

> Desde que la cultura occidental entró en China, empezamos a tener conciencia de su tecnología y su política. Hemos propuesto regímenes políticos diferentes y esto muestra que hemos dejado de insistir en el antiguo feudalismo. Hasta ahora, lo que todavía estamos sospechando es su ética. Si no podemos aprenderla bien, las conciencias de la tecnología y de la política no nos sirven y nos queda mucho para entender de manera completa la cultura occidental y aplicarla en nuestro desarrollo. Por eso, manifiesto que la conciencia de la ética es la «última» conciencia de nuestro pueblo.[33]

Liang Shuming estaba de acuerdo con la opinión de Chen. Explicaba que los chinos primero se familiarizaron con la tecnología desarrollada en Occidente, como las armas y las ciencias modernas. Después del fracaso de la Guerra Sino-japonesa de Jiawu, los chinos reconocieron que no podían copiar simplemente las tecnologías occidentales como armas, cañones, luz, química y electricidad, sino que debían descubrir los sistemas políticos e ideológicos escondidos de ellas. Por lo tanto, se efectuó la Reforma de los Cien Días de 1898 y la Rebelión de los Bóxers. Sin embargo, China tampoco pudo realizar la occidentalización política debido a «las diferencias radicales entre estas culturas».[34] Además, Liang consideraba que las diferencias culturales se reflejaban en las diversas maneras de resolver problemas, que podían dividirse en tres direcciones:

(1) La dirección orientada al futuro: hacer esfuerzos para conseguir lo que quiera y satisfacer las necesidades futuras. Es decir, la actitud de esforzarse.
(2) No intentar solucionar los problemas sino detenerse frente a las dificultades y conformarse con el *statu quo*.
(3) Intentar evadir los problemas cuando los encuentre.

Desde su punto de vista, la vida de todos los humanos coincide en estas tres vías: progresar hacia delante; cambiar o conciliar las opiniones; retornar hacia detrás. Mientras que, la cultura china se inclina a la segunda y la tercera dirección.[35] Por lo tanto, deben cambiarse completamente sus aspectos negativos. También observa:

> Si los occidentales no hubieran contactado con nosotros, no habríamos cancelado la política del cierre de fronteras. Aunque después de trescientos o quinientos años, no habríamos conocido las nuevas tecnologías de fabricar barcos, trenes o hidroaviones, ni los pensamientos modernos de la democracia.

No estamos totalmente de acuerdo con sus opiniones. La cultura tradicional también tiene sus méritos y ha absorbido elementos positivos de otras culturas. Más aún, la historia está en un proceso de progreso constante y los elementos caducos desaparecen en períodos determinados debido al desarrollo de las fuerzas productivas. Según las teorías del marxismo, los factores externos funcionan gracias a factores internos. El desarrollo de fuerzas productivas lleva inevitablemente el cambio de relaciones de producción. En el seno de la sociedad china han nacido fuerzas que rompieron el yugo del absolutismo feudal, por lo tanto, habría podido desarrollarse sin duda, y no tardaría trescientos o mil años. Aunque las opiniones de Liang distan de ser perfectas, las tres vías de vida propuestas por él merecen que reflexionemos sobre ellas.

Durante los años veinte del siglo pasado, muchos eruditos también trataron la cuestión de la peculiaridad popular. En la novela de Lu Xun titulada *La verdadera historia de Q* se discutía la personalidad de los ciudadanos. Los estudiantes de aquel entonces que viajaban a Japón para estudiar también hablaban con frecuencia sobre este tema y se planteaban tres preguntas: ¿Cuál es la personalidad ideal? ¿Cuál es la personalidad más escasa en el pueblo chino? ¿Cuáles son los problemas de la peculiaridad popular china? Existían muchas respuestas para la primera pregunta, porque una gran cantidad de personalidades podían ser consideradas ideales. En cuanto a la segunda y la tercera, en la novela se indicaba que los problemas más graves de los chinos eran la falta de lealtad y amor, provocada por una serie de factores a lo largo de la historia, especialmente por la esclavitud a que los chinos fueron sometidos por otros pueblos del mundo, ocurrida dos veces. ¿Como si los esclavos tuvieran derecho de hablar de la lealtad y el amor? Por lo tanto, la salvación pasaba por la revolución.[36] Lu Xun sostuvo firmemente la idea de modificar radicalmente la personalidad del pueblo mediante la revolución ideológica. Si los letreros y las consignas eran nuevas mientras que los contenidos subyacentes de la cultura eran viejos, la revolución política no podía ser exitosa. En sus palabras: «En el proceso de la revolución política, lo primero que tenemos que hacer es tirar los componentes antiguos con el fin de desocupar espacios para que nazcan nuevos seres».[37]

Los elementos antiguos simbolizaban, en efecto, los pensamientos feudales y esclavos, cuyo núcleo se encontraba en los «Tres Principios y Cinco Virtudes». Es decir, las malas costumbres que Lu Xun describió en sus obras: ignorancia, tradicionalismo, debilidad, miedo, esclavitud y orgullo ciego. Estos son los elementos negativos de la cultura china. Lu Xun los exageró en sus obras con el fin de despertar a los chinos de aquel entonces. No denegó las virtudes espirituales fundamentales de la cultura tradicional sino que intentó estimularlas.

Liang Shuming, en «La esencia de la cultura china», sintetizó la personalidad de los chinos en diez puntos: egoísmo, diligencia y ahorro, cortesía, paz y debilidad, satisfacción tradicionalismo, dejadez, firmeza y crueldad, flexibilidad, y astucia.[38] Esta opinión destaca en exceso los aspectos negativos de la cultura tradicional china.

Zhang Dainian y Cheng Yishan indicaron las dos deficiencias de la cultura tradicional en su obra *La cultura china y la polémica cultural*: la primera consiste en el nulo desarrollo de la ciencia positivista y la segunda, la ausencia de tradición democrática. Estas son los señores *De* (democracia) y *Sai* (ciencia), enaltecidos durante el Movimiento del 4 de Mayo. Estas dos deficiencias se combinan estrechamente con el fundamento social de la cultura tradicional china: la economía agrícola y el sistema patriarcal feudal. Por lo tanto, los contenidos excelentes de la cultura tradicional fueron reprimidos a lo largo de la historia, mientras que los elementos caducos fueron conservados. Debemos conocer y evitar estas deficiencias y propagar las virtudes espirituales de la cultura tradicional china.

Además, las deficiencias de esta antigua cultura ejercen una mala influencia en la educación. Las sintetizamos en los apartados siguientes.

El tradicionalismo

La economía agrícola ocupaba la posición principal en la sociedad feudal. Este tipo de actividad económica no exigía a las personas abrir nuevas vías de desarrollo, sino que demandaba únicamente obediencia a las normas tradicionales y protección de la familia. Asimismo, los jóvenes debían vivir juntos a los padres y acatar sus órdenes. Estas opiniones han influido de manera negativa en la educación de juicios de valor y en la formación de personas con talento. La sociedad feudal no necesitaba personas independientes con ideas propias, sino solo esclavos que obedecían ciegamente a sus dueños. En estas circunstancias económicas y políticas, los trabajadores eran tradicionalistas y rechazaban la búsqueda de nuevas vías de desarrollo.

La importancia de la jerarquía y la cortesía

En la sociedad patriarcal feudal, la estratificación social tenía base jerárquica. Las personas se organizaban en una escala ordenada y subordinante según un criterio de mayor o menor importancia. El núcleo del confucianismo era la cortesía, normalizada en la sociedad esclava y feudal. La cortesía, cuya palabra correspondiente en chino es *Li*, se refería en un principio a los instrumentos rituales. Durante la dinastía Zhou, se convirtió en un sistema jerárquico y patriarcal que regularizaba las relaciones entre los reyes y los súbditos, entre los padres y los hijos. Se vinculaba con la consanguinidad. Confucio dijo: «No mire, escuche, diga ni haga nada contrario a los ritos». Este pensamiento ha influido profundamente en las formas de pensar de los chinos; ha provocado la demasiada atención a la autoridad y al derecho y la ignorancia del pueblo y de la obligación. En la actualidad, dentro de muchos ministerios del gobierno e incluso en las empresas y las escuelas existe un sistema jerárquico. Los poderes y salarios de cada persona corresponden a su posición en esta jerarquía. En muchas regiones, los ciudadanos llaman a los jefes del gobierno «magistrados locales». Los chinos también prestan mucha atención a la identidad y la reputación: los funcionarios siempre imprimen en sus tarjetas su rango en el gobierno; e incluso un rector universitario se ha denominado a sí mismo como «viceministro», fenómeno que provoca el asombro de los extranjeros. Más aún, en casi todos los sectores y trabajos se establecen diferentes títulos profesionales, igual que en las universidades. Estas ideas obstaculizan el desarrollo de la democracia y la igualdad. No se adaptan a la sociedad moderna y han influido negativamente en generaciones posteriores. Por ejemplo, en un artículo de la revista *Compendios Seleccionados del Periódico* se puede leer:

> Este fin de semana mi hijo volvió a casa. Descubrí que su insignia de jefe de equipo había desaparecido. Me explicó titubeando que la profesora lo castigó por estar distraído y le quitó la chapa, para darla a su compañero que estaba concentrado en la clase.
>
> Recuerdo que, en mi infancia, nuestro maestro nos dijo que ser jefe de equipo era motivo del más alto orgullo. Solo el alumno más simpático y obediente podía encargarse de

este trabajo. No pude serlo hasta que terminé el colegio. Sin embargo, posteriormente, descubrí que el entonces jefe de equipo no había logrado mucho éxito en su trabajo.

Siempre había considerado que este fenómeno era típico en nuestra etapa morbosa, pero también ocurre en la época de nuestros hijos. Mi hijo pensó que estaba enfadado, y me prometió: «No te preocupes. Voy a volver a obtenerla la próxima semana si me comporto bien y obedezco las órdenes del profesor».

La cultura burocrática ha existido en China durante miles de años. Comparada con este pensamiento, la estimulación, el orgullo y la forja del alma que estamos formando a los niños, se parece a un árbol lamentable, decorado por frutos débiles.

10 de septiembre de 2003

La importancia de la ética y la ignorancia de la tecnología

La cultura tradicional china centrada en el confucianismo solo presta atención a la ética e ignora la tecnología y la ciencia. El *Libro de los ritos* considera la ciencia y la tecnología como «ocupaciones inferiores» y «no recomienda su ejercicio a los letrados». «Los que provocan sonidos, vestimentas, técnicas o herramientas extrañas, deben ser castigados a muerte». Confucio tampoco escribió sobre la tecnología ni las técnicas agrícolas. Aunque la Escuela Moísta y la de los Nombres dieron importancia a la ciencia, no llegaron a convertirse en ideologías importantes de aquella época. Peor aún, perdieron popularidad después de que en la dinastía Han se adoptara el confucianismo como doctrina principal. En períodos posteriores, algunos eruditos llevaron a cabo investigaciones científicas, como el taoísta de la dinastía Jin del Este, Ge Hong, que se dedicó al estudio de la medicina, la estrategia militar y la astronomía; Li Shizhen, de la dinastía Ming, se dedicó a la medicina y redactó el renombrado *Compendio de materia médica*; y el viajero de finales de la dinastía Ming, Xu Xiake, visitó casi todos los lugares de China e hizo importantes contribuciones a la geografía. Sin embargo, la investigación científica solo se limitó a un pequeño número de eruditos y la ignorancia científica y tecnológica siguió siendo la ideología principal de la sociedad. Este fenómeno provocó que en China no se desarrollara una ciencia moderna.

La dedicación a la síntesis y el desprecio del análisis

En cuanto a la manera de pensar, en la cultura tradicional prima la síntesis sobre el análisis. Este método tiene aspectos positivos: la síntesis puede evitar las opiniones unilaterales y parciales. Un ejemplo destacable es la diferencia entre la medicina china y la occidental. La medicina china presta atención al estado de salud general del enfermo e intenta coordinar cada parte del cuerpo; la medicina occidental se concentra en una enfermedad concreta y toma medidas apropiadas. No obstante, la ignorancia del análisis de las partes puede provocar un conocimiento confuso de un objeto y no tiene la capacidad de describir el objeto de manera científica y cuantitativa. Se limita a la deducción de una concepción general y obstaculiza el desarrollo de la ciencia positivista.

Además, la forma de pensar china es más inductiva que deductiva. Las teorías propuestas por los filósofos antiguos solo disponen de conclusiones y carecen de argumentos. Todas las frases en las *Analectas* de Confucio son conclusiones, con significado profundo, por ejemplo: «Aquél que repasando lo sabido, aprende de ello algo nuevo puede ser maestro», «Estudiar sin reflexionar es vano, reflexionar sin estudiar es peligroso». Sin embargo, Confucio no aporta argumentaciones. Esto se diferencia del método socrático de la Antigua Grecia, que revela las paradojas de las ideas mediante preguntas y respuestas. De esta manera, se promueve un proceso de reflexión más profundo y se alcanza el conocimiento de la esencia de un objeto. No obstante, la educación china antigua solo enseña a los niños a recitar las frases de los «Cuatro Libros y Cinco Clásicos» sin entender profundamente su contenido. Esta forma de enseñanza ha obstaculizado el desarrollo de la ciencia positivista y la formación del espíritu científico. Por eso, se ha convertido en una deficiencia de la cultura tradicional y debemos modificarlo en la construcción de la sociedad moderna.

En conclusión, debido a que la cultura tradicional china se formó bajo el sistema patriarcal de la sociedad feudal, contiene varias concepciones atrasadas y caducas. Tenemos que analizarlas con detalle y modificarlas según las necesidades de la época moderna.

Notas

1 Liang, S. M. (1996). *Libro clásico de la academia china moderna. Tomo de Liang Shuming.* Hebei: Educación Hebei.
2 Gu, H. M. (1996). *El espíritu de los chinos.* Hainan: Hainan.
3 Liang, S. M. (1996). *Libro clásico de la academia china moderna. Tomo de Liang Shuming.* Hebei: Educación Hebei.
4 Chen, D. X. (n.d.). Las diferencias radicales de ideología entre la cultura oriental y la occidental. *Nuevos Jóvenes*, 1.
5 Liang, S. M. (1996). *Libro clásico de la academia china moderna. Tomo de Liang Shuming.* Hebei: Educación Hebei.
6 Yongye (Eds.) (2015). *Analectas de Confucio* (Vol. 6). Pekín: Zhonghua Libro Co.

7 Yanyuan (Eds.) (2015). *Analectas de Confucio* (Vol. 12). Pekín: Zhonghua Libro Co.
8 Yongye (Eds.) (2015). *Analectas de Confucio* (Vol. 61). Pekín: Zhonghua Libro Co.
9 Weilinggong (Eds.) (2015). *Analectas de Confucio* (Vol. 15). Pekín: Zhonghua Libro Co.
10 Li, D. Z. (1918). Las diferencias radicales entre la cultura oriental y la occidental. *Revista Trimestral de Cultura e Ideología.*
11 Shi, Z. Y. (1999). *Las características culturales de la educación.* Shanxi: Educación de Shanxi.
12 Ambiente de Tai Xu: concepto propuesto por filósofo de la dinastía Song, Zhang Zai, explicando que Tai Xu es el estado natural del aire.
13 Zhang Zai. *Iluminación a través de las enseñanzas confucianistas.*
14 易传·序卦*Monografía de explicaciones de I Ching. Hexagrama de Xu.*
15 周传 系辞 *Monografía de explicaciones de los Ritos de Zhou. Capítulo de Xici.*
16 Zilu (Eds.) (2015). *Analectas de Confucio* (Vol. 13). Pekín: Zhonghua Libro Co.
17 Zihan (Eds.) (2015). *Analectas de Confucio* (Vol. 9). Pekín: Zhonghua Libro Co.
18 Taibo (Eds.) (2015). *Analectas de Confucio* (Vol. 8). Pekín: Zhonghua Libro Co.
19 Shu'er (Eds.) (2015). *Analectas de Confucio* (Vol. 7). Pekín: Zhonghua Libro Co.
20 *Discursos de Estados. Estado Zheng.*
21 Zuo, Q. M. (2012). *Crónica de Zuo* (Vol. 3). Pekín: Zhonghua Libro Co.
22 Zilu (Eds.) (2015). *Analectas de Confucio* (Vol. 13). Pekín: Zhonghua Libro Co.
23 Shu'er (Eds.) (2015). *Analectas de Confucio* (Vol. 7). Pekín: Zhonghua Libro Co.
24 Uliánov, V. Í. (Eds.). (2015). *Antología completa de Lenin* (Vol. 28). Pekín: Literatura del Pueblo.
25 Bayi (Eds.) (2015). *Analectas de Confucio* (Vol. 3). Pekín: Zhonghua Libro Co.
26 Weizheng (Eds.) (2015). *Analectas de Confucio* (Vol. 2). Pekín: Zhonghua Libro Co.
27 Wanzhang (Eds.) (2017). *Libro de Mencio* (Vol. 9). Pekín: Zhonghua Libro Co.
28 Xue'er (Eds.) (2015). *Analectas de Confucio* (Vol. 1). Pekín: Zhonghua Libro Co.
29 Weizheng (Eds.) (2015). *Analectas de Confucio* (Vol. 2). Pekín: Zhonghua Libro Co.
30 Zuo, Q. M. (2012). *Crónica de Zuo* (Vol. 2). Pekín: Zhonghua Libro Co.
31 Ci Guo. (Eds.) (2015). *Libro de Mozi* (Vol. 6). Pekín: Zhonghua Libro Co.
32 Véase el poema «Compasión a los campesinos», de Li Shen de la dinastía Tang.
33 Chen, D. X. (n.d.). La comprensión completa de la cultura occidental. *Nuevos Jóvenes,* 1.
34 Liang, S. M. (1996). *Libro clásico de la academia china moderna. Tomo de Liang Shuming.* Hebei: Educación Hebei.
35 Liang, S. M. (1996). *Libro clásico de la academia china moderna. Tomo de Liang Shuming.* Hebei: Educación Hebei.
36 Xu, S. C. (1952). *El Lu Xun que conozco.* Pekín: Literatura del Pueblo.
37 Lu, X. (1973) (Eds.). *Antología completa de Lu Xun* (Vol. 1). Pekín: Literatura del Pueblo.
38 Liang, S. M. (1996). *Libro clásico de la academia china moderna. Tomo de Liang Shuming.* Hebei: Educación Hebei.

CAPÍTULO IV

La tradición educativa en China y sus características fundamentales

Evolución y formación de la tradición educativa

La educación es un elemento formativo de la cultura. De manera similar, la educación china es un importante componente esencial de su cultura. Por un lado, se trata de una herramienta para la selección, la propagación y la revolución culturales; por otro lado, ha establecido su propia tradición con base en la cultura. La tradición educativa china se ha formado a lo largo de la historia: cada época histórica ha contado con tradiciones cultural y educativa determinadas. Teóricamente, ambas tradiciones se desarrollan de manera simultánea, pero la realidad no siempre es así, dado que la educación goza de una independencia relativa. Así, en algunas ocasiones ha quedado atrasada respecto del desarrollo cultural. Por ejemplo, la ciencia moderna se difundió entre los funcionarios chinos después del aprendizaje occidental hacia Oriente durante las dinastías Ming y Qing. Sin embargo, las teorías científicas avanzadas no llegaron a ser enseñadas en las instituciones educativas de la época. Otras veces, por el contrario, se ha adelantado al progreso cultural. A finales de la dinastía Qing, se aplicó el sistema escolar occidental, pero el régimen político era todavía semicolonial y semifeudal, y la cultura feudal ocupaba una posición preeminente. La tradición educativa estaba influida por la economía, la política y la cultura, al tiempo que había heredado antiguas ideas sobre la educación, con base en las cuales se había desarrollado. Tras la introducción del sistema escolar moderno en China, se realizaron cambios evidentes tanto en las reglas y estructuras escolares como en los contenidos y las metodologías de enseñanza. No obstante, los juicios de valor sobre la educación y la inteligencia, e incluso los métodos didácticos, siguieron conservando huellas de la educación tradicional.

Así pues, aquí debemos clarificar y distinguir los conceptos de tradición educativa y educación tradicional. La tradición educativa se refiere al sistema de educación configurado dentro de un país, un pueblo o una región a lo largo de la historia, abarcando subconceptos como ideologías, sistemas o modelos educativos. La educación tradicional consiste en un prototipo con características históricas y socioculturales establecido en la antigüedad y heredado hasta la actualidad. Desde la perspectiva de los tiempos gramaticales, la primera se parece al presente de indicativo, mientras que la segunda corresponde un tiempo del pasado. La tradición educativa se estableció y se desarrolló tomando como fundamento la educación tradicional. Por eso, los dos conceptos no son opuestos. Es incorrecta la definición simple por la que la educación tradicional es un objeto antiguo y conservador. Hablando objetivamente, esta nació y creció durante los tiempos pasados. No se puede negar que tiene aspectos conservadores, pero no permanece inalterable, sino que llega hasta la actualidad mediante progresos constantes. Dispone todavía de contenidos optimistas para ser propagados, así como elementos negativos y atrasados, que han de ser abandonados. Así pues, la actual tradición educativa solo se puede fundar llevando a cabo una sucesión crítica de la educación tradicional. El criticismo no significa la negación y la exclusión, sino la selección y la reconstrucción. Mejor dicho, la educación no solo selecciona y transforma la cultura, sino que mantiene la misma actitud hacia sí misma.

El desarrollo de la tradición educativa china es un proceso de incesantes selecciones y remodelaciones, que puede ser desglosado en las etapas que se mencionan en los capítulos siguientes.

La educación primitiva de la antigüedad remota

La sociedad primitiva fue la primera forma de organización social protagonizada por el ser humano y marcó la separación entre los seres humanos y los animales. Durante aquella etapa, el nivel de producción era muy bajo: las herramientas utilizadas estaban hechas de piedra y las armas, de madera. Los humanos se alimentaban de carne cruda y bebían sangre y agua de manantiales y ríos. Poco a poco, aprendieron a fabricar herramientas de cerámica, a usar el fuego, a comer carne cocinada, así como a domesticar animales y plantas. Según *La sociedad primitiva* de Lewis Henry Morgan, la historia humana abarca tres épocas: salvajismo, barbarie y civilización. La sociedad primitiva pertenece a las dos primeras épocas y abarca más de un millón de años.

Durante estos años, los humanos intercambiaron experiencias productivas y vitales con el fin de sobrevivir y desarrollarse. Además, las trasmitieron a generaciones posteriores. De esta manera, apareció la educación. Los actos educativos de la sociedad primitiva se materializaron principalmente mediante actividades sociales, como las labores conjuntas o los sacrificios.

Los arqueólogos chinos han exhumado restos humanos pertenecientes a los inicios del período paleolítico, en Yuanmou, Lantian y Pekín,[1] haciendo así descubrimientos de importancia trascendental para la investigación sobre el origen de la educación en China. En libros antiguos chinos hay notas sobre el uso del fuego, la agricultura y la ganadería. Por ejemplo, en el libro clásico *Bai Hu Tong* se puede leer: «Enseñar a las personas a cocinar la carne, para quitar el mal olor y las bacterias y proteger la salud». En *Shi Zi* se indica: «En la época de Fuxi[2] existían muchas bestias, por eso el pueblo aprendió a cazar. En el período de Suiren[3] se descubrieron muchos lagos, por eso los hombres aprendieron a pescar». En I Ching también se observa: «Después de la muerte de Fuxi, Shennong[4] se convirtió en el rey. Inventó las herramientas de labranza hechas de madera y las difundió en de su reino». Es decir, Shennong enseñó a sus súbditos a cultivar la tierra. Es destacable que en la sociedad primitiva, la educación se combinaba con las labores. En los libros antiguos chinos también existen recuerdos de actividades como la adoración al tótem y los sacrificios religiosos, las cuales fueron heredadas de generación a generación gracias a la educación. A finales de la sociedad de clan, empezó a aparecer el primer modelo de educación escolar o «escuela doméstica», que fue monopolizada por la nobleza.

La invención de la escritura, el nacimiento y el desarrollo de las escuelas

La invención de la escritura promovió el nacimiento y el desarrollo de las escuelas. Los hombres eran capaces de recordar sus experiencias productivas y vitales mediante los caracteres. De esta manera, empezaron a aparecer descripciones escritas de la cultura humana y materias docentes para las escuelas. Según la mitología clásica china, la escritura fue inventada por Cangjie. En verdad, los caracteres chinos nacieron en el seno del pueblo. Los historiadores los sintetizaron, modificaron y elaboraron versiones definitivas de la escritura que luego difundieron. Los primeros caracteres chinos fueron esculpidos en caparazones de tortugas o huesos de animales. Los arqueólogos los llaman *Jiaguwen*. Fue un tipo de escritura madura, por lo que probablemente se había utilizado otra escritura primitiva en una etapa anterior. Posteriormente, aparecieron caracteres esculpidos en herramientas de bronce, llamados *Jinwen*. En 2003, en Shanxi se desenterraron 27 herramientas de bronce con un epígrafe de aproximadamente 3500 caracteres que recordaba la historia de la dinastía Zhou del Oeste. Gracias a la invención de la escritura, en la actualidad podemos conocer la historia antigua de nuestro país. En las dinastías posteriores, surgieron caracteres escritos en bambú, madera o tela. Durante la dinastía Han del Oeste, se inventó el papel hecho de fibras vegetales. Basándose en experiencias anteriores, Cai Lun de la dinastía Han del Este diseñó y difundió un método de producción de papel a gran escala. La invención y la aplicación de papel funcionaron como elemento promotor para la sucesión y el desarrollo de la cultura humana, y también para el progreso de la educación escolar. Facilitó no solo la escritura, sino también la conservación y la difusión de documentos.

La invención de la imprenta fue otra gran contribución de los chinos a la civilización humana. En el siglo V, surgió escritura esculpida en piedras y en el siglo XI, Bi Sheng inventó los tipos móviles. La imprenta también contribuyó en la propagación a gran escala de materias docentes y de cultura. La imprenta y el papel simplificaron las actividades docentes y promovieron el desarrollo de la educación.

Desde muy antiguo aparecieron escuelas en China. Según los libros clásicos, las primeras escuelas se llamaron «Xiang (庠)», «Xu (序)» o «Xiao(校)». Mencio explica:

> Se fundaron escuelas «Xiang», «Xu» y «Xiao» para la creación y la formación de jóvenes. «Xiang» significa la formación, «Xiao» significa la enseñanza, y «Xu», la presentación en un orden determinado. En la dinastía Xia se llamaron «Xiao», en la dinastía Shang, «Xu», y en la dinastía Zhou, «Xiang». En todas las épocas, las escuelas funcionaron para la enseñanza de reglas de cortesía.

Por lo tanto, las escuelas chinas nacieron a finales de la sociedad de clan y a principios de la sociedad esclavista.

Cuando los seres humanos entraron en una sociedad organizada por clases, la educación también adoptó características clasistas y fue monopolizada por la clase dominante. Las materias principales eran las reglas de cortesía gobernante, los métodos administrativos y las artes de la guerra. Había seis habilidades obligatorias, conocidas como las Seis Artes: ritos, música, tiro con arco, conducción de carros de guerra, caligrafía y matemáticas. Reflejaban la estima que los estados del sistema esclavista sentían por la fuerza y la cortesía.

Confucio y el inicio de las escuelas privadas

Las escuelas privadas comenzaron a ser establecidas desde los períodos de las Primaveras y los Otoños y de los Estados Combatientes, lugares en los que se impartía la enseñanza privada. Aunque en *Lüshi Chunqiu*[5] se recuerdan las actividades de docencia privada de Deng Xi del reino Zheng, siempre se considera que Confucio fue el iniciador de la corriente de la enseñanza privada. Confucio estableció una escuela privada en la zona Qufu del reino Lu y enseñó a sus discípulos la escritura, la poesía, la cortesía y la música. Además, viajó con sus alumnos a otros reinos. Juntos formaron el grupo de docencia privada más grande de aquel entonces. Durante el mismo período, Shaozhengmao y Mo Zi también dieron clases privadas. Este último tuvo en total tres mil alumnos. En el período de los Estados Combatientes surgieron numerosos grupos ideológicos que difundieron sus teorías y doctrinas a los discípulos. Por lo tanto, los jóvenes podían seleccionar maestros según sus gustos. Diversas escuelas doctrinales coexistían y apareció una gran cantidad de eruditos. En la dinastía Qin, los emperadores habían prohibido las escuelas privadas, pero fracasaron. En la dinastía Han, renacieron y se fundaron escuelas privadas a gran escala que impartieron sus conocimientos a miles y hasta a decenas de miles de estudiantes. Durante las dinastías Wei, Jin, Meridionales y Septentrionales, se sufrió una situación social turbulenta por culpa de la cual la educación oficial declinó. Sin embargo, la educación privada consiguió espacio para desarrollarse y se establecieron no solo escuelas laicas, sino también religiosas, de budismo y taoísmo. Después de las dinastías Sui y Tang, surgieron escuelas privadas de diversos tipos organizadas por individuos, familias o aldeas. Así, los plebeyos también tuvieron acceso a la educación. A finales de la dinastía Tang surgieron las academias de aprendizaje clásico, que se aplicaron de manera más amplia en la dinastía Song y se convirtieron poco a poco a la educación oficial. En conclusión, las escuelas privadas desempeñaron un papel significativo en la historia de la educación china y en la propagación y el desarrollo de la cultura.

Apreciación única de las doctrinas de Confucio y establecimiento de la educación feudal

A principios de la dinastía Han del Oeste, las doctrinas de Huangdi y Laozi eran apreciadas en la sociedad y el gobierno aplicó políticas destinadas a disminuir el control del gobierno para rebajar los tributos del pueblo y recuperar la economía. Tras su ascenso al trono, el emperador Wu aceptó las opiniones de Dong Zhongshu y aplicó la política de «despedir Cien Escuelas y profesar únicamente el confucianismo», con el fin de llevar a cabo la unificación del país y fortalecer el sistema feudal. En al año 136 a. C., dejó de lado las otras escuelas y declaró el confucianismo como doctrina oficial del estado. Designó a eruditos para impartir las doctrinas confucianistas en las escuelas oficiales. Desde aquel entonces, los libros sagrados del confucianismo se convirtieron en las enseñanzas principales de la educación feudal. Asimismo, tomó forma la educación tradicional china. La corte de Han también introdujo modificaciones en el confucianismo primitivo y lo convirtió en una escuela oficial adaptada a sus necesidades de dominación, cuyo núcleo eran las «Tres Normas y Cinco Virtudes», que enfatizaban el poder absoluto del emperador y de la figura paterna. Esta política fue apreciada por los emperadores posteriores, quienes le dieron continuidad.

La apreciación única del confucianismo tuvo una influencia enorme en la educación china. Por un lado, terminó las luchas entre las Cien Escuelas y definió la posición preponderante del confucianismo en la educación. Después de modificar los documentos primitivos y compararlos con los libros de su propia época, Han realizó la unificación de la ideología. Sin embargo, tras dicha modificación, las doctrinas confucianistas resultantes no coincidían con las ideas originales propuestas por Confucio. El establecimiento del sistema de Examen Imperial durante las dinastías Sui y Tang permitió combinar la educación y la selección de los candidatos más aptos. Este sistema también influyó de manera profunda en las prácticas educativas de China, puesto que los contenidos principales del Examen Imperial incluían las doctrinas confucianistas revisadas por la corte de Han. Por otro lado, el sistema de Examen Imperial promovió la politización de la educación. El confucianismo siempre hizo hincapié en introducir políticas beneficiosas para el pueblo y tomó muy en cuenta la función política de la educación. El emperador Wu aceptó y propagó estos contenidos, que estaban destinados a «gobernar el país con la educación, para quitar la maldad de la sociedad».[6] De esta manera, la educación empezó a ser empleada para la dominación feudal y la politización se convirtió en una tradición en el sistema educativo chino.

Aunque la educación china fue sometida a pequeñas modificaciones en las dinastías posteriores, su tradición no cambió radicalmente hasta que tuvieron lugar las Guerras del Opio, ya en época moderna.

La fundación del sistema de Examen Imperial y la combinación de la educación con la selección de los más aptos

El sistema de Examen Imperial se adoptó en la dinastía Sui y progresó en la dinastía Tang, convirtiéndose poco a poco en una norma para la selección de funcionarios con base en sus capacidades. Afectó enormemente a la educación china debido a la adaptación de la educación al sistema de examen. Proporcionó una vía para que los letrados provenientes de familias plebeyas tuvieran acceso a puestos en los gobiernos, optimizó la actitud de la gente común hacia la educación y formó la tradición de enfatizar la importancia de la educación. Sin embargo, la combinación de la educación con el Examen Imperial reforzó los estudios empíricos desvinculados de las necesidades reales. Especialmente, después de la dinastía Ming, se aplicó el formato de ensayos en ocho apartados al Examen Imperial, lo que provocó una mayor rigidez en la educación. Por esta razón, el sistema de Examen Imperial ha ejercido una influencia negativa en los conceptos sobre el valor, la inteligencia y la enseñanza. En particular, el perseguimiento de títulos académicos de nivel alto se convirtió en la tradición de la educación china, lo cual será analizado en apartados posteriores.

El golpe del Movimiento de Autofortalecimiento y del Movimiento Reformista de 1898 a la educación tradicional china

El Movimiento de Autofortalecimiento y el Movimiento Reformista de 1898 constituyen el primer gran golpe a la educación tradicional china desde la dinastía Han del Oeste. A principios de la dinastía Qing, empezó el aprendizaje occidental hacia Oriente, si bien no ejerció una gran influencia. Después de las Guerras del Opio, China abrió las puertas al exterior y algunos funcionarios reconocieron que tanto el poder militar como la economía y la educación chinas sufrían un atraso en comparación con los países occidentales. Un grupo de funcionarios, representados por Zeng Guofan, Li Hongzhang, Zuo Zongtang y Zhang Zhidong, fundaron el Movimiento de Autofortalecimiento, que pretendía aprender avances occidentales tales como la industria, el negocio, la diplomacia o la educación. En el ámbito de la educación, sostuvieron la idea que se resumía en la frase «conservar la cultura ética tradicional como esencia, utilizar la ciencia y tecnología occidentales como auxilio», formulada por Zhang Zhidong. La propuesta de «conservar la cultura ética tradicional como esencia» significa considerar el concepto feudal de las «Tres Normas y Cinco Virtudes» como el fundamento de la cultura china, mientras que «utilizar la ciencia y tecnología occidentales como auxilio» se refiere a «aprovechar las habilidades de los occidentales para vencerlos», es decir, al aprendizaje de las tecnologías avanzadas extranjeras sin cambiar las normas y el sistema feudal. Con el objetivo de fortalecer el ejército y aumentar la riqueza del país, se establecieron numerosas fábricas y se fundaron escuelas y periódicos a través de los cuales se difundieron las ciencias y tecnologías capitalistas. Durante este movimiento, se formaron por primera vez escuelas de estudios extranjeros y se mandaron estudiantes a países occidentales. En estas escuelas se impartían principalmente idiomas extranjeros y tecnologías industriales y militares. Entre ellas, las más famosas fueron la Escuela de Aprendizaje Extranjero de Pekín, el Instituto Tong Wen Guan de Shanghái, la Escuela de Aprendizaje Extranjero de Guangzhou, la Escuela de la Construcción de Barcos de Fujian, las Escuelas de Aprendizaje Marítimo de Tianjin y Jiangnan.

El Movimiento Reformista de 1898 ocurrió a los finales del siglo XIX. Fue organizada por un grupo de intelectuales con ideologías reformistas de carácter burgués, cuyos representantes fueron Kang Youwei, Liang Qichao, etc. Criticaron la redacción de ensayos en ocho apartados y lucharon por la cancelación del Examen Imperial. Además, reformaron el modelo tradicional educativo y establecieron escuelas modernas para el aprendizaje de las ciencias y tecnologías occidentales y la formación de intelectuales pragmatistas.

El Movimiento de Autofortalecimiento y el Movimiento Reformista de 1898 son movimientos de naturaleza diferente. El primero fue propuesto por la clase feudal en torno a la reforma de la educación tradicional, mientras que el segundo fue organizado por los capitalistas, con el objetivo de crear un nuevo sistema educativo. Aunque sus situaciones sociales y contenidos eran diferentes, ambos ocurrieron a los finales de la dinastía Qing y golpearon a la tradición educativa feudal. El Movimiento del Autofortalecimiento no perseguía un cambio en el núcleo de la ideología, pero estableció escuelas de estudios occidentales. El Movimiento Reformista de 1898 intentó cambiar el régimen feudal dictatorial y aprender de la cultura occidental para desarrollar el capitalismo. Aunque fracasó, sus luchas supusieron una crítica a los pensamientos educativos feudales y sacudieron los sistemas y las normas tradicionales. El resultado de estos dos acontecimientos fue la anulación en 1905 del Examen Imperial, una actividad que había existido en China durante aproximadamente mil trescientos años. Desde aquel entonces, los sistemas y contenidos avanzados de la educación occidental pudieron propagarse en China.

La Revolución de Xinhai (1911) fue otro ataque a la tradición educativa feudal. Especialmente, las pautas didácticas propuestas por Cai Yuanpei reflejaron las ideologías burguesas del desarrollo armonioso de personas y criticaron fuertemente los pensamientos educativos feudales. No obstante, debido al fracaso de la revolución, las ideas de Cai no se materializaron.

El ataque del Movimiento del 4 de Mayo (de 1919) a la educación tradicional

En los capítulos anteriores hemos presentado la crítica del Movimiento del 4 de Mayo a la cultura tradicional. En realidad, también se opuso a la educación antigua. Sus consignas de «Ciencia y Democracia» golpearon fuertemente la tradición educativa feudal. Se canceló la enseñanza de los libros sagrados del confucianismo y se promovió la revolución literaria. En las escuelas, se utilizó el chino coloquial para impartir cursos, con el fin de acercar la educación a la vida cotidiana de la gente común y crear condiciones suficientes para generalizar la educación. Se organizaron actividades de generalización educativa, se fomentó la igualdad de géneros en el acceso a la educación y se difundieron los métodos y contenidos didácticos científicos. Todos estos esfuerzos cambiaron radicalmente la tradición educativa y destruyeron el sistema educativo feudal.

El mayor logro del Movimiento del 4 de Mayo fue la propaganda del marxismo en China, como se ha mencionado previamente. Además, desde aquel entonces, el mundo educativo chino se armó con los métodos y pensamientos científicos, lo que le facilitó la lucha contra las educaciones feudal y capitalista y le proporcionó fundamentos para el establecimiento de nuevos pensamientos y sistemas educativos. *Nuevos planes de estudio*, escrito por Yang Xianjiang y publicado en 1929, fue el primer libro de nuestro país que explicaba las teorías educativas de manera sistemática con base en ideologías marxistas.

El triunfo de la revolución popular china y la formación de la nueva tradición educativa

Durante los años de la revolución obrero-campesina, en las zonas democráticas revolucionarias también se desarrolló la educación, especialmente la formación de líderes revolucionarios. Se propusieron directrices culturales y educativas para la nueva democracia de inspiración soviética, que consistían «en la formación de la gente común y trabajadora en el espíritu comunista, en el servicio de la educación y la cultura para la lucha revolucionaria, en la combinación de la educación con la labor y en el esfuerzo para que la gente común goce de la felicidad y de las ventajas de la civilización».[7]

El triunfo de la Guerra de Liberación (1945–1949) destruyó completamente el poder hegemónico del feudalismo y del imperialismo, por lo que la tradición educativa feudal perdió sus fundamentos políticos. Después del establecimiento de la República Popular China, en la cláusula 41 del Programa Común de la Conferencia Consultiva Política del Pueblo Chino se propuso «la erradicación de los pensamientos feudales, comprador-capitalistas y fascistas», así como la creación de una educación basada en la nueva democracia con características nacionales, científicas y populares. Tras las reformas educativas emprendidas en los primeros años de la nueva China, los pensamientos educativos feudales y sus sistemas se destruyeron de manera completa. Sin embargo, debemos reconocer que la destrucción de un sistema ideológico no equivale a la desaparición total de los pensamientos asociados a este sistema. Algunas ideologías educativas feudales todavía se conservan e incluso funcionan en la cabeza de algunas personas.

Tras la fundación de la República Popular China se han realizado numerosas reformas educativas. Especialmente, desde la Reforma y la Apertura de 1978, la educación china ha entrado en un nuevo período de desarrollo. En la actualidad, se está formando la tradición educativa con características chinas.

Observando la evolución de la tradición educativa china, se puede destacar que la educación recibe la influencia constante de la economía, la política y la cultura. Sobre todo, la influencia de la cultura en la educación es larga, profunda y difícil de cambiar. Por lo tanto, si queremos establecer una nueva tradición educativa con características chinas, es imprescindible investigar los fundamentos culturales de la educación china, es decir, la evolución de la cultura y su influencia en la educación. Además, es necesaria también la indagación acerca de la influencia de la cultura occidental en la educación china. Al mismo tiempo, debemos reconocer que la educación dispone de sus propias normas de desarrollo. La formación de una tradición educativa determinada se realiza mediante tanto la sucesión y la modificación de tradiciones antiguas como la absorción de elementos foráneos. Ponemos como ejemplo la tradición educativa actual de China, que abarca los factores siguientes:

(1) La influencia de la educación antigua china a lo largo de miles de años, que incluye pensamientos excelentes e ideas feudales atrasadas.
(2) El influjo de las ideologías científicas y democráticas desde el surgimiento del Movimiento del 4 de Mayo.
(3) El ascendiente de las experiencias y tradiciones educativas de las antiguas zonas liberadas.
(4) El aprendizaje de los pensamientos, sistemas y métodos educativos soviéticos después de la fundación de la República Popular China.
(5) La consecuencia de la introducción de las ideologías educativas occidentales desde la Reforma y la Apertura.

Estos elementos no están aislados, sino que se relacionan y se influyen. Dentro de ellos no solo hay contenidos desarrollados, sino que también existen pensamientos caducos. Funcionan de manera diferente en la formación de la tradición educativa de la actualidad. La tendencia principal es el desarrollo: estamos esforzándonos por establecer un sistema y una tradición educativa con características chinas bajo la dirección del marxismo, el leninismo, el maoísmo, la teoría de Deng Xiaoping y el pensamiento importante de la triple representatividad. Sin embargo, la nueva tradición no se ha formado y al mismo tiempo, en la tradición existente quedan muchos componentes caducos y atrasados. Necesitamos renovar las concepciones educativas y profundizar en la reforma, a fin de fundar una educación correspondiente a las necesidades de la época y con características chinas.

Características fundamentales

La tradición educativa china dispone de una historia de miles de años y se puede dividir en dos etapas. La primera, de carácter feudal, abarca desde la antigüedad hasta la fundación de la República Popular China. Aunque desde la prehistoria hasta los períodos de las Primaveras y los Otoños y de los Estados Combatientes habían pasado la sociedad primitiva y la esclava, en aquel entonces no se formó una tradición educativa. Después de las Guerras del Opio, China se convirtió en una sociedad semifeudal y semicolonial y se destruyó el sistema educativo feudal. Sin embargo, en el ámbito ideológico, la tradición educativa seguía siendo feudal en términos generales. También se puede decir que era semifeudal y semicolonial, pero el componente feudal ocupaba una posición preeminente. Solo después de la fundación de la República Popular China, la naturaleza de la tradición educativa cambió radicalmente y se convirtió en una tradición nacional, científica, popular y socialista. Cabe mencionar que estas dos etapas no están aisladas. Desde el Movimiento del 4 de Mayo, nacieron en la tierra china pensamientos educativos nacionales, científicos y populares, y consiguieron unas prácticas determinadas en las zonas democráticas revolucionarias. Después del establecimiento de la nueva China, las ideologías educativas feudales fueron criticadas de manera exhaustiva y el sistema educativo feudal desapareció, si bien algunos pensamientos feudales sobrevivieron y permanecieron en la cabeza de muchas personas. Mientras tanto, estas dos etapas están relacionadas: la segunda se desarrolla en la base de la crítica y la sucesión de la primera. La tradición educativa es similar a la cultural. Un análisis longitudinal permite ver que el segundo período hereda los elementos del primero, pero las características de los dos son totalmente diferentes; una comparación transversal con la tradición educativa de otros países permite ver que la tradición educativa china goza de características propias, influidas por la cultura. En los apartados siguientes vamos a presentar estos rasgos.

En primer lugar, la educación china tradicional se combina con la política.

En la antigüedad, la educación pública alcanzó un alto grado de desarrollo, como se recuerda en los libros históricos. Desde la dinastía Zhou del Oeste se establecieron escuelas públicas. Las escuelas organizadas y administradas directamente por el gobierno central recibieron el nombre de escuelas públicas centrales, como Guoxue de la dinastía Zhou del Oeste, Taixue, Guandixue, Hongdumenxue de la dinastía Han, la Academia Real, Taixue y Simenxue de la dinastía Tang, etc. Las escuelas fundadas por los gobiernos de cada provincia eran conocidas como escuelas locales. Los profesores de las escuelas eran funcionarios del gobierno organizados jerárquicamente –Sile, Lezheng de nivel alto, Lezheng de nivel inferior, etc.– según el

Libro de los ritos. Desde la dinastía Han, se designaron los cargos de doctores de Wujing y de Jijiu. Durante la dinastía Sui, se definió que Jijiu y Siye eran funcionarios que dirigían la Academia Real. La dinastía Tang siguió el sistema de Sui y la dinastía Song comisionó asesores de educación. Las dinastías Ming y Qing también mandaron jefes para dirigir y revisar las actividades educativas, cuyos salarios fueron pagados por el gobierno.

La característica más destacada de la unión de la educación con la política de esa época es la combinación de la educación con la selección de personas con talento, reflejada principalmente en el sistema de Examen Imperial. Se trata de una manera de seleccionar a las personas más capacitadas: los letrados participaban en los exámenes y eran seleccionados y asignados a diferentes rangos según sus calificaciones. Los contenidos de los exámenes variaron según la dinastía reinante, pero su núcleo fueron siempre los Cuatro Libros y Cinco Clásicos.[8] Por lo tanto, la educación consistía en memorizar estos libros sagrados y sus comentarios, con el objetivo de conseguir calificaciones excelentes en los exámenes y obtener un cargo oficial.

Esta tradición fue heredada por las zonas democráticas revolucionarias durante la Guerra Antijaponesa. La educación de aquel entonces iba destinada principalmente a la formación de oficiales para el ejército. Los profesores y estudiantes eran también caudillos militares y percibían subvenciones del gobierno. Los objetivos y los contenidos didácticos estaban al servicio de las luchas revolucionarias, e incluso después de la fundación de la República Popular China, los estudiantes también recibieron salarios pagados por el gobierno, igual que los funcionarios. A lo largo de ese período, la educación fue una herramienta para las luchas entre clases e incluso entre diferentes grupos políticos. Este fenómeno fue un probable resultado de la combinación de la educación y la política.

En segundo lugar, la educación tradicional aprecia la ética y la moralidad.

La cultura china es una cultura ética que presta atención a la moralidad de las personas. La educación china es similar. En el diccionario *Shuowen Jiezi* (*Comentario de caracteres simples y explicación de caracteres compuestos*) se puede encontrar la siguiente definición: «La enseñanza consiste en instruir a los alumnos con los propios actos de los profesores, y la formación es cuidar a los hijos y mejorar su moralidad». En la *Doctrina de la medianía* se puede leer: «La formación de la moralidad es la educación». En *Apuntes de aprendizaje* se explica: «La educación supone mejorar las ventajas de un estudiante y ayudarle a evitar sus deficiencias». Estas obras clásicas trataron la educación desde la perspectiva de la formación moral y reflejaron las demandas de las clases dominantes al pueblo a lo largo de la historia. Las doctrinas de Confucio y Mencio también versaron sobre las relaciones interpersonales y sociales. El núcleo del confucianismo es «Ren», la bondad, una cualidad moral.

Mencio desarrolló los pensamientos de Confucio y destacó la importancia de obedecer las cinco razones éticas: «Cariño entre padres e hijos, lealtad entre el emperador y súbditos, respecto entre parejas, orden entre mayores y menores, confianza entre amigos». En el *Libro de los ritos* escribió: «El hombre que quiere dominar el mundo debe administrar bien primero su reino; para administrar el reino, debe tratar bien a los miembros de su familia; y para vivir armónicamente con la familia, debe mejorar su moralidad». De esta manera, «la buena formación de la moralidad propia, el suministro acomodado de la familia, el dominio justo del país y la construcción de un mundo ideal y armonioso» se convirtieron en el ideal más elevado de la educación china.

Esta tradición de apreciar la moralidad contiene características humanistas evidentes. Si quitamos su núcleo feudal, encontramos que destaca la función social de la educación e intenta formar a los jóvenes en cualidades valiosas como tratarse bien a sí mismos, a otras personas y a la sociedad. De esta manera, se fomenta el sentido de responsabilidad de las personas hacia la sociedad, al país y al pueblo.

El reflejo de esta tradición en la actualidad es la apreciación de la formación de personas. Nos esforzamos por formar a ciudadanos chinos con virtudes. Ponemos la educación política e ideológica en la posición primordial de la educación y enseñamos a los estudiantes el patriotismo, el colectivismo y el socialismo, con el objetivo de ayudarles a establecer concepciones correctas del mundo, de la vida y del valor.

En tercer lugar, la educación china tradicional valora la razón, pero ignora la tecnología.

Esta característica se relaciona con la apreciación de la ética. Las escuelas de cada dinastía solo enseñaron a los estudiantes razones y normas para administrar el país, pero no los instruyeron en el manejo de la tecnología. Confucio enseñó las Seis Artes (los ritos, la música, el tiro con arco, la conducción de carros de guerra, la caligrafía y las matemáticas). Aunque estas seis habilidades satisfacían las necesidades formativas a nivel moral, cultural y tecnológico, no tenían una importancia igual: la educación moral ocupaba la posición central y preeminente.[9] Además, el tiro con arco y la conducción de carros de guerra no eran capacidades tecnológicas, sino contenidos de la instrucción militar. La educación escolar de las dinastías posteriores correspondió a las exigencias del Examen Imperial. Tuvo como contenidos principales las obras sagradas confucianistas y no se impartieron destrezas productivas. No se puede negar que en la antigüedad se desarrolló la tecnología, porque se diseñaron los Cuatro Inventos. Sin embargo, surgieron entre las personas plebeyas y se transmitieron directamente de padre a hijo, de maestro a alumno. Esta forma de propagación no benefició la expansión, la acumulación y la conservación de conocimientos y habilidades tecnológicas. Tenían tendencia a desaparecer cuando ocurrían calamidades naturales o causadas por el hombre. Debe reconocer que la tecnología china que ha podido ser conservada hasta la actualidad guarda una evidente relación con la tradición educativa. De acuerdo con los vestigios históricos descubiertos, se puede saber que en la antigüedad se alcanzó un alto nivel de desarrollo en cuanto a la tecnología metalúrgica y la producción de cerámica. No obstante, ambas han desaparecido en la actualidad. Este fenómeno obedece a dos razones: por un lado, la clase dominante monopolizó estas tecnologías. Los productos servían únicamente para la corte y estaba prohibida su venta entre los plebeyos. Por ejemplo, después de la fundación de la República Popular China se han encontrado muchas piezas de cerámica en la provincia de Jiangxi. Casi todas ellas estaban rotas porque la corte no quería que las personas comunes las consiguieran. No se permitió que la tecnología de fabricación de cerámica fuera conocida por el pueblo. Además, las escuelas no enseñaron estas técnicas y las ignoraron. Los intelectuales no las conocieron y por eso ha quedado poca constancia de esta tecnología en libros escritos. Los artesanos que fabricaban los productos murieron, sus técnicas desaparecieron y las generaciones posteriores no las conocieron.

Esta tradición de prestar atención a los libros clásicos e ignorar la tecnología influye directamente en el desarrollo de la ciencia de nuestro país, y también en la educación profesional.

En cuarto lugar, la educación tradicional tomó seriamente en cuenta la enseñanza de conocimientos básicos con el método escolástico.

La educación empezaba desde el aprendizaje de caracteres. Los niños aprendían los caracteres con libros como *Aprendizaje de caracteres* recopilados por Shizhou o Cangjie en las dinastías Qin y Han, o *Cien apellidos chinos*, *Clásico de tres caracteres* y *Clásico de mil caracteres* después de la dinastía Song. Además, tuvieron que aprender de memoria los Cuatro Libros y Cinco Clásicos y sus comentarios. El método consistía en la recitación de artículos por parte del profesor, al tiempo que los estudiantes trataban de memorizarlo sin comprender su sentido. Los letrados de la dinastía Han impartían los contenidos de los libros sagrados. Sus explicaciones eran largas y complicadas. Además, debían obedecer estrictamente las normas del maestro y de alumnos famosos anteriores.[10] De lo contrario, podían ser expulsados de la escuela. Por lo tanto, ese sistema educativo no fomentaba la reflexión independiente y la creatividad. Aunque en las dinastías Tang y Song se emprendieron varias reformas educativas, todas fracasaron. Especialmente, durante las dinastías Ming y Qing se aplicó la censura literaria a gran escala, lo que limitó el desarrollo intelectual de los eruditos y obstaculizó la transmisión de conocimientos en las escuelas. En las dinastías Ming y Qing se aplicó el formato de ensayos en ocho apartados en el Examen Imperial y los candidatos solo pudieron citar las frases en los Cuatro Libros y Cinco Clásicos, con las notas añadidas por la Escuela de Li. Estas normas y formatos también impedían que los letrados desarrollaran su creatividad. El filósofo y literato de la dinastía Qing, Gu Yanwu, criticó seriamente que «el daño causado por el formato de ensayos en ocho apartados a la formación de personas era equiparable a la quema de libros y la sepultura de intelectuales ocurridas durante la dinastía Qin».

Además, en la educación china son fundamentales la recitación y la memorización. Así lo expresa un refrán: «Si uno puede recitar de memoria todos los poemas del libro *Trescientos poemas de la dinastía Tang*, aprende naturalmente los métodos para componer poemas». Este método es beneficioso para recordar los conocimientos básicos, pero supone un obstáculo en la formación de la capacidad de reflexión independiente y de creación. Después del establecimiento de la nueva China, se estudiaron los sistemas y pensamientos educativos soviéticos y se destacó la importancia del estudio sistemático, de la enseñanza minuciosa y de la práctica frecuente. Este modelo era semejante a la educación tradicional china y promovió la valoración de la enseñanza de conocimientos y de la instrucción de habilidades básicas. No obstante, ignoró la formación del espíritu crítico y el desarrollo de destrezas prácticas.

En quinto lugar, la educación china respeta a los profesores y su reputación.

A lo largo de la historia, China ha prestado atención a la educación. Esto se debe a dos motivos. Por un lado, la clase dominante prefirió administrar un país con un pueblo ilustrado y con valores morales. Después de la dinastía Han, los emperadores de cada período histórico se hicieron con el poder empleando la fuerza militar, pero dominaron el país con la cultura y la educación. Por ejemplo, el emperador de la dinastía Song Zhao Kuangyin aplicó una política destinada a desarrollar la educación y reprimir la fuerza tras hacerse con el control del estado. Estas medidas tenían por objetivo debilitar la posición de los generales del ejército y fortalecer el poder central. Cuando la corte de Qing unificó el país, empezó a desalentar a los intelectuales que se oponían al nuevo régimen y querían restaurar la anterior dinastía. Además, fomentó la cultura de la etnia han y la Escuela de Li. Ambas prestaron atención a la función de la educación. Por otro lado, se permitió la participación de personas de origen plebeyo en el Examen Imperial. Si bien no muchos de estos candidatos conseguían superar las pruebas, entre la gente común se instaló la esperanza de que podían cambiar su vida mediante el estudio. De esta manera, las ideas como «los que estudien mejor pueden entrar en la corte» o «formarse para obtener un cargo oficial» se propagaron entre el pueblo. En China, tanto los nobles como los plebeyos preferían que sus hijos recibieran educación si disponían de los recursos para ellos.

El respeto a profesores proviene de la valoración de la educación. En China, como reza la tradición hay que «ser maestro por un día, ser padre toda la vida». Se equipara así la importancia de los profesores a la de los padres. Asimismo, la política de apreciación única del confucianismo introducida por la dinastía Han elevó a Confucio a una posición de supremacía. El oficio principal de Confucio fue el de maestro. Gracias a la influencia de su reputación, los profesores también eran muy valorados y formaban parte de los personajes a los que ofrecían sacrificios (el Cielo, la Tierra, el emperador, los antepasados y los profesores). Según los libros de filósofos antiguos, la reputación del profesor y de la razón eran elementos de gran importancia en la educación. Por ejemplo, en *Apuntes de aprendizaje* se propuso «la reputación del profesor y la apreciación a la razón». El profesor era el que transmitía la razón. La difusión de la razón solo podía ser realizada cuando existía el respeto al profesor. El artículo «Habla del profesor», escrito por el literato Han Yu de la dinastía Tang, resumió las tareas del profesor en «transmitir los conocimientos y las capacidades profesionales, y responder a las preguntas de los estudiantes» y destacó también la importancia de profesores. Así pues, la tradición del respeto a los profesores guarda relación con la ideología china.

A parte de las características mencionadas, la tradición educativa china también dispone de otras peculiaridades. Aquí solo las presentamos de manera general. No podemos negarlas o consentirlas completamente porque tienen tanto beneficios como perjuicios para la modernización de la educación china. Vamos a analizar su influencia en apartados posteriores.

Notas

1 Nota de autores: razas humanas del período paleolítico, situadas en Yunnan, Shanxi y Pekín.

2 Nota de autores: Fuxi, el primero de los tres augustos y cinco emperadores, gobernantes mitológicos de la antigua China.

3 Nota de autores: Suiren, personaje de la mitología china a quien se atribuye la invención del fuego.

4 Nota de autores: Shennong, el emperador Yan, uno de los tres augustos y cinco emperadores de la antigua China.

5 Nota de autores: libro de historia escrito por el primer ministro del reino Qin, Lü Buwei y sus discípulos.

6 Ban, G. (1985). *Historia de Han. Biografía de Dong Zhongshu*. Pekín: Librería China.

7 Mao, Z. D. (1958). *Habla de las actividades educativas*. Pekín: Educación del Pueblo.

8 Cuatro libros: *Gran saber, Doctrina de la medianía, Analectas de Confucio* y *Libro de Mencio*. Cinco clásicos: *Libro de los cantos, Clásico de historia, Ritos de Zhou, I Ching* y *Chunqiu*.

9 Mao, L. R. y Shen, G. Q. (Eds.) (1985). *Historia general de la educación china* (Vol. 1). Shandong: Educación de Shandong.

10 Nota de autores: normas del maestro, doctrinas originales propuestas por el maestro. Normas de alumnos famosos, normas desarrolladas por los alumnos anteriores famosos con base en las doctrinas originales.

CAPÍTULO V

Influencia de la cultura tradicional de China en la educación

La cultura clásica: fundadora de la educación tradicional

La educación tradicional es un concepto correspondiente a la cultura tradicional china. Se refiere al sistema educativo existente antes de la época moderna, en compañía de la cultura tradicional. Nació en el ambiente de la cultura tradicional y forma parte de esta. El núcleo de la educación tradicional es la cultura confucianista, puesto que tanto sus juicios de valor como sus contenidos y métodos didácticos encarnan el espíritu de Confucio. Por lo tanto, se puede decir que la educación tradicional china es la educación confucianista. En este capítulo, vamos a explicar la influencia de la cultura tradicional en la educación.

Ideología atenta a la educación. La educación como fundamento del país y del pueblo

A lo largo de la historia, China siempre ha prestado atención a la educación y la ha considerado como una arteria vital de la existencia del pueblo y de la seguridad del país. Por eso, desde muy antiguo, China incluyó la educación entre las medidas necesarias para la construcción del país. Según las leyendas antiguas, durante las épocas de Huangdi, Yao y Shun aparecieron organizaciones dedicadas especialmente a la educación. El *Clásico de historia* recordaba: «El rey designó a Kui para que se encargara de los asuntos relacionados con la música y la enseñanza a los jóvenes». Así pues, desde aquel entonces aparecieron personas dedicadas a educar a nobles jóvenes. En el *Libro de historia* también había recuerdos similares:

> Qi, debido a que las personas no saben llevarse bien entre sí mismas y las relaciones entre padres e hijos, esposos y esposas, mayores y menores, y amigos no son armoniosas, te nombro profesor Situ para enseñarles la bondad y la tolerancia para convivir con otros.

Las éticas del clan de consanguinidad se referían a la justicia del padre, el cariño de la madre, el cuidado del hermano mayor, la obediencia del hermano menor y la piedad del hijo, con las que se formó al pueblo. Sin embargo, no se mencionaba la relación entre el emperador y los súbditos, porque China todavía estaba bajo el sistema primitivo de clan y no había entrado en la sociedad monárquica. En épocas posteriores, con el desarrollo de las fuerzas productivas y la revolución de la sociedad, la educación fue ganando importancia. En las dinastías Yu, Xia, Shang y Zhou surgieron numerosas escuelas y durante la dinastía Zhou del Oeste, se consumó el paso a un sistema esclavista y se dividieron las escuelas en diferentes niveles. Había escuelas nacionales dedicadas a los hijos de familias nobles y escuelas rurales, organizadas para las personas de origen plebeyo.[1] En el *Libro de los ritos* se puede leer: «En época antigua había diferentes tipos de escuelas, como escuelas familiares (Shu), locales (Xiang), provinciales (Xu) y nacionales (Xue)». Por lo tanto, se formó un sistema completo de educación.

Durante los períodos de las Primaveras y los Otoños y de los Estados Combatientes, Confucio fundó por primera vez escuelas privadas y se establecieron otras academias, que también empezaron a recibir alumnos. En la sociedad se formó un ambiente de estudio. La cultura confucianista prestó atención especialmente a la educación, para garantizar la seguridad del país. En *Apuntes de aprendizaje* se expresaba: «La educación es lo primordial para la seguridad y el fortalecimiento de un país». Muchos pensadores confucianistas apreciaron la educación, mediante la cual el emperador se volvió sabio y clarividente y el pueblo, bondadoso y bien educado. Youzi, discípulo de Confucio, dijo: «Pocos hombres hay que, cumpliendo sus deberes para con sus padres y hermanos mayores, sean propensos a desafiar a sus superiores. Ninguno hay que, no siendo propenso a desafiar sus superiores, sea proclive a fomentar la rebelión».[2] Es decir, las personas educadas seguían la moralidad y no se convirtieron en rebeldes.

Desde las dinastías Sui y Tang, se estableció el sistema del Examen Imperial, que permitió a las personas plebeyas cambiar su destinos y posición social mediante el estudio y los buenos resultados en los exámenes. Este sistema mejoró sobremanera la percepción que el pueblo tenía de la educación y surgieron refranes como «formarse para obtener un cargo oficial» y «Hay tesoro y belleza en los libros». Por eso, se puede decir que los chinos tradicionalmente valoran la educación. Tanto nobles como plebeyos, si tenían las condiciones económicas mínimas, procuraban educación a sus hijos. La prosperidad de escuelas públicas y privadas de la antigua China es poco frecuente en otros países civilizados.

¿Por qué la antigua China prestó tanta atención a la educación? Porque se pensaba que la educación era el fundamento para el desarrollo del país. En el *Gran saber* se dice:

> El hombre que quiere dominar el mundo debe administrar bien primero su reino; para administrar el reino, debe tratar bien a los miembros de su familia; para vivir armónicamente con la familia, debe mejorar su moralidad propia; para mejorar la moralidad propia, debe mantener una actitud correcta; para mantener la actitud correcta, debe disponer de una voluntad sincera, que puede ser conseguida adquiriendo conocimientos. Solo de esta manera se pueden alcanzar estos objetivos ambiciosos. Tanto el emperador como los plebeyos deben dar prioridad a mejorar su moralidad.

La educación consiste en la adquisición de conocimientos y la formación de la moralidad, para administrar bien el país e incluso dominar el mundo en paz. Esta tradición educativa combina los estudios individuales con el destino del país. Aunque al principio iba dirigida en particular a los emperadores, los intelectuales posteriores también la consideraron como el objetivo final de la educación.

Esta tradición ha sido conservada hasta la actualidad, porque en China siempre se ha tenido por objetivo alcanzar la prosperidad del país mediante la educación. Todos los chinos toman muy en serio la educación de los hijos y desean que reciban más enseñanzas. Por esta razón, los exámenes de admisión para entrar en escuelas y universidades buenas siempre son de una gran exigencia. Muchos chinos adinerados que viven en el extranjero, aunque no disponen de un alto nivel educativo, invierten primero su dinero en la fundación de institutos de idioma chino en el extranjero o de escuelas en la propia patria.

Sin embargo, estas ideas en torno a la educación también cuentan con deficiencias. La consideración de la educación como una manera de cambiar el destino personal, como «formarse para obtener un cargo oficial», provoca una actitud vanidosa de menosprecio por el trabajo, común a muchos jóvenes. Peor aún, desfigura la concepción que la sociedad actual tiene de los intelectuales y no es beneficiosa para la variedad de la formación de intelectuales y la propagación de una educación de calidad.

La ideología educativa con núcleo ético y moral

La educación antigua china unió, de principio a fin, a la sociedad y al país. Sus objetivos fueron «la buena formación de la moralidad propia, el suministro acomodado de la familia, el dominio justo del país y la construcción de un mundo ideal y armonioso». La sociedad antigua era una sociedad patriarcal que prestó especial atención a la ética. Desde la época de los Cinco Emperadores se llevó a cabo una educación basada en las «Cinco Virtudes». El confucianismo, partiendo de la propuesta de «seguir las normas morales y participar en las actividades políticas», se correspondía a esa necesidad y destacaba la importancia de la educación de moralidad para dominar el país y el pueblo. Por lo tanto, se convirtió en el vínculo para conectar individuo, familia y país. La política de la apreciación única del confucianismo propuesta por Dong Zhongshu de la dinastía Han no fue una casualidad, sino una necesidad para llevar a cabo la unificación del país. Dong modificó las doctrinas originales de Confucio y definió los Tres Normas y Cinco Virtudes como el núcleo del nuevo confucianismo. Desde aquel momento, la educación de toda la época feudal orbitó en torno a este núcleo de ética y moralidad. La Escuela de Li de las dinastías Song y Ming también hizo hincapié en la importancia de la formación individual y moral. En resumen, la tradición educativa antigua se caracteriza por valorar la ética y la humanidad y despreciar el beneficio económico y de la naturaleza.

Algunas escuelas, como la Moísta o la de los Agricultores, presentaron propuestas relacionadas con la obtención de beneficios y la acumulación de riqueza, así como con la dedicación laboriosa a la agricultura. Sin embargo, no tuvieron mucha influencia después de la dinastía Han. El grupo de estudios pragmáticos de principios de la dinastía Qing también propuso la idea de aplicar los conocimientos a la vida real, e impartió enseñanzas sobre historia, astronomía, ingeniería hidráulica y epigrafía, pero no logró llamar la atención de la corte y de la sociedad. Por esta razón, *grosso modo*, hasta las Guerras del Opio la educación china solo enseñó a los alumnos a ser buenas personas, pero carecía de contenidos prácticos y de herramientas para interactuar con la realidad. Los parámetros para mesurar la bondad se correspondían a los valores de la ética feudal y la educación en estos valores alcanzó el nivel de la ontología educativa. Los jóvenes de la nobleza recibían una educación que les permitía conocer las normas de cortesía de la clase dominante y gestionar la riqueza familiar heredada; los plebeyos estudiaban para conocer las normas elaboradas por la clase dominante y servir a la corte y al país e incluso cambiar su destino y la situación de su familia.

Esta ideología educativa tiene tantas virtudes como deficiencias. Sus influencias positivas consisten en la apreciación de la educación moral de los chinos. En esta tradición educativa, lo primordial para los estudios es aprender a ser buena persona y elevar el nivel de moralidad. Este enfoque ha influido en la peculiaridad, el pensamiento y las costumbres de los chinos. A lo largo de la historia, se ha dado más importancia a la lealtad y a la colectividad que al beneficio y al individuo. Los refranes como «tratar a otros con tolerancia, tratarse a uno mismo con exigencia», «conservar la bondad y preservar la pureza», «del ascenso y la caída del estado, todos son responsables» llegan a ser los lemas cotidianos de los chinos. Sin embargo, sus consecuencias negativas son muy evidentes. En primer lugar, limita a las personas dentro de las relaciones éticas de la familia y obstaculiza el desarrollo del pensamiento humano. Principios como «no mire, escuche, diga ni haga nada contrario a los ritos» genera personas sin carácter. Algunos expertos piensan que la educación china de miles de años puede ser sintetizada en las palabras «obedecer órdenes». El resultado de esta tradición son personas formadas que no se atreven a pensar, hablar ni luchar, y que carecen de espíritu creativo y emprendedor. Este fenómeno obstaculiza el desarrollo de la sociedad moderna china. En segundo lugar, causa el desdén hacia el aprendizaje de conocimientos científicos, lo cual impide el desarrollo de la ciencia moderna. El investigador inglés de la historia científica china, Joseph Terence Montgomery Needham, propuso esta pregunta: «A lo largo de la historia, el nivel de ciencia y economía de China siempre tomó la delantera, comparado con los de otras civilizaciones. Sin embargo, ¿por qué la ciencia moderna no nació en este país, y sufrió un atraso científico en época moderna?». Las respuestas a esta pregunta son múltiples, y guardan relación con el sistema político o la estructura económica, pero también con los juicios de valor de la educación tradicional, que prestaban atención a la ética e ignoraban la ciencia y tecnología.

La educación con el objetivo de formar «santos y caballeros»

Los seres humanos de dignidad suprema eran definidos en la antigüedad como «santos y caballeros». Confucio definió a los emperadores Yao, Shun y Yu como «reyes de los santos». «Rey» hacía referencia a su identidad; «santo» describía su personalidad. Solo los que disponían de una personalidad bondadosa podían ser reyes juiciosos. Por lo tanto, el confucianismo consideró la formación de caballeros con personalidad de bondad y apariencia de dignidad como el objetivo de nivel más alto de la educación. Mencio dijo: «Todos pueden convertirse en personas tan grandiosas como Yao y Shun».[3] Es decir, todas las personas pueden llegar a un nivel de moralidad tan alto como el de los santos gracias a la educación. En cuanto a la definición de «santos», había muchas versiones. Xun Zi consideró que «los santos son los que conocen y siguen las normas éticas».[4] Y también dijo: «Los santos también eran personas comunes, pero se han convertido en santos por la adquisición constante de conocimientos».[5] Dong Zhongshu explicó: «Los que el dios del Cielo expresa son órdenes y solo los santos pueden aprenderlas y seguirlas».[6] En el libro *Doctrinas de la tendencia ideológica de Tigre Blanco* se deifica a los santos, y se puede leer: «¿Quiénes son los santos? Los santos conocen todas las razones y son capaces de percibir la verdad profunda de todos los fenómenos superficiales. Armonizan no solo con el Cielo, la Tierra, el sol, la luna y las cuatro estaciones, sino también con los dioses y los fantasmas». Más aún, la Escuela de Li de las dinastías Song y Ming también tuvo como objetivo principal e ideal supremo «proteger el principio de la naturaleza y moderar las pasiones de los seres humanos» para así alcanzar la santidad.[7] Si interpretamos estas explicaciones con un lenguaje más sencillo, se puede decir que los santos son los más prestigiosos entre los caballeros que tienen tanto conocimientos amplios como una moralidad sublime.

«Caballero» era una forma de tratamiento para los miembros de la nobleza durante la dinastía Zhou del Oeste y los períodos de las Primaveras y los Otoños y de los Estados Combatientes. El libro histórico *Guo Yu* explica: «Los caballeros trabajan con la inteligencia, los humildes, con la fuerza». Es decir, los nobles o la clase dominante eran caballeros y los esclavos dedicados al trabajo manual, humildes. A finales del período de las Primaveras y los Otoños, estos dos términos se convirtieron en fórmulas de tratamiento para distinguir a las personas con valores morales de las que no los tenían. Confucio dividió las personas en caballeros, que contaban con dignidad y moralidad y humildes, que carecían de ellas. Asimismo, observó que «los caballeros entienden de justicia; los villanos entienden de provecho».[8] Y añadió: «La justicia es la esencia del caballero. Mediante los ritos la pone en práctica, con su humildad la expresa, con su sinceridad la completa. ¡Así es el caballero!».[9] Es decir, los caballeros verdaderos participaban en las actividades sociales con lealtad y cortesía, y trababan a otras personas con modestia y fidelidad.

Así pues, la palabra «caballero (Jun Zi)» es la que aparece con más frecuencia –un total de 107 veces– en *Analectas* de Confucio. En el primer capítulo de esta obra está escrito: «No experimentar amargura pese a ser ignorado por los hombres, ¿no es acaso propio del caballero?»[10] En esta frase, un caballero es una persona que no se enfada con otras personas aun si estas no lo conocen o lo malinterpretan. En cuanto a la definición de caballero, Confucio también elaboró muchas otras explicaciones, diferentes en función de las circunstancias y personas. Su discípulo, Zigong, le preguntó de qué modo alguien podía convertirse en un caballero. Él respondió: «El caballero es universal, no es parcial. El villano es parcial, no es universal».[11] Otro alumno suyo, Sima Niu, hizo la misma pregunta, y él contestó: «El caballero no tiene inquietud ni temor. Perfecciona las excelencias del hombre, no sus vicios. El villano hace lo contrario».[12] Se puede destacar que Confucio siempre oponía los caballeros a los humildes. A su juicio, los caballeros debían comportarse con «bondad (Ren)».

Confucio también elaboró mucho sobre el concepto de «bondad (Ren)», término que aparece un total de 110 veces en sus *Analectas*. Combinó la bondad con la cortesía: «Templarse y volver a los ritos consiste en la bondad». La bondad sirve a la cortesía: los señores más bondadosos son los que puedan acatar la cortesía en grado sumo. Aquí no analizamos la definición de bondad de Confucio con más detalle: en pocas palabras, los caballeros son los que siguen la cortesía, los que tienen la bondad, moralidad y también muchos conocimientos.

Mencio desarrolló la ideología de Confucio, y elevó la formación de caballeros al nivel de la indagación sobre la naturaleza humana. Propuso la idea de la naturaleza bondadosa de los humanos, explicando: «De manera innata, todas las personas actúan con compasión, vergüenza, reverencia y justicia».[13] Cada persona tiene estos cuatro rasgos en su naturaleza original: la compasión y la vergüenza son los inicios de la bondad y de la lealtad; la reverencia y la justicia son los de la cortesía y de la inteligencia. Tras recibir educación, las personas pueden disfrutar de las virtudes de bondad, lealtad, cortesía e inteligencia.[14] Por lo tanto, «todos pueden convertirse en personas tan grandiosas como Yao y Shun».[15] Igual que las de Confucio, las doctrinas de Mencio también se concentraron en la formación de caballeros (con alta moralidad). Consideró que solo los reyes bondadosos y leales administran bien el país. Su ideología combinó las virtudes del caballero con las cualidades imprescindibles para un rey. De ahí el dicho «caballero en lo interior, rey en lo exterior».

Xun Zi, otro heredero de la ideología de Confucio, se propuso también como objetivo educar a caballeros. Sin embargo, sus opiniones eran diferentes de las de Mencio. Elaboró el concepto de «naturaleza humana malvada», considerando lo siguiente.

> La naturaleza humana original se inclina al beneficio y a la riqueza. Si se sigue esta naturaleza, las disputas y los robos van a propagarse y la modestia va a desaparecer. La naturaleza también se orienta a la envidia y al odio. Si se deja desarrollar, la crueldad y el asesinato van a expandirse y la lealtad y la fidelidad van a disiparse. Además, tiende al apetito y al gusto por la música y el erotismo. Si no se reprime, la lascivia va a nacer y la cortesía va a morir.[16]

Pensó que los humanos podían corregir estos rasgos innatos negativos mediante la educación y así lo propuso: «reprimir la naturaleza mala de los humanos e instruirles a comportarse según las normas éticas». Además, destacó la importante función de la educación.

> Quiero convertirme de lo humilde a lo noble, de lo tonto a lo inteligente, de lo pobre a lo rico, ¿cómo puedo hacerlo? La única manera es mediante el estudio. Los que pueden

> aprender y seguir lo que han estudiado son letrados; los que estudian con mucha diligencia son caballeros; y los que dominan perfectamente los conocimientos, santos. Los de nivel superior son santos y los de nivel inferior son caballeros o letrados. ¿Quién puede obstaculizar mi progreso?[17]

Xun Zi opinaba que la educación podía convertir a las personas humildes en nobles, a las tontas en inteligentes, a las pobres en sofisticadas. Su objetivo consistía en formar a la gente para que llegaran a ser letrados, caballeros y santos, que eran los tres niveles de la clase dominante de la sociedad feudal.

Por lo que hemos analizado, la educación antigua china tenía como objetivo primero la formación de letrados, caballeros y santos. En realidad, se trataba de formar a intelectuales para la clase dominante. Aunque combinaba la moralidad y la aptitud personal, tomaba más en consideración la moralidad, mientras que la aptitud era considerada una destreza que únicamente servía para la administración del país. Este objetivo funcionó completamente para la dominación feudal: hacía hincapié en las cualidades necesarias para la sociedad feudal, pero reprimió y eliminó la naturaleza original del ser humano. Peor aún, se opuso a las características personales y fomentó el servilismo. Por eso, Lu Xun sintetizó la educación feudal china en una palabra: canibalismo.

Sin embargo, esta tradición de formación de una personalidad excelente destaca que la perfección moral debe ser la selección y la práctica conscientes de todos los miembros de la sociedad. Así pues, a lo largo de la historia han surgido numerosos héroes preocupados por el país y el pueblo. Además, esta tradición también ha influido en las características y el espíritu de los chinos. En la actualidad, si la modificamos con las medidas del materialismo histórico y eliminamos sus contenidos feudales y serviles, puede ser positiva para el desarrollo de la sociedad. «Aprender a ser buenas personas», «ser personas que dispongan tanto de conocimientos como de moralidad» y perseguir la personalidad perfecta e ideal deben seguir siendo sucedidos y difundidos.

Contenidos principales de la educación: Cuatro Libros y Cinco Clásicos

Los contenidos didácticos de la educación antigua eran amplios. En la dinastía Zhou del Oeste, las escuelas nacionales enseñaban seis habilidades, llamadas las Seis Artes, que incluían ritos, música, tiro con arco, conducción de carros de guerra, caligrafía y matemáticas. Los ritos eran las disposiciones éticas políticas que abarcaban tanto la cortesía como las normas de la sociedad esclavista; la asignatura de música hacía referencia a la formación artística en general, que incluía la poesía, la música y la danza; el tiro con arco y la conducción de carros de guerra correspondían a la instrucción militar, y la caligrafía y las matemáticas eran asignaturas básicas de cultura. Las dos últimas habilidades eran consideradas de nivel primario y recibían el nombre de «artes básicas», mientras que las cuatro anteriores se consideraban de nivel secundario y eran denominadas «artes superiores». Además, los ritos constituían el núcleo de la educación. En el *Libro ritual de Dai* se recuerda: «En la antigüedad, los niños, a los ocho años, aprendían los conocimientos y las habilidades básicas; en cuanto cumplían los quince años, podían atarse el pelo y estudiar los conocimientos y las habilidades superiores». Se puede percibir que la educación de aquel entonces abarcaba contenidos culturales y militares de diferentes niveles, que representaban las circunstancias educativas del período de apogeo de la sociedad esclavista china.

Sin embargo, aproximadamente desde la dinastía Han del Oeste, las doctrinas de Confucio se convirtieron en los contenidos principales de la educación. Este cambio guardaba relación con la propuesta de Dong Zhongshu de la apreciación única de las doctrinas de Confucio. Esta política no solo descartó otras escuelas de pensamiento (como la Moísta, que prestaba atención al aprendizaje de conocimientos productivos) y terminó las luchas entre diferentes grupos ideológicos, sino que también promovió la politización de la educación. Por supuesto, los contenidos didácticos se limitaron solo a las doctrinas confucianistas, que enseñaban la ética feudal y las aptitudes para la administración. En la *Historia general de la educación china*, recopilada por Mao Lirui y Shen Guanqun, se explica: «Desde que Wudi de la dinastía Han descartó las otras escuelas y apreció únicamente el confucianismo, la clase dominante utilizó las doctrinas confucianistas para la administración del país y para la formación y la selección de intelectuales».[18] Especialmente, después del establecimiento del Examen Imperial, el confucianismo se convirtió en contenido principal del examen y más aún, durante la dinastía Ming, las normas del examen siguieron los Cuatro Libros y los comentarios de Zhu Xi. El examen siempre actuó como una referencia didáctica. Por eso, los contenidos pedagógicos de la educación antigua se hicieron muy uniformes.

Los materiales docentes de la antigüedad eran muy diversos, pero todos giraban alrededor de la formación ética. Cuando recopilamos el *Gran diccionario de la educación*, arreglamos una totalidad de 262 libros de textos y 252 libros recomendados para alumnos. En cuanto a sus contenidos, se pueden dividir en dos grupos: por un lado, libros para niños, que incluyen materias relacionadas con el aprendizaje de caracteres y la introducción a conocimientos básicos históricos, naturales y productivos, como *Clásico de mil caracteres*, *Cien apellidos chino*s y *Clásico de tres caracteres*, así como obras para la formación ética, como *Di Zi Gui* o *Nü Er Jing*. Por otro lado, están los libros dedicados a la preparación del Examen Imperial, editados como los Cuatro Libros y Cinco Clásicos, así como sus notas explicativas. Había muy pocos manuales de ciencias naturales, entre los cuales *Diez tomos de matemáticas*, *Plantas* *medicinales de Shennong* o *Compendio de materia médica*. Cabe mencionar que algunos de ellos no eran materiales docentes oficiales. Aunque en el Examen Imperial se habían diseñado pruebas de matemáticas, duraron poco tiempo y solo eligieron a los intelectuales para la aritmética de calendario.

El desconocimiento de las ciencias naturales y de la tecnología provocó graves perjuicios para el desarrollo de la ciencia moderna de nuestro país. No solo obstaculizó el desarrollo de la ciencia moderna, sino que también provocó una negativa tendencia a desviarse de la realidad y de la ciencia, así como un desvío en la personalidad de los estudiantes, que se volvieron vanidosos y arrogantes. Peor aún, se formó una manera de pensar que solo tomaba en cuenta la elocuencia sin tener en cuenta el pragmatismo. Todos estos fenómenos impidieron el desarrollo de la sociedad.

Métodos didácticos de la educación: escolasticismo

Los métodos didácticos de la educación antigua eran múltiples. La lectura de las *Analectas* nos permite descubrir que Confucio aplicó métodos heurísticos y discusión. En palabras de él: «No esclarezco más que a quien muestra esfuerzo. No inspiro más que a quien muestra anhelo. Si, cuando suscito un ángulo de una cuestión, el alumno no deduce los tres restantes, no insisto».[19]

Apuntes de aprendizaje también hacía hincapié en la heurística, explicando que «el método didáctico de los caballeros consiste en la ilustración. Hay que dirigir los alumnos sin remolcarlos, estimular sus estudios sin reprimir su independencia, indicar sus caminos sin sustituirlos en el logro de la conclusión». Los profesores debían ilustrar a los alumnos, en lugar revelarles la respuesta correcta. Además, debían conocer las circunstancias reales de los estudiantes:

> Los maestros tienen que conocer las deficiencias de sus alumnos: algunos de ellos estudian demasiado, pero no saben reflexionar sobre los conocimientos; algunos están satisfechos por los pocos conocimientos; algunos subestiman la dificultad y no se dedican mucho al estudio y algunos no se atreven a superar los problemas y sus límites. Estos problemas son comunes entre los estudiantes. Por eso, los maestros necesitan conocerlos para ayudar a sus alumnos de la mejor manera posible.

Es decir, los profesores tenían que ayudar a los estudiantes a evitar problemas como demasiado estudio y el aprendizaje superficial, el poco estudio y los conocimientos escasos, el menosprecio a la dificultad y la poca dedicación al estudio, o la falta de la confianza y el miedo por los problemas.

Las academias antiguas también utilizaron el método de discusión. Zhu Xi estableció la Academia de Bailudong y redactó métodos de autoaprendizaje en «Revelación de la Academia de Bailudong». Asimismo, designó a profesores a los que consultar preguntas. Además, organizó diferentes actividades, como reuniones, conferencias o simposios de literatura y poesía.

Los apartados anteriores presentan la combinación de enseñanza con investigación en las escuelas e institutos de educación superior. En cuanto a la educación inicial y la diseñada para superar el Examen Imperial, los métodos incluían principalmente la memorización de los libros clásicos confucianistas y sus comentarios. Cuando el Examen Imperial adoptó el formato de ensayos en ocho apartados los aspirantes solo estudiaban este formato y no aprendían los contenidos de los libros.

El literato Lu Xun, en su novela corta, *Fiesta de Wuchang*, describió sus experiencias de recitar versos, obligado por su padre y criticó los métodos didácticos de la educación feudal:

> Dicen que *Jian Lüe*[20] es más útil que *Cien apellidos chinos* o *Clásico de mil caracteres*, porque después de leerlo se conoce la historia de China de manera general. Sin embargo, no entiendo ni una sola palabra. No me queda otra que aprender los versos de memoria ... 'Érase una vez Pan Gu ...', sí, 'Érase una vez Pan Gu ...', y después 'nacido en el Caos ...', ¡recítalo![21]

Nuestro autor tuvo experiencias similares. Durante la Guerra Antijaponesa, estaba estudiando en la escuela primaria, pero fue derrotado por los militares japoneses y no tenía otra escuela para acceder. Por eso, entró en una escuela privada feudal y estudió el *Gran saber*. Cuando entró en la escuela secundaria, recitó el *Libro de Mencio*. No obstante, no conoció los contenidos de los libros y en la actualidad, solo recuerda las primeras frases de las dos obras: «Los principios del gran saber consisten en manifestar las virtudes humanas, en establecer una relación estrecha con el pueblo, educarlo y ayudarlo a alcanzar el nivel supremo de la bondad». Puesto que la educación de la República de China era tan atrasada, las circunstancias de las épocas anteriores fueron peores.

Los métodos educativos antiguos tienen otra característica: inculcaron a los estudiantes conocimientos existentes, pero no les explicaron el proceso para extraer conclusiones. Mejor dicho, los estudiantes solo conocían el «qué», pero no aprendían el «porqué». No investigaban problemas reales, sino que dedicaban la mayor parte del tiempo a recitar los Cuatro Libros y Cinco Clásicos y sus comentarios. El pedagogo Tao Xingzhi califica esta educación de «muerta»: «Los maestros enseñaban libros muertos de manera muerta, los estudiantes recitaban libros muertos de manera muerta».[22]

Este método escolástico también ha tenido una influencia profunda en la educación china, puesto que la educación actual no se ha desligado completamente de esta tradición. Además, sobre la recitación hay muchas propuestas. Según Zhu Xi, primero debían recitarse los libros y aprender después, paso a paso, sus contenidos.

Hoy en día, muchas personas están de acuerdo con recitar un poco de libros clásicos a edades tempranas. Por ejemplo, el científico, Yang Zhenning dijo que recitar los contenidos de las *Analectas* de Confucio y el *Libro de Mencio* en su infancia fueron de gran provecho para él. Desde el punto de vista de nuestro autor, los niños tienen mejor memoria que los adultos. El recitado de poemas y refranes antiguos no solo puede formar las cualidades culturales de ellos, sino también elevar su nivel de pensamiento. Sin embargo, la base de la recitación debe ser el aprendizaje. No se puede utilizar el método escolástico que obliga a los estudiantes a recitar de memoria sin conocer los contenidos. Este método reprime la personalidad y provoca la esclavitud. Por lo tanto, no es capaz de formar intelectuales con ideas creativas y capacidades prácticas.

Influencia del sistema de Examen Imperial en la educación de China

El Examen Imperial constituye una peculiaridad destacable de la cultura tradicional china. Es un sistema de selección de funcionarios para la corte que ha influido de manera profunda en la tradición educativa.

El Examen Imperial quedó establecido en tiempos de la dinastía Sui. En el segundo año de Da Ye (606) se estableció el grado *Jinshi*, que marcó el inicio del Examen Imperial. Durante la dinastía Tang, este sistema se desarrolló y se volvió más completo. Según el *Nuevo libro histórico de la dinastía Tang*, el Examen Imperial de la dinastía Tang fue el sucesor de las normas de la dinastía Sui y se desarrollaba de la siguiente manera: los estudiantes recomendados por la academia central y las escuelas locales podían participar en el examen, celebrado una vez al año. Los candidatos concurrían al examen organizado por el gobierno central y eran evaluados y seleccionados por los funcionarios especializados. En cuanto a los candidatos de capacidad especial, el emperador elaboró un edicto específico para admitirlos en la corte. El invierno de cada año, la academia central y las escuelas locales organizaban sus propios exámenes y recomendaban a los estudiantes con notas excelentes para asistir al examen organizado por el departamento de cortesía del gobierno central.[23] Las asignaturas del examen eran numerosas, pero en general había seis: administración del país, libros clásicos, redacción de ensayos y poemas y oración, leyes, matemáticas y escritura.

La dinastía Song siguió las normas de Tang, pero las modificó para adaptarse a las necesidades de la época. Al principio, las asignaturas eran diversas, pero después de la reforma política de Wang Anshi, solo quedó la asignatura de *Jinshi* (redacción de ensayos y poemas y oración) y las otras fueron canceladas. Durante su servicio en la corte, Sima Guang dividió la prueba de *Jinshi* en dos tareas: libros sagrados confucianistas y redacción de poemas y artículos. Además, añadió un nivel de examen, más alto, que tenía lugar en el palacio del emperador. Desde ese momento, hubo tres niveles de examen: examen de prefectura, examen de provincia y examen de palacio. Los que pasaban el examen de provincia lograban el título de *Jinshi*. Los que aprobaban el examen de palacio eran nombrados *Jinshi Jidi*, *Jinshi Chushen* y *Tongjinshi Chushen*. A estos les eran asignados diferentes cargos directamente desde el gobierno central. En la dinastía Ming, los contenidos del examen se limitaron a los Cuatro Libros (*Gran saber*, *Doctrina de la medianía*, *Analectas* de Confucio y *Libro de Mencio*), cuyos criterios eran los comentarios de Zhu Xi. El examen se volvió más programático. Después del año *Chenghua* (1465), se aplicó el formato de ensayos en ocho apartados en el Examen Imperial, cuyas características eran las siguientes:

(1) Los temas de las tareas eran textos originales de los Cuatro Libros y Cinco Clásicos.
(2) Las respuestas debían obedecer estrictamente a las notas explicativas de la Escuela de Li.
(3) Los artículos tenían que seguir una estructura fija, compuesta por ocho apartados: título, explicación del título, prólogo, introducción, primer apartado, segundo apartado, tercer apartado y epílogo.

El Examen Imperial se mantuvo en China durante más de mil trescientos años, hasta que en 1905 el gobierno de la dinastía Qing promulgó un edicto para cancelarlo. Su influencia en la tradición educativa china es inconmensurable.

Entendido como un sistema de selección de intelectuales y funcionarios, el Examen Imperial es una actividad original en China. Su aparición no ocurrió por casualidad, sino que se adaptó a las necesidades del fortalecimiento y desarrollo de la sociedad feudal. Muchos especialistas consideran que el examen de funcionarios de Inglaterra fue transmitido desde China. Comparado con la política hereditaria, el Examen Imperial supuso un gran progreso porque evitaba la pereza y corruptibilidad de los funcionarios de origen noble. Aún más, disminuyó el poder de la nobleza y reforzó el control del emperador. Concentró la administración de recursos humanos en el gobierno central y abrió un camino para que los jóvenes provenientes de familias plebeyas entraran en la corte. No solo previno el monopolio político de los nobles, sino que también unificó a los terratenientes de clase social media y baja y optimizó su participación en actividades políticas. Gracias a este examen, tenían la posibilidad de obtener un cargo oficial y entrar en la clase dominante si aprobaban el examen con su aplicación y esfuerzo propios. Por esta razón, este sistema había sido rechazado por la nobleza y consiguió aplicarse solamente tras una larga lucha. Si bien no se puede negar que al principio el Examen Imperial promovió el surgimiento de numerosos intelectuales, fueron acumulándose las deficiencias durante los períodos posteriores y se dieron incluso casos de fraude y plagio. Especialmente, después de la introducción del formato de ensayos en ocho apartados en el examen, la prueba se volvió rígida y caminó hacia su decadencia.

La mayor influencia del Examen Imperial en la sociedad china es el surgimiento del academicismo. Puesto que el examen era la única vía para que los plebeyos, es decir, los terratenientes de clase media y baja, entraran en la corte y consiguieran la fama y la riqueza, en la sociedad se extendieron opiniones como «estudiar para ser funcionario», «estudiar para ganar riqueza» o «todo es inferior, solo la educación es preeminente». El emperador Zhenzong de la dinastía Song escribió un poema en el que se puede leer lo siguiente.

> Las familias ricas no compran tierras,
> dentro de sus libros hay cereal en abundancia.
> No utilizan maderas para construir casas,
> sus libros son tan preciosos como un edificio hecho de oro.
> No necesitan casamenteras para buscar novias,
> en los libros reside la mayor belleza.
> No se preocupan por el transporte,
> los libros pueden convertirse en carros y caballos.
> ¡Chicos! Si desean hacer realidad sus sueños,
> estudien con mayor esfuerzo.[24]

Además, en la novela *Crónica indiscreta de los letrados*, la descripción de la escena en la que el letrado Fan Jin aprueba el examen refleja pintorescamente desde la perspectiva literaria la atención fanática de la sociedad feudal al Examen Imperial.

Esta ideología de academicismo influye también en los pensamientos actuales. Opiniones como «estudiar para ser funcionario» o «dentro de los libros hay riqueza y belleza» siguen siendo endémicas en muchas zonas. Las competencias para entrar en universidades buenas, la apreciación de la educación formal, el rechazo a la formación profesional y el deseo de obtener un título académico, ¿no corresponden al academicismo? Los exámenes de admisión de bachilleratos y de universidades también son similares al Examen Imperial. En la antigüedad, el Examen Imperial dividía a los letrados en dos grupos: los que aprobaban el examen pasaban a formar parte de la clase dominante, mientras que los suspendidos eran dominados. En la actualidad, los estudiantes que sacan notas buenas en los exámenes de admisión de bachilleratos y de universidades pueden encontrar trabajos con condiciones mejores, y a los que suspenden los exámenes no les queda otro remedio que pertenecer a la clase más baja de la sociedad.

Aunque hoy en día no se dividen los trabajos en superiores o inferiores en cuanto a la dignidad humana, las condiciones de vida de personas con educación y de las personas que carecen de ella son muy diferentes. Algunos expertos consideran que las personas son diversas y existe la necesidad de seleccionar personas con capacidad intelectual. No obstante, lo más importante para la selección de personas debe ser la competencia justa de capacidades. En la actualidad, el futuro de un estudiante está decidido por un único examen, que no puede reflejar completamente sus aptitudes. Desde luego, los exámenes de admisión existen por unas causas determinadas: por un lado, los recursos educativos son escasos y no pueden satisfacer totalmente las necesidades; por otro lado, se relacionan con el sistema de recursos humanos. El sistema de recursos humanos de la época de la economía planificada solo tenía en cuenta el título académico y no prestaba atención a las capacidades personales. Una persona que disponía de un buen título podía obtener un trabajo de rango alto. Evidentemente, en la sociedad actual el título académico debe ser valorado porque representa el nivel educativo de una persona. No obstante, no es recomendable la propagación del academicismo porque el nivel educativo no equivale a la capacidad personal. La atención excesiva al título académico puede provocar una competencia malsana y perjudica las cualidades morales.

Además, el Examen Imperial influye en la educación escolar: el examen era una herramienta para la selección de funcionarios en la sociedad feudal y las escuelas eran los lugares donde se formaban. Los estudiantes necesitaban aprobar las pruebas para conseguir un cargo oficial. Así pues, este sistema dio lugar a que las escuelas adaptasen sus objetivos, contenidos y métodos didácticos al examen. Las escuelas se convirtieron en organizaciones afiliadas al gobierno. Todas las características de la educación tradicional que hemos mencionado en los apartados anteriores –el objetivo de la formación de «caballeros en lo interior, reyes en lo exterior», los contenidos didácticos de los Cuatro Libros y Cinco Clásicos y los métodos escolásticos adoptados en las escuelas– fueron fenómenos provocados por el Examen Imperial. Especialmente, su ignorancia de la personalidad individual, su formación del servilismo, su preocupación única por los resultados y su método de aprendizaje memorístico, siguen siendo endémicos en la educación actual.

Influencia de las academias de estudio clásico en la educación china

La academia de estudio clásico, forma de organización educativa típica de la antigua China, empezó a existir desde mediados de la dinastía Tang. Según el *Nuevo libro histórico de la dinastía Tang*, en el quinto año de Kaiyuan (717), los cortesanos redactaron y publicaron cuatro libros en el Palacio de Qianyuan, que fueron transportados y conservados en el Instituto de Qianyuan. Un año después, el instituto cambió su nombre a Instituto de Revisión de Lizheng. En el decimotercer año, fue renombrado de nuevo y pasó a ser la Academia de Jixiandian.[25] De esta manera, nacieron las academias de estudio clásico. Al principio, fueron lugares para la recopilación, revisión y conservación de libros que eran empleados para la lectura y la consulta de la corte. En aquel entonces, también se llamaban academias de estudio clásico los lugares donde los ermitaños impartían cursos, como la Academia de Zhang Jiuzong de Sichuan, la Academia del Letrado Li Kuanzhong de Hunan o las academias Wutong, Huangliao o Yimen de Jiangxi. A finales de la dinastía Tang, muchos eruditos se marcharon a las montañas para evitar la turbulencia provocada por guerras y conflictos. Establecieron academias en las montañas y dieron clases a sus discípulos. De este modo, la academia de estudio clásico se convirtió paso a paso en un tipo de organización educativa. A principios de la dinastía Song, las academias lograron apoyos de la corte y su sistema alcanzó un mayor desarrollo.

Academias famosas fueron, entre otras, las de Yuelu, Bailudong, Songyang, Juyang, Shigu o Maoshan. Durante la dinastía Song del Sur, gracias al desarrollo de la Escuela de Li, las academias no fueron únicamente instituciones educativas, sino que en ellas también se llevaban a cabo diferentes actividades académicas. Por ejemplo, Zhang Shi, Zhu Xi, Lü Zuqian y Lu Jiuyuan[26] impartieron cursos en diferentes academias.

La corte de la dinastía Yuan también estimuló el desarrollo de academias, cuyo número aumentó y cuya extensión se amplió también. Durante la dinastía Song del Sur, las academias se concentraron en el sur del río Yangtsé, mientras que durante la dinastía Yuan, empezaron a proliferar en el norte. Otra característica de las academias de esta dinastía fue su oficialización. Por un lado, la corte promovió inversiones personales para la fundación de academias. Por otro lado, el gobierno también proporcionó financiación a construir nuevas academias o a restaurar las existentes. Al mismo tiempo, la corte designó a jefes y profesores para administrarlas. En muchas ocasiones, estos rectores y profesores eran funcionarios del gobierno municipal. Incluso los profesores designados directamente por las academias necesitaban una autorización oficial del gobierno para acceder al trabajo. Las academias eran administradas de la misma manera que las escuelas públicas.[27]

A comienzos de la dinastía Ming, la clase dominante centró su atención en la educación pública y el desarrollo de las academias se detuvo por más de un siglo, hasta los años *Chenghua*. Entonces alcanzaron a su apogeo, con el surgimiento de los grupos académicos de Chen Xianzhang, Wang Shouren y Zhan Ruoshui, que intentaron evitar las deficiencias del Examen Imperial e implantar un sistema de conferencias y simposios. En particular, la Academia de Donglin dio importancia al pragmatismo e inició la tendencia de «debatir los asuntos gubernamentales y la valoración de personajes de la corte». Sus miembros principales, encabezados por el literato Gu Xiancheng, escribieron famosos pareados en los que podía leerse: «Los sonidos del viento, de la lluvia y de la recitación, los oímos todos. Los asuntos familiares, del país y del mundo, nos preocupan todos». En aquel entonces, muchas personas, tanto funcionarios como plebeyos, participaban en sus actividades, pero esta popularidad enojó a la corte, lo que supuso la decadencia de este grupo: en el quinto año de Tianqi (1625), el eunuco Wei Zhongxian arrestó y mató a gran escala a las personas opuestas a su poder y, un año después, arruinó todas las academias, incluida la de Donglin. En el primer año de Chongzhen (1628), el grupo de Donglin logró la revisión de esta sentencia injusta y empezó a reconstruir sus edificios.

A principios de la dinastía Qing, se vetó la fundación de nuevas academias con el objetivo de evitar las rebeliones fomentadas por los directores de las academias y sus discípulos. Durante el reinado del emperador Yongzheng, el gobierno prohibió las academias privadas y financió el establecimiento de academias públicas. Comenzó la reconstrucción y fundación de academias en provincias y, más tarde, en prefecturas. A finales de la dinastía Qing, se habían establecido miles de academias. La mayoría de las academias de ese período fue establecida por la corte, pero también existieron algunas fundadas por la iniciativa privada de funcionarios o comerciantes. Se produjo la oficialización de las academias: los rectores y profesores eran funcionarios del ministerio de educación y el gobierno escogía a los estudiantes. Se convirtieron en institutos afiliados al Examen Imperial, igual que las escuelas públicas.

Durante el reinado del emperador Jiaqing, Ruan Yuan, jefe de la sección educativa del gobierno municipal de Zhejiang, fundó la Academia de Gujing en la ciudad de Hangzhou e intentó realizar una reforma educativa: tomó en cuenta el pragmatismo, enseñando no solo el contenido de libros confucianistas, sino también materias como ritos, música, tiro con arco, conducción de carros de guerra, caligrafía, astronomía, geografía o matemáticas. Tras las Guerras del Opio, los cursos de ciencias modernas empezaron a ser impartidos en varias academias. En el año 27 de Guangxu (1901), se publicó un edicto por el cual se cancelaban las academias o se convertían en escuelas públicas. Después de la fundación de la República de China, se establecieron algunas academias, como la Academia de Mianren en Chongqing, fundada por Liang Shuming o la de Fuxing en Leshan, organizada por Ma Yifu. Aunque heredaron las tradiciones educativas de academias antiguas, su esencia se modificó.

Las academias nacieron tras asimilar las tradiciones de escuelas privadas, absorber los métodos pedagógicos de los templos budistas y aprender de las experiencias de las escuelas públicas. Fue un sistema educativo especial, paralelo a la educación pública. Fueron principalmente fundadas por eruditos y maestros prestigiosos e impartieron conocimientos correspondientes a un nivel de educación superior. Por lo tanto, siempre fueron institutos del más alto nivel de una provincia o una ciudad. Existieron en la tierra de China por más de mil años y contribuyeron al desarrollo de conocimientos y a la formación de intelectuales. No solo ocuparon una posición trascendental en la historia de la educación china, sino que también constituyeron un fenómeno destacable en la evolución educativa mundial. Las características siguientes de las academias influyeron en la educación china de manera profunda.

En primer lugar, eran de naturaleza privada. Aunque desde la dinastía Yuan se tendió a su oficialización, la mayoría de ellas fue establecida privadamente u organizada por individuos, si bien recibía financiación de la corte o del gobierno municipal. Las formas de financiación fueron múltiples: se podía proporcionar dinero, tierra, títulos, libros o placas. De esta manera, se inauguró el sistema de apoyo del gobierno a la educación privada. Además, las academias y las escuelas públicas eran complementarias y competidoras. Lógicamente, cuando el sistema de escuelas públicas se paralizaba, se desarrollaban las academias como complemento a las deficiencias de la educación. Cuando las escuelas públicas progresaban, las academias eran ignoradas y detenidas. Este fenómeno de complementariedad, ocurrido muchas veces en la historia, satisfacía las necesidades educativas de los letrados. Las academias tuvieron un papel imprescindible en el desarrollo de la educación china.

En segundo lugar, sus métodos didácticos prestaron atención a la explicación minuciosa de las doctrinas y a la formación de la moralidad con práctica. Muchos de los profesores de academias fueron eruditos famosos que se dedicaron completamente a la investigación y a la formación de la moralidad. Se oponían a la consecución de riqueza y fama mediante el Examen Imperial. Establecieron academias entre las montañas con el objetivo de alejarse de los asuntos mundanos y conservar sus aspiraciones originales. Esta tendencia influyó profundamente en los letrados de épocas posteriores. Durante la dinastía Qing, la mayoría de las academias se convirtió en escuelas públicas afiliadas al Examen Imperial, pero también existieron algunas orientadas a la investigación de la historia y la revisión de libros sagrados anteriores.

En tercer lugar, sus actividades principales consistieron en la organización de cursos y la investigación. Una peculiaridad de ellas era la estrecha convivencia de la enseñanza con la investigación. No se caracterizaban por la complejidad, rigidez y formalismo de las escuelas públicas, sino que se inclinaron a la flexibilidad y la sencillez. Sus actividades principales fueron el aprendizaje y la investigación independientes, utilizando discusiones y debates para ilustrar las opiniones propias de los estudiantes y alcanzar la libertad académica. Los directores eran los encargados de presentar los cursos. En cada curso, el presentador introducía los objetivos investigadores y explicaba los resultados y las conclusiones correspondientes. Los profesores y estudiantes escuchaban al presentador y podían proponer preguntas o efectuar debates en el proceso didáctico.

A veces las academias invitaban a eruditos famosos de otras escuelas académicas para impartir cursos y los profesores y estudiantes podían desarrollar discusiones. Por ejemplo, el octavo año de Chunxi de la dinastía Song del Sur (1181), Zhu Xi invitó a Lu Jiuyuan a la Academia de Bailudong para impartir el curso sobre el tema «los caballeros entienden de justicia; los villanos entienden de provecho» y este acontecimiento se convirtió en el prototipo de cursos que, posteriormente, diferentes escuelas de pensamiento organizaron dentro de la misma academia. Los diversos eruditos también pudieron impartir cursos juntos en una academia, como el «curso de Zhuzhang» celebrado en la Academia de Yuelu por Zhu Xi y Zhang Shi, o el «curso de Zhulu en la Academia de Ehu». Esta actividad, similar a los seminarios y las conferencias actuales, se propagó de manera extensa en las dinastías posteriores: las academias se esforzaron por celebrar cursos e invitaron a los profesores y estudiantes de otras academias para llevar a cabo discusiones colectivas.[28]

En cuarto lugar, su forma de organización era abierta, puesto que los eruditos de cualquier escuela académica podían participar en sus cursos y discusiones. En general, si un maestro famoso impartía un curso, más de mil estudiantes provenientes de diferentes academias atendían a su charla. Esta forma abierta benefició la comunicación académica. Los debates entre diferentes academias estrecharon la relación entre profesores y estudiantes, y promovieron la tradición china de la apreciación de profesores y el cuidado a estudiantes.

En quinto lugar, las primeras academias fueron lugares para la conservación y la revisión de libros. Por lo tanto, prestaban especial atención a la recopilación, el arreglo y la revisión bibliográficos. Muchas academias fundaron edificios para conservar libros, y algunas incluso publicaron sus propias obras. Por eso, se convirtieron en las bibliotecas con mayores fondos bibliográficos de su comarca.

En sexto lugar, las academias se regían por un estricto sistema de normas, influido por las reglas de templos budistas. Las primeras normas sistemáticas y completas fueron establecidas por Zhu Xi, de la dinastía Song del Sur, para la Academia Bailudong, que se convirtieron en prototipo para la elaboración de normas de las academias posteriores. Las normas valoraron la formación en valores morales de estudiantes y profesores, que incluía los aspectos siguientes: voluntad, sinceridad, dedicación, minuciosidad, práctica, tratamiento con otras personas, etc. Las normas de Bailudong sintetizaban las necesidades y los espíritus fundamentales de la educación de la sociedad feudal. Eran los principios comunes de la educación feudal, que también se aplicaban en las escuelas públicas.[29]

Las academias eran producto de la cultura tradicional y sufrieron muchos cambios durante su historia milenaria. Aunque en las dinastías Ming y Qing la mayoría de ellas se convirtió en organizaciones afiliadas al Examen Imperial, disponían de muchas tradiciones beneficiosas que desempeñaron un papel importante para la continuación de la civilización china. No obstante, su deficiencia más grande era la dedicación única a la historia y al confucianismo. Las academias no prestaron atención a la ciencia y atendieron únicamente las necesidades educativas de la sociedad feudal. En la actualidad, si difundimos sus ventajas y evitamos sus deficiencias, podemos extraer experiencias beneficiosas con las que emprender la reforma educativa.

El tesoro precioso de la herencia educativa tradicional china

La educación tradicional es fruto de la cultura antigua. Nació y creció en la sociedad feudal y, por eso, tiene huellas del feudalismo. Igual que la cultura tradicional, la educación también ha contribuido enormemente a la formación, al desarrollo y a la prosperidad del pueblo chino. Contiene el espíritu del pueblo y la esencia de la educación. Los elementos excelentes de la educación tradicional son tesoros preciosos de la tradición educativa china y merecen ser continuados y difundidos.

Los contenidos didácticos antiguos son abundantes: hay documentos extensos que recuerdan sus pensamientos, sistemas y métodos. Además, han sido investigados por muchos especialistas de la historia educativa china. La *Historia general de la educación china*, recopilada por Mao Lirui y Shen Guanqun, sintetiza sistemáticamente la evolución de la historia educativa china, haciendo referencia a materias históricas; la *Historia general de la ideología educativa china*, redactada por Wang Bingzhao y Yan Guohua y la *Historia de los sistemas educativos chinos*, escrita por Wang Bingzhao y Li Guojun, explican los pensamientos y sistemas educativos de cada dinastía. Consisten en obras extensas en ocho tomos (más de tres millones de caracteres) que resumen las experiencias de la educación tradicional y sus elementos esenciales.

Sin embargo, debido al límite del número de páginas impuesto por las ediciones antiguas, los elementos esenciales de la educación tradicional siempre surgieron de manera dispersa en artículos de diversos pedagogos de cada época, por lo que faltan explicaciones unificadas, independientes y generales. Así pues, en este capítulo intentamos realizar una presentación breve y general de las esencias de la educación cultural que merecen ser continuadas y difundidas. De esta manera, se puede mostrar la evolución de la educación tradicional con base en la sucesión de las tradiciones.

Ideología de la igualdad de derecho a recibir educación

Esta ideología fue propuesta por primera vez por Confucio, quien afirmaba que «Enseño, no discrimino».[30] Asimismo, también escribió: «Nunca he denegado mis enseñanzas, siempre que se haya venido espontáneamente, aunque no se me haya ofrecido por ello más que un atado de cecina».[31] ¿Cómo se entiende la igualdad de derecho? La explicación del confucianista Ma Rong de la dinastía Han del Este es la siguiente: «En cuanto a la educación, no se pueden dividir las personas en diferentes clases».[32] Otro confucianista, Huang Kan, consideró: «Hay personas de clases superior e inferior, pero no se puede privar del derecho a recibir la educación de las personas provenientes de clase inferior. Con la educación, todos pueden convertirse en personas bondadosas, independientemente de su origen».[33] En opinión de Zhu Xi, «la naturaleza humana es bondadosa, pero es posible que las personas crecidas en ambientes sociales viciosos adquieran costumbres malas. Mediante la educación, estas personas son capaces de reconstruir su naturaleza bondadosa y corregir sus deficiencias». Por lo tanto, en cuanto a esta concepción, diferentes eruditos tenían ideas diversas, pero coincidían en que todas las personas tenían derecho a recibir educación para elevar su nivel moral, sin importar su origen o su clase social.

En la *Historia general de la educación china*, recopilada por Mao Lirui y Shen Guanqun, se afirma que «la propuesta de la igualdad de derecho a recibir educación se dirigió contra la educación de las clases nobles, destinada únicamente a los dueños de esclavos». La educación que recibía la nobleza tenía dos características principales: por un lado, se consideraba a los pueblos minoritarios como personas bárbaras y no les permitían aprender la cultura y las normas de cortesía del pueblo han; por otro lado, entre los miembros del pueblo han, solo los nobles pertenecientes a la clase dominante podían recibir educación. Los dominados y los esclavos no gozaban de ese derecho, como se dice en *Libro de los ritos*: «... no hace falta exigir mucha cortesía de los plebeyos».[34] La ideología de Confucio permitió superar estas restricciones, lo cual tuvo un gran impacto en la sociedad de aquel entonces y también influyó de manera trascendental en la propagación y el desarrollo posterior del confucianismo.

Desde luego, esta ideología confucianista se difundió únicamente entre la clase dominante y no llegó a los plebeyos que sufrían hambre. No obstante, bajo las circunstancias sociales de transformación de la esclavitud al feudalismo, esta idea de permitir el acceso a la educación a otras clases no pertenecientes a la nobleza era muy avanzada para la época.

Esta idea de la igualdad de derecho a recibir educación ha conservado un significado positivo hasta la actualidad. Necesita ser explicada de nuevo según las necesidades de nuestra época. En primer lugar, hay que fortalecer la popularización de la educación, permitiendo que todos tengan acceso a ella. Solo de esta manera podemos elevar el nivel cultural del pueblo y realizar la construcción de una sociedad modestamente acomodada. En segundo lugar, hay que perseguir el desarrollo equilibrado de la educación, intentando que la mayoría de las personas pueda disfrutar de una educación de calidad similar, para alcanzar gradualmente la equidad educativa. Por último, los profesores tienen que tratar a los estudiantes de manera igual. No deben dividir los estudiantes en diferentes niveles según sus calificaciones. Hay que confiar en que todos los estudiantes pueden beneficiarse de los estudios y desarrollar sus capacidades.

Ideología educativa de priorizar la moralidad

En los apartados anteriores, hemos mencionado que la educación tradicional consideró la moralidad como el valor supremo. Esta ideología tiene sus aspectos positivos porque dio prioridad a la formación moral. Lo fundamental para la educación era enseñar a los estudiantes a ser gente bondadosa. El objetivo de la educación confucianista era la formación de caballeros con moralidad y capacidad. El libro entero de *Analectas* de Confucio versaba sobre las cualidades morales, como la bondad, la lealtad, la cortesía o la integridad. En él se explicaba qué era un caballero y cómo se podía llegar a serlo. Confucio consideró que la moralidad era obligatoria para los caballeros al afirmar que «los caballeros piensan en la virtud, los villanos, en la hacienda».[35] Observaba también que «los caballeros entienden de justicia; los villanos entienden de provecho».[36]

Los métodos de formación moral de la antigüedad empezaban por la práctica. Los niños debían adquirir la costumbre de limpiar el patio y comportarse de manera educada. Después, era necesario que estudiaran los libros sagrados confucianistas para aprender cómo ser una buena persona. Por ejemplo, Wang Shouren, pensador de la dinastía Ming, redactó el libro *Normas de la educación* mientras trabajaba como funcionario de Nangan y lo difundió a diversas escuelas de su comarca. Estas normas estipulaban el proceso educativo de un día: «En primer lugar, se debe llevar a cabo una prueba de moralidad de los estudiantes. Después, se enseñan los libros confucianistas y se instruye la cortesía. Por último, los estudiantes tienen que recitar los artículos de los libros y estudiar composición poética».[37] Además, muchos intelectuales escribieron normas o regímenes de familia para moldear el comportamiento de sus hijos, como las famosas *Normas de la familia Zhu*, publicadas por el erudito Zhu Bolu de la dinastía Qing. Utilizó ejemplos positivos y negativos de la vida cotidiana para enseñar a los hijos a ser diligentes, ahorradores y honrados. Además, entre estas normas se pueden encontrar algunas frases que incluso se difunden en la actualidad, como «deben conocer que incluso un grano del arroz y del trigo se produce por el trabajo laborioso; una pizca del hilo y de la tela nace por la diligencia», o «hay que guardar cereales suficientes para suministrarse durante los días de lluvia; hay que empezar a perforar el pozo antes de tener sed».[38]

Además, la formación moral prestaba especial atención a la autodisciplina y la formación del espíritu virtuoso. Confucio dijo: «La formación de la virtud depende de la persona misma. El caballero es exigente consigo mismo, el villano lo es con los demás».[39] Zengshen, discípulo de Confucio, expresó la autorregulación en estas palabras: «Cada día examino mi ser por tres veces: en mi servicio a otros, ¿he sido leal? En el trato con mis amigos, ¿he sido sincero? ¿He llevado a la práctica las enseñanzas que me han sido transmitidas?».[40] Estos eruditos consideraban que la autodisciplina debía ejercerse a lo largo de la vida sin cesar. El *Libro de los ritos* explicaba: «Los verdaderos sentimientos del corazón quedan reflejados en el comportamiento. Por lo tanto, los señores deben regular su comportamiento, aun cuando están solos». En este caso, la autorregulación se refería a la dignidad y al amor hacia uno mismo. El concepto de «Jujing», propuesto por Zhu Xi de la dinastía Song, también destacó la importancia de la autodisciplina y la autoeducación.

La formación moral también recomendaba aprender de los otros y tomar como ejemplo los valores morales de las personas virtuosas. Confucio escribió: «Dentro de los comportamientos y las palabras de otros hay ciertamente algo que me sirve de enseñanza. Selecciono sus excelencias y a ellas me conformo, sus defectos y según ellos me corrijo».[41] «Si ves a un hombre excelente, piensa en igualarlo. Si ves a uno que no lo sea, haz tu introspección».[42] Mencio continuó los pensamientos de Confucio y también propuso la idea de la autorreflexión. Declaró:

> Amo a otros, pero me tratan con indiferencia, voy a pensar si tengo suficiente benevolencia; administro a otros pero no siguen mis palabras, voy a reflexionar acerca de si tengo suficiente capacidad; trato con otros con cortesía, pero no me tratan así, voy a meditar si mi actitud es suficientemente reverente. Siempre hago autocrítica y busco mis propias deficiencias si con mi comportamiento no he conseguido los resultados esperados. De esta manera, puedo convertirme en una persona honrada y gobernar bien mi pueblo.[43]

Es decir, si uno trataba a otros con virtud pero no obtenía la respuesta esperada, debía reflexionar sobre sí mismo para ver si su actitud era verdaderamente correcta y su capacidad, suficiente. Solo las personas honradas podían administrar el país. Aunque estas palabras estaban dedicadas a los emperadores, explicaban los conocimientos de Mencio sobre la formación moral y hacían hincapié en la autodisciplina.

Estos ideales morales tradicionales y los métodos de formación moral fueron heredados y desarrollados por las generaciones posteriores. La moralidad tradicional es en esencia un producto de la sociedad feudal y contiene pensamientos feudales. Sin embargo, muchas de sus concepciones sobre las relaciones interpersonales son rasgos comunes de todos los humanos. Por lo tanto, estas cualidades son valoradas como virtudes intrínsecamente chinas a nivel mundial. Es necesario utilizar el materialismo histórico marxista para modificar algunos contenidos de la moralidad tradicional y eliminar sus deficiencias de acuerdo con las exigencias de nuestra época. De esta manera, la moralidad tradicional se puede convertir en elemento importante para la construcción de la civilización espiritual socialista.

Más aún, la formación moral y sus métodos son un tesoro de incalculable valor de la educación china. También tenemos que investigarlos, modificarlos y sucederlos bajo la óptica del materialismo histórico, para que formen parte importante de la educación moderna china.

Principio educativo de enseñar a los estudiantes según sus capacidades y talentos

La educación antigua se preocupó por educar a los estudiantes según sus capacidades y talentos. Solo después de la dinastía Han, se volvió rígida y obstaculizó el desarrollo mental y personal de las personas, a fin de perpetuar la dominación y la unificación feudales. No obstante, este principio de la educación tradicional siempre fue altamente valorado por la gente. Los pedagogos excelentes de cada dinastía prestaron atención a la enseñanza de diversos estudiantes con diferentes métodos.

Confucio fue precursor de este principio. Dijo el pensador Cheng Yi de la dinastía Song: «Confucio enseñó a sus alumnos según sus capacidades y carácter. A algunos les enseñó con asuntos políticos, a algunos con palabras o libros, a algunos con ejemplos de comportamiento moral virtuoso».[44] En *Analectas* de Confucio también se mostraba el método pedagógico de Confucio:

> El discípulo Zilu preguntó a Confucio: ¿Hay que llevar inmediatamente a la práctica lo aprendido? Confucio contestó: Mientras vivan tu padre y tu hermano mayor, ¿cómo puedes poner inmediatamente en práctica lo aprendido sin demora? El discípulo Ran You le hizo la misma pregunta, y respondió: Lleva a la práctica lo aprendido sin demora. El discípulo Gongxi Hua estaba confundido: Cuando You preguntó si debía llevar a la práctica lo aprendido, le contestasteis que no en vida de su padre y su hermano mayor. Cuando Qiu os hizo la misma pregunta, le dijisteis que lo llevara a la

práctica sin demora. ¿Puedo pediros una explicación? El maestro dijo: Qiu es retraído, por eso lo hago avanzar. You tiene arrojo por dos, por eso lo arredro.

Además, muchos alumnos pidieron a Confucio la definición de la bondad, y también dio diferentes repuestas bajo circunstancias distintas.

Mencio creía en la naturaleza bondadosa de la gente, pero consideró que las personas desarrollaban de manera distinta, según sus condiciones vitales. Por eso, también creía en la necesidad de enseñar adaptándose al carácter y al entorno de los estudiantes. Declaró: «Hay cinco métodos de enseñanza para los caballeros: influir a los estudiantes de manera invisible; formar su virtud; instruir en sus capacidades; responder sus preguntas; conmoverlos con los conocimientos y el buen comportamiento».[45] Mencio dividió a los estudiantes en cinco tipos y les enseñó según sus circunstancias personales.

Aunque el principio de enseñar a los estudiantes según sus capacidades y talentos fue destruido en la sociedad feudal, los pedagogos notables siguieron aplicando este método. Constituye un patrimonio importante del conjunto de los pensamientos educativos chinos y sigue teniendo funciones importantes en la actualidad. Corresponde a las reglas del crecimiento y a la inteligencia múltiple de los seres humanos. Además, se adapta a la necesidad de variedad formativa de la sociedad moderna. Se opone al academicismo: no presta demasiada atención a los títulos académicos, sino que intenta desarrollar la capacidad e inteligencia de diferentes estudiantes según sus cualidades innatas y sus ambientes de crecimiento.

Método educativo de la combinación del aprendizaje con la reflexión

La educación confucianista apreció la reflexión sobre la esencia de las cosas. Confucio dijo: «Estudiar sin reflexionar es vano, reflexionar sin estudiar es peligroso».[46] Es decir, estudiar sin reflexionar puede provocar la confusión, reflexionar sin estudiar puede provocar el cansancio y la invalidez de los conocimientos. Además, las preguntas eran imprescindibles para el estudio. Zixia, el discípulo de Confucio, explicó: «Extender el estudio y afirmar la voluntad, informarse estrechamente, reflexionar íntimamente, en ellos se halla la humanidad».[47] Por lo tanto, Confucio consideró: «No sienta vergüenza de hacer preguntas a las personas que tengan menos conocimientos que usted».[48] «Dentro de los comportamientos y las palabras de otros hay ciertamente algo que me sirve de enseñanza. Selecciono sus excelencias y a ellas me conformo, sus defectos y según ellos me corrijo».[49] Cada persona tiene aptitudes, por eso, necesitamos aprender de las habilidades de otros.

Además, Confucio también propuso el método de ilustración. Pronunció frases como las siguientes: «No esclarezco más que a quien muestra esfuerzo. No inspiro más que a quien muestra anhelo»; «Aquel que repasando lo sabido, aprende de ello algo nuevo puede ser maestro», que han sido conocidas y aplicadas comúnmente por los chinos a lo largo de la historia, y se han convertido en un lema personal de muchos.

Xue Ji (*Apuntes de aprendizaje*): una joya hermosa del patrimonio educativo tradicional chino

Apuntes de aprendizaje, primer libro sistemático sobre la teoría educativa no solo de China, sino también del mundo, fue escrito a los finales del período de los Estados Combatientes y se considera que es obra de las escuelas académicas de Zisi y de Mencio. Sintetiza de manera completa y sistemática las experiencias y teorías educativas confucianistas de las épocas anteriores a la dinastía Qin. Fue creado tres siglos antes que la obra *Institutio oratoria* del pedagogo Marco Fabio Quintiliano de la Roma Antigua. Aunque consistía en obra educativa teórica con una antigüedad superior a dos mil años, ejerció una influencia inestimable en la educación china, puesto que, en términos generales, la educación a lo largo de la historia se guio por los pensamientos y principios que en ella se expresaban. Además, algunas de las opiniones de *Apuntes de aprendizaje* son significativas en la actualidad. Aunque se ha analizado la mayoría de sus propuestas y pensamientos en apartados anteriores, es necesario realizar una presentación dedicada únicamente a esta obra, puesto que en ella se explicaron, por primera vez y de manera completa, la posición y la función de la educación, su relación con la sociedad y la política, los sistemas escolares, los principios y métodos didácticos y la relación entre estudiantes y profesores. A continuación, se detalla su contenido.

Función de la educación

En primer lugar, esta obra menciona la función de la educación. Desde la perspectiva estatal, puede mantener la estabilidad del país y promover la prosperidad; desde la perspectiva individual, convierte a los seres humanos en personas con capacidades y valores morales. En cuanto a la dominación y la construcción del país, se considera que «si el emperador quiere que su pueblo siga sus órdenes, necesita propagar la educación». Por lo tanto, «para los reyes de épocas anteriores, la educación era primordial en la construcción del país». Desde la perspectiva del individuo, propone: «Una piedra de jade no puede convertirse en herramienta u obra de arte buena sin la escultura; una persona no puede conocer la cortesía sin los estudios». Por tanto, afirma por completo la función de la educación.

Descripción de los sistemas escolares

En esta obra puede leerse lo siguiente: «En época antigua había diferentes tipos de escuelas, como escuelas familiares (Shu), locales (Xiang), provinciales (Xu) y nacionales (Xue)». Queda así demostrado que en la antigüedad China disponía de un sistema completo de educación. Además, presenta los distintos contenidos educativos por edades:

> Cada año, los jóvenes que alcanzan la edad adecuada pueden entrar en las escuelas. Todos los estudiantes tienen que presentarse a un examen cada dos años. En el primer año se examinan el interés por los estudios, así como la capacidad de lectura y de introducir pausas en las frases; en el tercer año se someten a examen la diligencia en los estudios y la participación en las discusiones académicas con los compañeros; en el quinto año, la amplitud de conocimientos y la competencia al proponer preguntas y mantener discusiones con profesores. Por último, el séptimo año, se comprueba la capacidad investigadora del estudiante y su aptitud en la selección de buenos amigos. Si pueden aprobar todas las pruebas, se puede decir que han conseguido «pequeños logros». En el noveno año, se exige dominar el método de aprendizaje por analogía, lo que recibe el nombre de «grandes logros».

Aquí se divide la educación superior en dos fases: la fase de «pequeños logros», que dura desde los quince años hasta los veintiún años, y la fase de «grandes logros», desde los veintiuno hasta los veintitrés.[50]

Explicación de las reglas educativas

En *Apuntes de aprendizaje* se considera que los profesores deben conocer las reglas educativas: «... un buen profesor no solo conoce los casos de éxito de la educación, sino que también aprende las razones de sus fracasos». Además, tienen que llevar a cabo su actividad docente con sinceridad, en correspondencia con las diferentes necesidades de los estudiantes. En caso contrario, los objetivos educativos son inalcanzables: «Si piden ayuda a otros sin tener en cuenta sus sentimientos, si enseñan a los estudiantes sin tomar consideración de sus peculiaridades y talentos, no pueden conseguir resultados, expectativas ni éxitos». Los profesores necesitan conocer las virtudes y deficiencias de los estudiantes, y prestarles ayuda de acuerdo con sus circunstancias:

> Los maestros tienen que conocer las deficiencias de sus alumnos: algunos de ellos estudian demasiado, pero no saben reflexionar sobre los conocimientos; algunos están satisfechos por los pocos conocimientos; algunos subestiman la dificultad y no se dedican mucho al estudio y algunos no se atreven a superar los problemas y sus límites».

> Solo conociendo las diferentes características de los estudiantes, los profesores pueden dirigirles, «descubrir y desplegar sus virtudes y corregir sus defectos.

Los estudiantes también han de adquirir la capacidad de estudio. Los estudiantes que dominan los métodos de estudio obtienen mucho con poco trabajo. Sin embargo, los estudiantes que carecen de esta capacidad se encuentran en una situación opuesta. La capacidad de estudio consiste en la reflexión y la propuesta de preguntas: «En las actividades didácticas, los estudiantes que puedan proponer buenas preguntas son similares a los leñadores: empiezan desde los contenidos fáciles y se inclinan poco a poco a los más difíciles. Después de un largo tiempo de esfuerzo, todos sus interrogantes son solucionados». Al mismo tiempo, los profesores deben tener la capacidad de dar una respuesta adecuada a las preguntas de sus estudiantes: «Responder las preguntas se asemeja a tocar la campana. Si se toca con levedad, la voz es baja; si se toca con fuerza, la voz es alta. La combinación de voces bajas y altas puede producir la armoniosa música de la campana. Similarmente, la combinación de preguntas y respuestas promueve la adquisición de conocimientos».

Las actividades de estudio pueden ser efectuadas en cualquier lugar o momento, tanto dentro de las aulas como fuera de las clases:

> En las clases se estudian las asignaturas de manera formal y después, los estudiantes tienen que hacer los deberes. Sin la práctica extra no se puede llegar a tocar con virtuosismo un instrumento musical; sin el conocimiento de vocales y métricas no se puede entender bien el Libro de los cantos; sin la instrucción en buen comportamiento no se puede dominar la cortesía. En conclusión, sin las actividades de estudio fuera de las clases, los estudiantes no pueden ganar interés por las asignaturas. Por lo tanto, el estudio de los caballeros tiene cuatro niveles: absorción de conocimientos, práctica con los conocimientos aprendidos, formación del hábito de estudio y transformación del estudio en un estilo de vida.

Estas reglas educativas también tienen que ser seguidas en la actualidad.

Importancia de recibir educación en el momento oportuno

Dice el libro: «Hay que recibir la educación en el momento oportuno. De lo contrario, no se pueden conseguir grandes éxitos aunque se estudie con mucho esfuerzo». Por un lado, la enseñanza debe efectuarse en el momento oportuno, ni demasiado temprano ni demasiado tarde. Por otro lado, no puede impartirse precipitadamente, sino paso a paso. Debe seguirse el orden correcto de las fases educativas, que corresponden a la capacidad de aprendizaje de los estudiantes. Además, en *Apuntes de aprendizaje* se destaca que no es recomendable enseñar a los estudiantes conocimientos que excedan a su nivel de aprendizaje. Es imprescindible planificar el proceso didáctico antes de iniciar la enseñanza.

Por lo tanto, la educación debe corresponder a la capacidad de los estudiantes, y también hay que tomar en consideración la tendencia a cometer errores de los alumnos e intentar evitar estos errores.

Método didáctico de ilustración

El método de ilustración, propuesto por Confucio, constituye un método y principio destacable de la educación confucianista. *Apuntes de aprendizaje* sintetiza las experiencias educativas confucianistas y pone la ilustración en una posición de preeminencia. El libro no menciona de manera explícita este concepto, pero en él se considera que la enseñanza ha de generar el interés de los estudiantes por el estudio; hay que guiarlos, no obligarlos. Así se explica:

> El método didáctico de los caballeros consiste en la ilustración. Tiene que satisfacer tres exigencias: a los estudiantes no se les impulsa, sino que se les orienta; no se les obliga, sino que se les persuade; no se les revelan directamente las respuestas, sino que se les dirige. De esta manera, la relación entre profesores y estudiantes se vuelve armoniosa. Los estudiantes sienten que el profesor es amable y prefieren reflexionar por ellos mismos. Así se lleva a cabo perfectamente el proceso educativo.

En otras palabras, para alcanzar la armonía entre profesores y estudiantes, los docentes han de orientar a sus alumnos en la elección de métodos de estudio y caminos de desarrollo correctos, pero no pueden impulsarlos a caminar. Para formar el interés por el estudio, los profesores deben estimular el entusiasmo de los alumnos, pero no pueden obligarlos a estudiar ni reprimir su independencia. Para fomentar la capacidad de reflexión independiente, hay que ilustrar a los estudiantes a reflexionar las razones por ellos mismos, pero no se les pueden comunicar directamente las conclusiones. Si se cumplen estas tres exigencias, los profesores llevan a cabo la ilustración de manera perfecta.

Promoción mutua entre la enseñanza y el aprendizaje: relación entre profesores y alumnos

La promoción mutua entre la enseñanza y el aprendizaje es tanto un principio educativo como una relación entre profesores y alumnos. Las dos actividades se realizan al mismo tiempo mediante el esfuerzo conjunto de profesores y estudiantes. Durante este proceso, los profesores y estudiantes discuten e intercambian ideas. Los estudiantes pueden obtener conocimientos de los profesores, mientras que los profesores también pueden elevar su nivel didáctico respondiendo a las preguntas de los estudiantes. *Apuntes de aprendizaje* propone este principio: «Un estudiante puede conocer sus defectos mediante el estudio; un profesor puede comprender lo que no ha entendido mediante la enseñanza. De esta manera, el estudiante y el profesor progresan. Por eso, la promoción de la enseñanza y del aprendizaje es mutua». Así explica esta obra la relación dialéctica entre la enseñanza y el aprendizaje.

Respecto a la relación entre profesores y estudiantes, una cuestión discutida durante cientos de años es el centro de la actividad educativa: ¿debe ocupar ese lugar el profesor o el estudiante? Según esta obra, el centro no existe. Sobre los profesores recae la responsabilidad de enseñar y dar solución a las preguntas, mientras que la labor de los estudiantes consiste en estudiar y aprender. Durante el proceso del estudio, los alumnos se plantean preguntas y toman conciencia de sus deficiencias. Por eso piden ayuda a los profesores. Los profesores contestan a las preguntas y se dan cuenta de sus lagunas. Por eso estudian más, para adquirir mayor competencia. ¿No se desarrollan muchos profesores excelentes de esta manera? Por consiguiente, este principio corresponde a las reglas educativas y puede promover la creación de una relación igualitaria y democrática entre profesores y estudiantes. En la educación actual también hay que propagarlo.

Los pensamientos educativos de *Apuntes de aprendizaje* son fecundos y numerosos libros sobre la historia de la educación china han dedicado capítulos enteros a presentarlos. Puesto que nuestra investigación no versa sobre la historia de la educación, hemos hecho únicamente una presentación breve para explicar que este libro constituye un tesoro de valor incalculable y un fundamento cultural importante de la tradición educativa china.

Asimismo, este libro constituye la obra más temprana sobre teoría educativa tanto en China como en el mundo. Cada dinastía la consideró ley en materia educativa. Aunque sus contenidos reflejan las necesidades de la clase dominante, sus pensamientos y métodos corresponden a las reglas educativas. Es un acervo perpetuo que también ocupa una posición destacada en el actual proceso de modernización educativa.

En este capítulo se explican las influencias de la cultura tradicional china en la educación. Sin embargo, cabe mencionar dos puntos más: por un lado, el afecto de la cultura tradicional por la educación no se limita a lo que hemos analizado. La cultura tradicional es amplia y profunda. Las ideologías académicas, las creaciones artísticas y las invenciones tecnológicas también han influido de manera profunda en la educación. Más aún, esta cultura no se limita al confucianismo, sino que también abarca el taoísmo, el budismo y otros grupos académicos. Sin embargo, hemos declarado al principio del capítulo que solo explicamos brevemente la influencia del espíritu confucianista fundamental en la educación china, debido a la amplitud del trabajo y a los conocimientos relativos del autor.

Por otro lado, la educación tradicional también ha evolucionado y se ha desarrollado, por lo que ha experimentado muchos cambios a lo largo de su historia milenaria. La mayoría de los pensamientos y las teorías que presentamos en este libro se formó en épocas anteriores a la dinastía Qin. Durante miles de años, sufrieron tanto desarrollos como retrocesos, pero sus contenidos esenciales no se modificaron hasta la introducción de los sistemas educativos modernos en China. Por eso, no hemos investigado con más detalle sobre estas modificaciones. En conclusión, tras terminar este capítulo, consideramos que todavía nos queda mucho por avanzar.

Notas

1 Mao, L. R. y Shen, G. Q. (Eds.) (1985). *Historia general de la educación china* (Vols. 1). Shandong: Educación de Shandong.
2 Xue'er (Eds.) (2015). *Analectas de Confucio*(Vol. 1). Pekín: Zhonghua Libro Co.
3 Gaozixia (Eds.) (2017). *Libro de Mencio*(Vol. 12). Pekín: Zhonghua Libro Co.
4 Xun, K. (2015). *Libro de Xun Zi* (Vol. 21). Pekín: Zhonghua Libro Co.
5 Xun, K. (2015). *Libro de Xun Zi* (Vol. 23). Pekín: Zhonghua Libro Co.
6 *Diálogo con el emperador sobre intelectuales. Tomo tres.*
7 Gu, M. Y. (1998). *Gran diccionario de la educación*. Shanghái: Educación de Shanghái.
8 Liren (Eds.) (2015). *Analectas de Confucio* (Vol. 4). Pekín: Zhonghua Libro Co.
9 Weilinggong (Eds.) (2015). *Analectas de Confucio* (Vol. 15). Pekín: Zhonghua Libro Co.
10 Xue'er (Eds.) (2015). *Analectas de Confucio* (Vol. 1). Pekín: Zhonghua Libro Co.
11 Weizheng (Eds.) (2015). *Analectas de Confucio* (Vol. 2). Pekín: Zhonghua Libro Co.
12 Yanyuan (Eds.) (2015). *Analectas de Confucio* (Vol. 12). Pekín: Zhonghua Libro Co.
13 Gaozishang (Eds.) (2017). *Libro de Mencio* (Vol.11). Pekín: Zhonghua Libro Co.
14 Wang, B. Z. y Yan, G. H. (1994). *Historia general de la ideología educativa china*. Hunan: Educación de Hunan.
15 Nota de autores: Yao y Shun, dos de los cinco emperadores de la edad primitiva.
16 Xun, K. (2015). *Libro de Xun Zi* (Vol. 21). Pekín: Zhonghua Libro Co.
17 Xun, K. (2015). *Libro de Xun Zi* (Vol. 8). Pekín: Zhonghua Libro Co.
18 Mao, L. R. y Shen, G. Q. (Eds.) (1985). *Historia general de la educación china* (Vol. 1). Shandong: Educación de Shandong.
19 Shu'er (Eds.) (2015). *Analectas de Confucio* (Vol. 7). Pekín: Zhonghua Libro Co.
20 Nota de autores: libro histórico escrito en versos de cuatro caracteres.
21 Lu, X. (Eds.) (1973). *Antología completa de Lu Xun* (Vol. 2). Pekín: Literatura del Pueblo.
22 Dong, B. L. (1991). *Trabajos de investigación educativa selectos de Tao Xingzhi*. Pekín: Educación del Pueblo.
23 Mao, L. R. y Shen, G. Q. (Eds.) (1985). *Historia general de la educación china* (Vols. 1). Shandong: Educación de Shandong.

24 Wang, B. Z. (1998). *Academia antigua china*. Pekín: Prensa Comercial.
25 Meng, X. C. y Chen, X. X. (1961). *Materiales de la historia de la educación antigua china*. Pekín: Educación del Pueblo.
26 Nota de autores: pensadores y eruditos famosos de la dinastía Song.
27 Wang, B. Z. (1998). *Academia antigua china*. Pekín: Prensa Comercial.
28 Wang, B. Z. (1998). *Academia antigua china*. Pekín: Prensa Comercial.
29 Chen, Y. H., Yin, D. X. y Wang, B. Z. (1981). *Sistema de academia de la antigua China*. Shanghái: Educación de Shanghái.
30 Weilinggong (Eds.) (2015). *Analectas de Confucio* (Vol. 15). Pekín: Zhonghua Libro Co.
31 Shu'er (Eds.) (2015). *Analectas de Confucio* (Vol. 7). Pekín: Zhonghua Libro Co.
32 Liu, B. N. (1992). *Doctrinas verdaderas de Analectas de Confucio*. Hunan: Librería Yuelu.
33 Mao, L. R. y Shen, G. Q. (1985). *Historia general de la educación china*. Shandong: Educación de Shandong.
34 Ritos de Qu (Eds.) (2017). *Libro de los ritos* (Vol. 1). Pekín: Zhonghua Libro Co.
35 Liren (Eds.) (2015). *Analectas de Confucio* (Vol. 4). Pekín: Zhonghua Libro Co.
36 Mao, L. R. y Shen, G. Q. (1985). *Historia general de la educación china*. Shandong: Educación de Shandong.
37 Gu, M. Y. (Eds.) (1991). *Gran diccionario de la educación* (Vol. 8). Shanghái: Educación de Shanghái.
38 Gu, M. Y. (Eds.) (1991). *Gran diccionario de la educación* (Vol. 8). Shanghái: Educación de Shanghái.
39 Weilinggong. (Eds.) (2015). *Analectas de Confucio* (Vol. 15). Pekín: Zhonghua Libro Co.
40 Xue'er (Eds.) (2015). *Analectas de Confucio* (Vol. 1). Pekín: Zhonghua Libro Co.
41 Shu'er (Eds.) (2015). *Analectas de Confucio* (Vol. 7). Pekín: Zhonghua Libro Co.
42 Liren (Eds.) (2015). *Analectas de Confucio* (Vol. 4). Pekín: Zhonghua Libro Co.
43 Liloushang (Eds.) (2017). *Libro de Mencio* (Vol.7). Pekín: Zhonghua Libro Co.
44 Cheng, H. y Cheng, Y. (2020). *Obra póstuma de Cheng de la provincia de Henan (Vols. 19)*. Shandong: Editorial del Pueblo de Shandong.
45 Jinxinshang (Eds.) (2017). *Libro de Mencio* (Vol. 13). Pekín: Zhonghua Libro Co.
46 Weizheng (Eds.) (2015). *Analectas de Confucio* (Vol. 2). Pekín: Zhonghua Libro Co.
47 Zizhang (Eds.) (2015). *Analectas de Confucio* (Vol. 19). Pekín: Zhonghua Libro Co.
48 Gongyechang (Eds.) (2015). *Analectas de Confucio* (Vol. 5). Pekín: Zhonghua Libro Co.
49 Shu'er (Eds.) (2015). *Analectas de Confucio* (Vol. 7). Pekín: Zhonghua Libro Co.
50 En la página 409 del primer tomo de *Historia general de la educación china*, recopilada por Mao Lirui y Shen Guanqun, se explica este sistema de la siguiente manera: «En los nueve años de educación se exige el dominio del método de aprendizaje por analogía». Además, se puede leer: «Después de los nueve años de educación, los estudiantes ya tienen treinta años cuando se gradúan». Sin embargo, esta explicación no es correcta porque «Jiu Nian» se refiere al noveno año.

CAPÍTULO VI

Aprendizaje occidental hacia Oriente y la modernización de la educación china

La tradición educativa china que se ha prolongado hasta la actualidad no solo lleva la sangre de la cultura tradicional, sino que también ha absorbido las excelencias culturales de otros países del mundo. Cuando hablamos de la influencia de la cultura occidental en la educación china, el fenómeno es más complicado comparado con el afecto de la cultura tradicional por la educación. A lo largo de miles de años, el espíritu de la cultura tradicional se ha mantenido estable, sin cambios radicales. Sin embargo, las culturas occidentales múltiples, tras procesos bruscos de propagación, influyeron en la educación china mediante vías diversas en diferentes épocas históricas. Como explicamos en el segundo capítulo, las comunicaciones entre la cultura china y la occidental empezaron muy temprano: el budismo introducido desde India y la civilización árabe propagada por la Ruta de la Seda han desempeñado funciones importantes en la educación china. No obstante, estas influencias son indirectas porque nacieron del intercambio entre culturas. La influencia de manera directa se inauguró con el aprendizaje occidental hacia Oriente, que tuvo lugar entre finales de la dinastía Ming y principios de la dinastía Qing. En este capítulo vamos a analizar este tema.

Choque entre la cultura occidental y la tradición china

En el caso del «aprendizaje occidental hacia Oriente», el «aprendizaje occidental» guarda relación con la cultura, ciencias naturales y tecnología europeas y el «hacia Oriente» se refiere a su proceso de infiltración en Oriente, es decir, en China. La introducción del aprendizaje occidental en China no tuvo lugar de la noche a la mañana, sino que discurrió por un camino tortuoso y provocó abundantes choques y luchas entre culturas. De esta manera, fue absorbido e integrado a la cultura china. La mayoría de los historiadores consideran que empezó entre finales de la dinastía Ming y principios de la dinastía Qing y duró más de trescientos años, hasta el Movimiento del 4 de Mayo. Dentro de estos años, las características y vías de propagación fueron variadas y pueden ser divididas en tres etapas.

La primera comenzó entre finales de la dinastía Ming y principios de la dinastía Qing. Fue realizada principalmente por misioneros occidentales que llevaron a China la religión, la ciencia y la tecnología europeas. Durante esta etapa, los chinos ocuparon la posición principal en los intercambios y el gobierno ejerció de anfitrión de los extranjeros. La segunda ocurrió después de las Guerras del Opio, cuando China quedó reducida a una sociedad semicolonial y semifeudal. Por lo tanto, nos vimos obligados a aceptar la cultura occidental. Los misioneros abrieron con violencia las puertas de China, empleando cañones y otras armas, y establecieron escuelas eclesiásticas. De esta manera, la cultura occidental se propagó rápidamente. La tercera sucedió después del Movimiento del 4 de Mayo. Los intelectuales chinos con pensamientos avanzados se dieron cuenta de la caducidad de la cultura feudal y de las ventajas de la occidental. Así, se les ocurrió la idea de aprender activamente de los europeos para cambiar la sociedad china. Por esta razón, el aprendizaje occidental hacia Oriente ha experimentado tres pasos: denegación, recepción obligada y aprendizaje con iniciativa. Por supuesto, en cada etapa se sucedieron frecuentemente luchas, choques y encuentros. En los apartados siguientes, analizaremos principalmente las dos primeras etapas y sus influencias en la educación china.

El aprendizaje occidental hacia Oriente comenzó a finales de la dinastía Ming. A mediados de esta dinastía, en China surgieron los brotes de las relaciones productivas capitalistas. Debido al desarrollo rápido del comercio, los talleres de artesanos consiguieron una expansión enorme, en particular en la industria textil y la fabricación de porcelana. Aparecieron ciudades a gran y mediana escala y aumentó la población urbana. El país era muy abierto, sobre todo en época del emperador Chengzu, quien mandó al eunuco Zheng He que viajara al mar de Occidente para extender la influencia del imperio. En aquel entonces, el mar de Occidente se refería a lo que en la actualidad son la península de Indochina, la península de Malaca, el océano Índico y la costa oriental de África. Llevó a cabo una totalidad de siete expediciones y fomentó los intercambios entre China y los países extranjeros. No obstante, el gobierno Ming no tardó mucho en aplicar la prohibición sobre el comercio marítimo, lo cual cerró la puerta de los negocios hacia el exterior. El tributo de otros estados a la corte imperial Ming se convirtió en la única manera legítima de comunicación comercial. Aun así, las actividades de contrabando no habían cesado y, a finales de la dinastía, los negocios marítimos privados se volvieron legítimos y la corte abrió varios puertos marítimos. De esta manera, se recuperaron los intercambios internacionales.

El primer contacto directo entre los chinos y los europeos sucedió mediante los navegantes portugueses. Gracias al desarrollo de la navegación, los países europeos inauguraron su expansión hacia el exterior a finales del siglo XV. España y Portugal fueron los dos reinos pioneros de la colonización. Portugal, en concreto, fue el primero en llegar a Oriente. El duodécimo año de Zhengde (1517), el rey portugués Manuel I ordenó la organización de una misión diplomática a China, que llegó a Guangzhou con el objetivo de establecer la relación comercial con este país. Lamentablemente, en ese momento falleció el emperador Wuzong y la misión no pudo acceder a la corte, pese a haber sobornado a los funcionarios de la capital. Los portugueses no cejaron en su empeño y decidieron crear oportunidades de negocio mediante el uso fuerzas armadas. En 1553, entraron en Macao bajo la excusa de secar sus productos mojados por el agua del mar. Cuatro años después, sobornaron a los funcionarios que vigilaban Macao y consiguieron establecer su residencia allí. Desde aquel entonces, Macao se convirtió en la puerta del aprendizaje occidental hacia Oriente.

Los primeros intentos fueron la introducción del catolicismo. El español Francisco de Yasu y Javier fue el primer misionero en llegar a China, aunque murió por una enfermedad antes de entrar en la China continental. Los misioneros portugueses fueron quienes siguieron sus pasos. En 1583, Michele Ruggieri obtuvo el derecho de residir en la ciudad Zhaoqing, en la provincia de Guangdong, y fundó la primera iglesia católica. Para conseguir el apoyo de los chinos y facilitar la evangelización, aprendió el chino y llevaba ropa propia de los hanes. Posteriormente, las actividades misioneras de Matteo Ricci lograron triunfos destacables. No solo consiguió que Qu Taisu, hijo del funcionario del Ministerio de Ritos Qu Jingchun, se convirtiera en su primer discípulo chino, sino que también estableció la segunda iglesia, esta vez en Shaozhou, también situada en Guangdong. En 1607 había más de ochocientos católicos en China. Además, la llegada de Matteo Ricci a Pekín supuso nuevas posibilidades para llevar a cabo actividades de evangelización en China. Mientras tanto, el aprendizaje occidental se difundió en esta tierra.

El aprendizaje occidental hacia Oriente no ocurrió por casualidad. Con respecto al desarrollo de fuerzas productivas, habían nacido los brotes de las relaciones de producción capitalistas. Por eso, la sociedad necesitaba una nueva cultura que se correspondiera con el progreso de la producción; la ciencia y la tecnología occidentales satisfacían esta necesidad. Desde el punto de vista del desarrollo social y cultural, la cultura tradicional empezó a decaer durante la dinastía Ming. Por un lado, se consolidó un absolutismo cultural sin precedentes. Por otro lado, nacieron los primeros pensadores ilustrados, que estaban en contra de la Escuela de Li y que proponían aplicar los estudios a la práctica real. La ciencia y la tecnología occidentales podían satisfacer sus necesidades de propagar sus pensamientos. El aprendizaje occidental hacia Oriente, aunque no logró atención de la corte y fue excluido por los funcionarios obstinados, fue conocido y aceptado por algunos intelectuales, especialmente por estos pensadores, de manera que se produjo una coyuntura favorable para proyectar la cultura china a la modernidad.

Los misioneros occidentales como portadores de la ciencia y la tecnología

Los misioneros constituían una elite entre los intelectuales europeos de aquel entonces y dominaban los conocimientos de la ciencia moderna. Viajaron a China con el propósito original de difundir el catolicismo, pero el proyecto no tuvo éxito. Existía un gran abismo entre la cultura china tradicional y la cristiana occidental. Los chinos apreciaban la lealtad al país y practicaban la piedad familiar, mientras que los cristianos creían en Dios para expiar el pecado original y conseguir la felicidad alcanzando el paraíso. Por esta razón, a los chinos les resultaba difícil aceptar estas creencias.

Para ganarse su confianza, los misioneros aprendieron el chino y se familiarizaron con el confucianismo, solían vestirse a la manera china y adaptaron su comportamiento a las costumbres chinas. Además, se esforzaron por obtener el derecho a evangelizar mediante la presentación de conocimientos relacionados con la ciencia y la tecnología. Su primer paso fue atraer a los intelectuales de alto rango social con conocimientos científicos y tecnológicos. El maestro del Pabellón de Wenyuange y jefe del Ministerio de Ritos de finales de la dinastía Ming, Xu Guangqi (1562–1633), se vio afectado directamente por ellos. Leyó el *Kunyu Wanguo Quantu* (*Mapa de la mirada de países del mundo*) de Matteo Ricci y se interesó mucho. Se hizo amigo de Ricci, se convirtió al cristianismo y aprendió diferentes disciplinas de la ciencia moderna occidental, como la astronomía y las matemáticas, para difundirlas en el país. Asimismo, dirigió críticas al confucianismo, doctrina que no prestaba atención a la ciencia y la producción. Adquirió sólidos conocimientos relacionados con las matemáticas, la astronomía, la agricultura y el calendario gregoriano. Al ser la primera persona en introducir los conocimientos de matemáticas y de medición europeos, consideró matemáticas como el fundamento de todos los ámbitos de la ciencia natural. Tradujo con Ricci los primeros seis tomos de *Elementos de Euclides* y recopiló el libro *Normas de la medición* (*Celiang Fayi*).

En la misma época, otros misioneros europeos también viajaron a China. Entre ellos, el español Diego de Pantoja (1571–1618), el portugués Emanuel Diaz (1574–1659), el suizo Johann Schreck (1576–1630), el italiano Giulio Aleni (1582–1649) y el alemán Johann Adam Schall von Bell (1591–1666). Tomaron medidas similares que Ricci para adaptarse a los gustos de los gobernantes chinos: aprendieron el idioma, se vistieron con ropa china, tradujeron al chino obras científicas modernas, fabricaron instrumentos científicos con grabados de dragones para la corte, etc.

Hasta la dinastía Qing, la Compañía de Jesús bajo la administración de la curia romana habían enviado a numerosos misioneros a China. Algunos de ellos trabajaron como pintores en la corte o en el Ministerio de Astronomía (*Qintianjian*); otros se comunicaron con los mandarines chinos y transmitieron la ciencia europea y la música, la pintura y la escultura surgidas después del Renacimiento. Giulio Aleni escribió *Introducción general de la educación europea* (*Xi Xue Fan*), que presentaba de manera sistemática la educación occidental, especialmente las asignaturas universitarias de filología, ciencia, medicina y derecho, los métodos de enseñanza y los exámenes y abrió la puerta a la difusión de la educación occidental en nuestro país.

Sin embargo, todos estos avances tecnológicos se introdujeron en China con limitaciones: los misioneros no presentaron todos los aspectos de la civilización occidental del siglo XVI y ocultaron los contenidos que estaban en contra de sus ideas eclesiásticas.[1] Por ejemplo, la teoría heliocéntrica no fue enseñada y solo se tradujeron los seis primeros tomos de *Elementos de Euclides*.

El choque entre el aprendizaje occidental y la ideología tradicional china

La ciencia y la tecnología traídas por los misioneros no solo ampliaron la visión de los chinos, sino que también provocaron choques con la ideología tradicional, especialmente en la concepción del universo y las formas de pensar.

En primer lugar, se rompió el pensamiento etnocéntrico de los chinos. A lo largo de la historia, los emperadores consideraron el país como el «Imperio Celestial» que estaba en el centro del mundo, y despreciaron a los otros pueblos como bárbaros. Describió Mateo Ricci:

> Están demasiado orgullosos, no conocen el tamaño de la tierra y consideran a su patria como el único imperio digno de elogio. Solo afirman la grandeza, la fama y el valor de la política de su país y tratan a los otros pueblos como bárbaros o animales irracionales. En su opinión, no existe ningún otro reino, dinastía o cultura que disponga del mismo honor que el suyo.[2]

Los chinos no sabían que en la Tierra había cinco continentes y que China era únicamente una pequeña porción del mundo hasta que leyeron el *Mapa de la mirada de países del mundo*. El mapa estaba diseñado de acuerdo con las coordenadas geográficas occidentales de longitud y latitud y restaba validez a la manera de fabricar mapas de los chinos, mediante el dibujo de cuadrados, así como a su forma de medir la distancia. Este documento no solo atacaba la concepción tradicional de «cielo redondo y tierra cuadrada», sino que también rompió los pensamientos orgullosos de los chinos.[3]

En segundo lugar, este acontecimiento amplió la visión de los intelectuales chinos. En la antigua China, las personas solo prestaban atención a la ética y la moralidad, ignorando la ciencia. El aprendizaje occidental hacia Oriente produjo que los intelectuales chinos descubrieran las características de la ciencia y la tecnología avanzadas de Occidente. Aunque una parte de los eruditos sabía del retraso de la tecnología china y la necesidad de aprender de los europeos, existían también muchos funcionarios feudales que se oponían a la adopción de elementos de la civilización occidental.

La lucha entre el calendario chino y el occidental ocurrida durante los finales de la dinastía Ming es un buen ejemplo de estas visiones dispares. Los emperadores de cada dinastía creían que ellos dominaban el país en nombre del «Cielo», de los dioses. Por eso, la astronomía y el calendario se combinaban con el destino de la corte y del país. La elaboración del calendario era un derecho exclusivo del gobierno, en cuya confección no se admitía la participación de personas comunes. Los errores del calendario tampoco se podían corregir porque se temía que las modificaciones provocaran mala suerte en el futuro. En 1629, el Ministerio de Astronomía se equivocó en la predicción de la fecha del eclipse solar, pero Xu Guangqi consiguió predecirlo con exactitud empleando las normas de la astronomía occidental. Sin embargo, el emperador de aquel entonces, Sizong, consideró que la corrección del calendario significaba el cambio de la dinastía y la denegó. Después de muchos esfuerzos, permitió que Xu y los misioneros Nicolo Longobardi, Johann Schreck, Johann Adam Schall von Bell y Giacomo Rho formaran el nuevo Ministerio de Astronomía. En 1634 terminaron el *Nuevo calendario de Chongzhen*, pero su publicación fue obstaculizada por los funcionarios conservadores y no salió a la luz hasta la extinción de la dinastía.[4] Aunque el nuevo calendario no fue publicado, su influencia fue muy profunda porque la ciencia y la tecnología occidentales empezaron a tener peso en la mente de algunos intelectuales.

En tercer lugar, la ciencia europea proporcionó a los intelectuales chinos nuevas maneras de pensar. Las formas tradicionales de pensamiento apreciaban la intuición y la inducción, pero ignoraban los métodos especulativos y deductivos. Los Cuatro Libros y Cinco Clásicos solo presentaban el qué y no explicaban el porqué. Los razonamientos expuestos en *Elementos de Euclides* tenían más en cuenta la deducción y se diferenciaban significativamente de los chinos. Según Xu Guangqi, el espíritu del aprendizaje occidental consistió en sus nuevas formas de pensar: el deseo de comprender no solo el qué, sino también el porqué. Propuso la idea de adoptar pensamientos científicos incluidos en *Elementos de Euclides* para superar las deficiencias de la cultura china.[5]

En cuarto lugar, la introducción de la ciencia occidental también provocó una aceleración del desarrollo del pragmatismo. A finales del siglo XVI, la posición dominante de la Escuela de Li en el mundo ideológico fue puesta en tela de juicio y nació el pensamiento pragmatista. La propagación del aprendizaje occidental facilitó el progreso de esta ideología. Xu Guangqi y otros intelectuales de principios de la dinastía Qing –Fang Yizhi, Huang Zongxi, Gu Yanwu, Wang Fuzhi y Yan Yuan– aprendieron de la cultura y la ciencia occidentales. Criticaron la Escuela de Li que solo hablaba de moralidad y ética y apoyaron la adopción del pragmatismo. Se opusieron al sistema del Examen Imperial y propusieron la combinación de los estudios con la práctica. En conclusión, constituyeron la primera tendencia educativa de carácter ilustrado, que fomentaba el aprendizaje de las ciencias naturales y la libertad de la naturaleza humana frente a la monarquía absoluta.

El aprendizaje occidental hacia Oriente no solo nos trajo la ciencia y tecnología, sino que, al mismo tiempo, provocó el primer gran ataque contra la cultura tradicional. El poder feudal y su cultura conservadora se resistieron obstinadamente a estas innovaciones. A mediados de la dinastía Qing, los misioneros fueron expulsados del país y la difusión del aprendizaje occidental fue interrumpida hasta las Guerras del Opio. De todas maneras, tuvo una influencia enorme y profunda en la cultura y la educación china.

Aparición de las escuelas eclesiásticas y nacimiento de la educación moderna en China

Aunque el aprendizaje occidental hacia Oriente fue interrumpido a mediados de la dinastía Qing, la tarea evangelizadora de los misioneros no cesó. Realizaron sus actividades principalmente en ciudades costeras del sureste, donde establecieron escuelas. De esta manera, en China surgieron las primeras escuelas eclesiásticas, que marcaron el empiezo de la educación moderna.

De acuerdo con los libros de historia, la primera escuela de estilo occidental para chinos, nombrada Escuela de Yinghua, fue fundada en 1818 en Malaca por el misionero inglés Robert Morrison, quien llegó a China en 1807. Después de su muerte en 1834, los misioneros de Hong Kong crearon en su honor la Asociación Educativa de Morrison. En 1839, el misionero estadounidense S. R. Brown abrió un colegio en Guangdong, pero no tardó mucho en trasladarlo a Macao tras ser expulsado por los locales y abrió una escuela de Morrison. Después del fracaso de las Guerras del Opio, se firmó el Acuerdo de Nankín y un gran número de misioneros extranjeros se marchó a China y estableció escuelas con el objetivo de llevar a cabo la evangelización. Las primeras fueron las siguientes: una escuela de niñas, fundada en 1844 en Ningbo por la inglesa M. A. Aldersey, quien fue enviada a China por la Asociación Inglesa de Educación de Niñas Orientales; y una academia, establecida en 1845 por sacerdotes presbiterianos estadounidenses en Ningbo (en 1867 se trasladó a Hangzhou y fue nombrada Academia de Yuying, posteriormente, se convertiría en la Universidad de Zhijiang). En la segunda mitad del siglo XIX, a medida que el colonialismo estadounidense amplió su poder, en este país surgió la moda de establecer escuelas en el extranjero. Por eso, muchas iglesias abrieron colegios en China. Durante esta etapa, se fundaron distintas instituciones. En 1864, el presbiteriano Calvin Wilson Mateer creó la primera escuela secundaria, la de Wenhui, en Dengzhou, en la provincia de Shandong (hasta la fecha, se habían establecido únicamente escuelas primarias). En 1866, una iglesia bautista fundó la Academia de Guangde en Qingzhou, que después se mudaría a Weixian y se convertiría en la Academia de Guangwen al combinarse con el instituto creado por Calvin Wilson y, por último, en 1917, se transformaría en la Universidad de Qilu. En 1864, el misionero de la iglesia congregacional Henry Blodget construyó el Colegio de Yuying y pocos años después en 1912, lo transformó en una escuela secundaria. Además, la esposa del misionero anglicano Elijah Coleman Bridgman, Eliza Jane Gillett, organizó la Escuela de Niñas Beiman, donde se impartían asignaturas de educación secundaria desde 1895. El número de escuelas eclesiásticas aumentó rápidamente: de acuerdo con los informes presentados en dos congresos de misioneros extranjeros en China, celebrados en 1877 y 1890 en Shanghái, en 1876, había 177 escuelas de varones, con 2991 estudiantes, y 31 internados para varones, con 647 estudiantes. Había 82 escuelas de niñas, con 1307 estudiantes, y 39 internados para niñas, con 794 estudiantes. Además, se habían fundado 21 institutos de evangelización que tenían 236 alumnos. Había un total de 350 escuelas y 5975 estudiantes. En 1889, el número total de estudiantes aumentó hasta 16 836, trece veces mayor que la cifra de 1876.[6]

Las escuelas eclesiásticas surgieron después del aprendizaje occidental hacia Oriente, que tuvo lugar entre finales de la dinastía Ming y principios de la dinastía Qing. Estaban asociadas a la tarea evangelizadora realizada por los misioneros extranjeros. Al principio, la difusión del catolicismo se realizó mediante contactos familiares, iglesias o sermones en la calle, pero estas actividades no resultaron fructíferas debido a la gran diferencia entre la cultura católica y la tradicional china. Los chinos no aceptaron esta religión hasta que, en 1814, Robert Morrison, quien entró en China en 1807, recibió su primer discípulo chino y lo bautizó. Por eso, cambiaron su estrategia y se dirigieron a los niños inocentes, a los que intentaban atraer mediante la fundación de escuelas. Los primeros alumnos siempre eran huérfanos o provenían de familias pobres. Poco a poco, las escuelas cosecharon algunos éxitos y atrajeron la atención de la sociedad. Así pues, aumentaron el número de estudiantes y empezaron a cobrar costosas cuotas de matrícula, convirtiéndose así en escuelas «aristocráticas». El nacimiento de escuelas eclesiásticas en China, como explican los autores He Xiaoxia y Shi Jinghuan de *Escuelas eclesiásticas y la modernización de la educación china*,[7] «no fue una elección independiente de los chinos, pero trajo los sistemas educativos modernos y aceleró la decadencia de la educación tradicional». Este libro presenta y analiza con detalle la fundación y el desarrollo de escuelas eclesiásticas en China. Este trabajo es citado aquí para explicar los cambios que ellas supusieron para la educación china.

En primer lugar, se introdujo el sistema escolar occidental.

En la educación tradicional solo existían «escuelas primarias» y «universidades», no había «escuelas secundarias». Las escuelas primarias eran organizaciones familiares que permitían aprender caracteres y adquirir conocimientos básicos. A los quince años, los discípulos entraban en la universidad y estudiaban los Cuatro Libros y Cinco Clásicos, con el fin de participar en el examen imperial. Estrictamente hablando, en China no existía un sistema educativo escolar comprehensivo y unitario. Las escuelas eclesiásticas introdujeron el sistema occidental, que abarcaba desde la educación preescolar hasta la universitaria. Establecieron primero escuelas primarias: desde el año 1839, en que la primera escuela fue fundada por Robert Morrison, hasta 1926, se habían fundado 2048 escuelas de varones, en los que estudiaban 57 877 alumnos católicos y 10 356 ateos, así como 568 escuelas de niñas, con 22 111 alumnas católicas y 5288 ateas (datos de la revista *Milicia Divina*, número VI).

Durante los años cuarenta del siglo XIX, los misioneros también fundaron asilos de niños expósitos y orfanatos para adoptar huérfanos. Aunque estas organizaciones pertenecían a la beneficencia, en China fueron consideradas como un nuevo tipo de institución educativa. Durante la década de los ochenta, las iglesias occidentales establecieron colegios preescolares en ciudades chinas a lo largo de la costa, llamados «escuelas de aprendizaje inicial de niños». El misionero Young John Allen explicó: «La educación occidental empieza por las escuelas preescolares, es decir, las de aprendizaje inicial. Se enseña la capacidad de observar. Los niños observan, escuchan y tocan objetos y después aprenden sus nombres y sus formas de fábrica y de uso. De esta manera, se facilita el aprendizaje de caracteres y de lectura».[8] Así presentó, por primera vez en China, el objetivo y la metodología de la educación preescolar.

Después de la Segunda Guerra del Opio, los misioneros expandieron su poder hacia las zonas interiores de China con el apoyo de tratados desiguales. Consideraron tener los pies bien plantados en China y las escuelas primarias no satisfacían sus necesidades. Por lo tanto, empezaron a establecer escuelas secundarias. Sus objetivos no se limitaron a la evangelización, sino que se expandieron a la formación de intelectuales y élites que estaban de acuerdo con pensamientos occidentales. El primer jefe de la Asociación Educativa China, Calvin Wilson dijo:

> Los objetivos verdaderos de las escuelas eclesiásticas no solo consisten en la evangelización; tienen planes de futuro y la voluntad de formar a sus alumnos de acuerdo con instrucciones intelectuales y morales, para que se conviertan en profesores futuros, personajes importantes de las iglesias e incluso dirigentes de la sociedad.[9]

La mayoría de las escuelas secundarias fueron desarrolladas a base de las primarias. Sus representantes eran, entre otros, el Instituto Cultural de Dengzhou, la Escuela de Yuying, la Escuela de Niñas de Beiman o la Academia de Luhe.

La proliferación de escuelas eclesiásticas despertó el interés de los mandarines reformistas por desarrollar la educación. Los conocimientos iniciales de los chinos sobre el aprendizaje occidental se limitaban a los acorazados y a los cañones de artillería que los europeos utilizaron en las Guerras del Opio. Frente a la expansión de las potencias imperialistas occidentales en China, los chinos se dieron cuenta de la necesidad de aprender de los occidentales, por lo que algunos mandarines emprendieron el Movimiento de Autofortalecimiento con la consigna de «conservar la cultura ética tradicional como esencia, utilizar la ciencia y tecnología occidentales como auxilio». Este movimiento necesitaba intelectuales que tuvieran un buen dominio de la tecnología occidental y, por eso, el gobierno empezó a establecer escuelas de estilo occidental. Desde la fundación de la Escuela de Aprendizaje Combinado (*Tongwen Guan*) en 1863 hasta el establecimiento de la República de China en 1911, se abrieron un total de 22 escuelas. En ellas se aplicaban sistemas educativos modernos occidentales, lo cual contrastaba con la enseñanza impartida en las escuelas tradicionales. Por consiguiente, se puede decir que fueron el comienzo de la educación china moderna.

En segundo lugar, las escuelas eclesiásticas trajeron las nuevas asignaturas, formas organizativas y metodologías didácticas.

Al principio, la mayoría de ellas era escuelas primarias que no contaban con muchos estudiantes. Sin embargo, aplicaron nuevas formas de organización y dividieron los alumnos en diferentes grupos. Sus asignaturas también eran diferentes de las de las escuelas tradicionales: no solo enseñaban los Cuatro Libros y Cinco Clásicos, sino también idiomas extranjeros, matemáticas, álgebra, geometría, fisiología, geografía, historia, química, etc. En 1900, las iglesias llevaron a cabo una investigación en cinco escuelas primarias eclesiásticas estadounidenses de diferentes zonas de China y sus datos mostraron que se habían impartido cursos de gimnasia, música, geografía, fisiología, astronomía, física, química, zoología, botánica, biología, geografía humana, historia universal, matemáticas, álgebra, geometría, inglés, chino, taoísmo e higiene. Sin embargo, no todas las escuelas primarias tenían estos cursos. Cuatro de ellos contaban con las asignaturas de gimnasia, música, fisiología y astronomía; tres de ellos tenían clases de inglés, química y física. El álgebra, la geometría y la geografía humana se enseñaban con menos frecuencia.[10] Estas asignaturas, novedosas para los estudiantes, surgieron por primera vez en China. La educación moderna hacía hincapié en la importancia del interés del alumno:

> Los profesores deben tratar a los niños con cariño como si ellos fueran sus hijos. Tienen que conocerse y contactarse con frecuencia para mejorar sus relaciones. Hay que crear un ambiente familiar dentro de la escuela. Además, es importante estimular a los estudiantes a hacer preguntas, responderlas con paciencia, sinceridad y sin enfado, para aumentar sus conocimientos y mejorar su auto confianza.[11]

En tercer lugar, se comenzó a educar a mujeres.

La cultura tradicional china concedía importancia únicamente a los hombres, despreciando a las mujeres. Por eso, la educación tradicional no prestó atención a la educación de la mujer. La opinión de que «las mujeres virtuosas no tienen cultura» dominaba la mente del pueblo. Aunque algunas familias de funcionarios organizaban cursos para hijas, las asignaturas eran totalmente diferentes que las estudiadas por hombres: se limitaban a aprender el *Clásico de niñas*, la costura y a cómo cuidar a los padres, a los suegros y al marido. Las mujeres no eran admitidas en las escuelas. Incluso en el décimo capítulo del «Decreto Imperial de la Guardería y de la Educación Doméstica» del Sistema Educativo de Guimao, publicado en enero de 1904, se normalizaba la educación de mujeres de manera especial:

> Desde generaciones anteriores se educan a mujeres según los principios de los libros clásicos. Las mujeres deben aprender a ser buenas esposas y madres. Debido a la diferencia entre la inteligencia de hombres y mujeres, no es posible permitirles ir a la escuela juntos, salir a la calle, leer los libros extranjeros ni aprender de manera

> incorrecta las costumbres occidentales. Por eso, solo pueden recibir la educación en casa, aprender los caracteres y conocimientos matemáticos y físicos necesarios para la familia, coser, mantener el hogar y cuidar a los niños.[12]

Estas palabras demuestran la discriminación a que estaban sometidas las mujeres de aquel entonces. Sin embargo, las escuelas eclesiásticas rompieron este límite e intentaron aceptar más niñas en sus filas. La primera escuela de niñas fue fundada por la inglesa M. A. Aldersey en 1844 en Ningbo. Al principio, los chinos sospechaban de estas escuelas y no querían que sus hijos estudiaran en ellas. Por eso, Aldersey empezó a dar limosna y a ofrecer servicios médicos a los pobres. De esta manera, consiguieron cambiar la opinión de los chinos. Lograron aceptar a las primeras alumnas, provenientes de familias pobres y, al año siguiente, el número de estudiantes alcanzó a quince. Siete años más tarde, el número de alumnas había llegado a cuarenta. Estos son los inicios de la educación escolar de la mujer.

Después de la Segunda Guerra del Opio, China se vio obligada a abrir cinco puertos para el comercio exterior. Las escuelas de niñas establecidas cerca de estos cinco puertos se desarrollaron rápidamente: entre 1844 y 1860, se fundaron once nuevas. En 1850, el estadounidense de la Iglesia Metodista Episcopal R. S. Maclay y su esposa Spery fundaron una escuela en Fuzhou. En el mismo año, la esposa del misionero anglicano Elijah Coleman Bridgman, Eliza Jane Gillett, organizó la Escuela de Niñas de Biwen en Shanghái. En 1851, la estadounidense anglicana Emma Jones estableció la Escuela de Wenji en Shanghái. En 1854, Justus Doolittle de la Iglesia Congregacional fundó la Academia de Niñas de Fuzhou y, en 1864, Eliza Jane Gillett inauguró la Academia de Beiman en Pekín en homenaje a Bridgman. Hasta 1877, el número de estudiantes había llegado a 2064.[13]

En la educación tradicional de la mujer se aprendía principalmente el *Clásico de niñas* y las normas de la cortesía feudal: obedecer a los padres cuando eran solteras, a los maridos cuando estaban casadas y a los hijos cuando estaban viudas; tener buen temperamento, buenas formas de hablar, buenos aspectos físicos y buenas habilidades para hacer labores domésticas. No obstante, los contenidos didácticos de las escuelas de niñas eran similares a los conocimientos que adquirían los hombres. Sus asignaturas abarcaban la Biblia, matemáticas, geografía, historia, astronomía, etc., también se enseñaban costura y trabajos domésticos.

A principios del siglo XX, debido al desarrollo de la educación superior, se establecieron varias universidades para mujeres, como la Universidad Xiehe de Huabei (1904), el Instituto de Artes y Ciencia de Huanan (1908), o el Instituto de Artes y Ciencia de Jinling (1915).

La fundación de escuelas de niñas tenía por objetivo la evangelización y la propagación de la cultura católica. Lógicamente, se trataba de una actividad de invasión cultural. Sin embargo, en realidad aceleró la decadencia de la cultura tradicional feudal y promovió la modernización de la educación china. Especialmente, la fundación de escuelas de niñas fue una gran reforma social. A lo largo de miles de años, las mujeres permanecieron encerradas en aposentos y no podían recibir educación formal ni participar en actividades sociales. Después del aprendizaje occidental, ellas tenían la posibilidad de entrar en escuelas y aprender la ciencia natural, la historia o la sociología, e incluso algunas estudiaron en el extranjero. ¡Qué gran progreso ha supuesto para las mujeres chinas!

Aunque la proliferación de escuelas eclesiásticas no fue una elección independiente de los chinos sino la invasión cultural provocada por las fuerzas militares imperialistas y una forma de colonialismo cultural, proporcionó experiencia para la reforma de abandonar el Examen Imperial y fundar escuelas modernas, y el desarrollo de la educación china moderna.

Influencia del aprendizaje occidental hacia Oriente en la modernización de la educación china

Modernización en inglés es «modernization». Su significado se explica de diferentes maneras. En general, se refiere a un proceso histórico de transformación desde la sociedad agrícola hasta la industrial. A veces, también tiene un significado equivalente a «industrialización». Aquí utilizamos la palabra «modernización» para adaptarnos a las convenciones de la investigación sobre la historia educativa china. Así, se hace referencia a la educación china de la época desde las Guerras del Opio hasta el Movimiento del 4 de Mayo como la «educación moderna» y la posterior al Movimiento del 4 de Mayo como la «contemporánea». Aquí la modernización educativa china se refiere a la historia relacionada con el nacimiento del Nuevo Sistema Educativo y se diferencia de la modernización educativa en general.

¿Cuándo empezó la modernización de la educación china? Algunos expertos creen que comenzó con la fundación del Nuevo Sistema Educativo (RenYin-GuiMao), y otros consideran que la inauguró el Movimiento del 4 de Mayo. Por ejemplo, Yue Long, en su artículo «La estructura tradicional de la educación china y sus características modernas», explica:

> Aunque algunos opinan que el establecimiento del Nuevo Sistema Educativo (RenYin-GuiMao) fue el comienzo de la educación nueva porque reflejaba el espíritu esencial de la educación moderna, de verdad este sistema no había abandonado totalmente la consigna de «conservar la cultura ética tradicional como esencia, utilizar la ciencia y tecnología occidentales como auxilio». La forma tradicional siguió ocupando la posición principal y no surgieron ni un nuevo espíritu ni nuevos pensamientos.[14]

Esta explicación es correcta porque, en cuanto a su núcleo espiritual, el nuevo sistema educativo no era «nuevo». Sin embargo, desde otra perspectiva, este sistema también puede ser considerado como fruto de la modernización educativa china porque se diferenciaba del tradicional, basado en el examen imperial. En este sentido, en los apartados siguientes analizaremos la influencia del aprendizaje occidental hacia Oriente en la modernización de la educación china.

La modernización educativa no fue espontánea, sino fruto del resultado de fuerzas exteriores. Aunque a finales de la dinastía Ming en China había surgido el brote del capitalismo, no nacieron al mismo tiempo ideologías correspondientes debido a la resistencia del feudalismo y de la cultura tradicional. Los pensamientos ilustrados surgieron por primera vez bajo la influencia del aprendizaje occidental hacia Oriente, lo cual puede ser dividido en las etapas siguientes.

La primera etapa fue fomentada por los misioneros occidentales, que trajeron la ciencia y la tecnología avanzadas. De este período destacamos dos características. Por un lado, el objetivo de los misioneros era la evangelización y la salvación del alma de los orientales con el cristianismo. La ciencia y la tecnología se emplearon como herramientas para promover sus actividades. Por otro lado, la clase dominante feudal resistió la cualidad avanzada de la cultura occidental y solo la consideró como destreza. La evangelización y el aprendizaje occidental hacia Oriente fueron interrumpidos durante el período de Yongzheng, por lo cual no ejerció una gran influencia en la modernización educativa. Sin embargo, agitó las aguas tranquilas de la cultura tradicional, como si fuera una piedra que se arrojara al lago. Además, despertó los pensamientos ilustrados. Los misioneros lanzaron sus armas contra la cultura feudal, criticaron la Escuela de Li y el Examen Imperial y propusieron la libertad de la naturaleza humana. Aceleró la llegada de la educación moderna en China, aunque todavía no se había planteado anular el Examen Imperial y construir un nuevo sistema educativo.

Después de las Guerras del Opio, las características del aprendizaje occidental hacia Oriente cambiaron significativamente. Los misioneros llegaron otra vez a China con actitud conquistadora y mediante el empleo de fuerzas militares avanzadas. No mendigaron la recepción de los emperadores, sino que realizaron la evangelización a gran escala. No obstante, no pensaban en que para los chinos era difícil aceptar la cultura cristiana debido a su gran diferencia con la cultura tradicional china. Por eso, intentaron establecer escuelas para atraer a los niños y difundir su religión.

En cuanto a la relación entre la fundación de escuelas y la evangelización, existieron disputas calurosas en el seno de la Iglesia. Una corriente de opinión consideraba que el trabajo principal de los misioneros era la evangelización y el establecimiento de escuelas no era una tarea fundamental y, por tanto, tenían que limitarlas y abandonarlas. Otras personas creían que, para alcanzar el objetivo de la evangelización, los misioneros habían de adoptar cualquier medida útil, incluso el establecimiento de escuelas. Por eso, no había que cancelarlas sino ampliarlas. Este debate llegó a su cumbre en la Primera Asamblea Nacional de Misioneros en China, celebrado en 1877. Los misioneros representados por el presbiteriano estadounidense Calvin Wilson, fundador de la Escuela de Wenhui en Dengzhou, habían experimentado el fruto de las escuelas eclesiásticas y las consideraban como parte importante de la evangelización. En su discurso «La relación entre la Iglesia y la educación» explicó:

> Aunque las escuelas son organizaciones importantes para la Iglesia, no pueden sustituir a la evangelización, que consiste, indiscutiblemente, en nuestra labor principal. El objetivo de la guerra no trata de capturar o matar a los enemigos sino vencerlos. Igualmente, el fin de la evangelización no solo consiste en obtener más discípulos, sino también destruir el paganismo, salvar a los paganos y crear un mundo cristiano.[15]

Para conseguir este objetivo, propuso como tarea primordial la formación de sacerdotes y profesores de escuelas eclesiásticas. En 1890 se celebró la Segunda Asamblea Nacional de Misioneros en Shanghái y también se discutió esta cuestión. El rector del Instituto Sant Juan de Shanghái, Francis Lister Hawks Pott, comparó las escuelas religiosas con la Academia Militar West Point de los Estados Unidos: en ambos casos se trataba de organizaciones estratégicas importantes para propagar la religión y vencer a los enemigos. Además, pensó la formación de sacerdotes y profesores como una manera de controlar el futuro de China. Dijo con toda evidencia: «Si la evangelización no se realiza con base en la educación, es como si un edificio se construyera encima sobre arena, sin cimientos sólidos. En las escuelas, formamos a profesores y misioneros para que se conviertan en los futuros líderes de China y ejerzan una influencia más profunda en este país».[16] Por lo tanto, la evangelización de esta época tenía unas características diferentes a la de los finales de la dinastía Ming y los principios de la dinastía Qing: los misioneros querían conquistar China con la cultura cristiana, como si fueran un ejército. Las escuelas eran sus armas más poderosas. Al mismo tiempo, introdujeron la ciencia y la tecnología. A lo largo de la historia, la ciencia y la Iglesia habían sido antagónicas, pero la ciencia era una razón y fuerza irresistible. Desde el surgimiento de la ciencia moderna en Europa, la Iglesia se vio obligada a transigir y combinar la ciencia con la religión, como explicó Calvin Wilson: «Si no tratamos a la ciencia como amiga de la religión, puede convertirse en nuestra enemiga más peligrosa».[17]

Por un lado, los chinos de esta época sentían el peligro de la decadencia de la cultura tradicional y se opusieron intensamente a la cultura occidental; por otro lado, eran conscientes de la necesidad de reforma frente a los enemigos imperialistas.

La introducción de la ciencia y la tecnología era imprescindible porque las armas occidentales eran mucho más avanzadas que las chinas. Al mismo tiempo, algunos funcionarios de la corte, al hacerse más frecuente sus contactos con extranjeros, comprendieron que la economía, el poder militar, la cultura y la educación chinos estaban atrasados en comparación con los europeos capitalistas. Por lo tanto, surgió el grupo del «Movimiento de Autofortalecimiento», que propuso la idea de «buscar el autofortalecimiento y la riqueza», y aprendió desde la ciencia y la tecnología occidentales con el fin de «aprovechar de las habilidades de los occidentales para vencerlos». Además, para proteger la cultura tradicional y la dominación feudal, sus miembros manifestaron la opinión de «conservar la cultura ética tradicional como esencia, utilizar la ciencia y tecnología occidentales como auxilio». No obstante, solo vieron el nivel material y tecnológico de la cultura occidental e ignoraron su esencia. Se llevaron a cabo dos actividades: la fundación de escuelas y el envío de estudiantes al extranjero.

Había tres tipos de escuelas: escuelas de idiomas extranjeros, como los institutos Tong Wen Guan de Pekín, Shanghái y Guangdong o el Instituto de Ruso de Xinjiang, en las que se formaba a traductores; escuelas militares, como el Instituto de la Marina de Guerras de Tianjin, el Instituto Militar de Tianjin y el Instituto Militar de Hubei, que formaban oficiales del ejército, y escuelas tecnológicas, donde se impartían conocimientos relacionados con la navegación, la mecánica y el telégrafo y formaban técnicos, como la Escuela de Navegación de Fuzhou o la Escuela de Telegrama de Shanghái. Las materias principales eran los idiomas y las tecnologías extranjeras, pero también se estudiaban los libros sagrados confucianistas. Fueron consideradas como el comienzo de la educación moderna china. Aunque su esencia no era verdaderamente moderna porque sus objetivos trataron de consolidar la dominación feudal, rompieron los sistemas educativos tradicionales y proporcionaron buenas condiciones para acelerar la modernización educativa.

El envío de estudiantes al extranjero fue otro aspecto destacable de la reforma educativa. Los funcionarios reformistas consideraban que era insuficiente el establecimiento de escuelas dentro del país: para conocer con profundidad la cultura occidental, había que estudiar en el extranjero para conseguir más experiencia práctica. Aconsejaron seleccionar niños «de ambición alta y de cualidad honrada, que no estaban limitados por asuntos de sus familias y que no iban a estar distraídos por la vida lujosa», para viajar a estudiar en el extranjero. Establecieron el «Método de selección de niños para realizar estudios (sin obtener el título) en Estados Unidos», que planteaba mandar cada año a treinta niños a Estados Unidos para llevar a cabo estudios (sin obtener el título) en sus escuelas. El plazo total de la selección duraba cuatro años, en que fueron enviados 120 alumnos. Después de quince años de estudio, cada año volvieron a China treinta de ellos. Además, fundaron una oficina en Shanghái para gestionar los trámites relacionados con los viajes internacionales. Los primeros niños se marcharon a Estados Unidos en 1872, bajo la dirección de Chen Lanbin y Rong Hong. Sin embargo, en 1881 la mayoría de ellos, excepto diez estudiantes, volvió a China de anticipado porque el supervisor, Wu Zideng, pensaba que estos niños se habían contagiado de los malos hábitos extranjeros. Fueron los primeros estudiantes que viajaron al extranjero en la historia moderna china. Aunque los alumnos no eran muchos, trajeron los pensamientos políticos y académicos desde Occidente e influyeron de manera profunda en la modernización educativa. En 1876, bajo la iniciativa del político Li Hongzhang, se enviaron otra vez estudiantes a Europa.

En la Guerra Sino-japonesa de Jiawu, la marina china fracasó estrepitosamente y las fuerzas armadas japonesas destruyeron el sueño, alimentado por los funcionarios feudales, de consolidar el país y obtener riqueza. La derrota desveló al pueblo chino que el dominio de tecnología no podía salvar el país porque el sistema político era caduco. Por lo tanto, algunos funcionarios e intelectuales con pensamientos capitalistas intentaron reformar la sociedad y la política, y propusieron el Movimiento Reformista de 1898. Sus representantes fueron, entre otros, Kang Youwei, Liang Qichao, Yan Fu y Tan Sitong. Reconocieron la importancia de aprender de la cultura y la ideología occidentales y abandonar las tradiciones, para salvar el país. Por consiguiente, empezaron a organizar agencias de noticias y escuelas, y propagaron la reforma para luchar por los derechos del pueblo. Prestaron atención a la educación y pensaron que la decadencia de China obedecía al atraso en el terreno de la educación. Declaró Liang Qichao: «Salvar el país en decadencia, consolidar el sistema político en peligro, convertir el pueblo estúpido en inteligente, fortalecer la sociedad débil en poderosa: la solución de todos se encuentra en las escuelas».[18]

Entre 1891 y 1895, Kang Youwei estableció la Academia de Wanmu en Guangzhou; Tan Sitong y Liang Qichao fundaron la Academia Práctica en Changsha en 1897 y 1898. Además, se fundaron la Gran Academia de Pekín bajo la directriz del emperador Guangxu, el Instituto de Estudios Extranjeros de Tianjin (1895) por el jefe de la Aduana de Tianjin, Sheng Xuanhuai, y la Universidad Pública de Nanyang en Shanghái (1897). Los dirigentes de este movimiento demandaban cambiar el sistema político feudal y aprender del capitalismo occidental. Se esforzaron por introducir pensamientos éticos capitalistas en detrimento de la ideología feudal. Aunque al final fracasaron, sus luchas agitaron la ética, la moralidad, los pensamientos y los sistemas educativos feudales.

Tanto el Movimiento de Autofortalecimiento como el Movimiento Reformista de 1898 provocaron choques con la educación tradicional china, aunque sus perspectivas, objetivos y contenidos fueron diferentes. El primero se propuso por los funcionarios de la corte, quienes no querían que el feudalismo desapareciera, mientras que el segundo fue ideado por intelectuales burgueses. Estos dos movimientos causaron la anulación del Examen Imperial, establecieron las escuelas modernas y propagaron los sistemas y los contenidos educativos avanzados occidentales.

El 15 de agosto de 1902, el gobierno de Qing publicó el Sistema Educativo de Renyin, pero no consiguió ser aplicado. En enero de 1904, se inauguró el Sistema de Guimao. En 1905, la corte de Qing declaró un decreto real: «Desde 1906, todos los niveles del Examen Imperial, de academia, de comarca y de capital, serán anulados». Desde aquel momento, el Examen Imperial, que había estado vigente en China mil trescientos años, fue abandonado. China adoptó los sistemas educativos occidentales en su totalidad.

Notas

1 Liu, W., Zhao, C. Q. y Chen, W. S. (2001). *Informaciones de la civilización china.* Shanghái: Cishu.
2 Ricci, M. (1983). *Recuerdos de Mateo Ricci sobre China.* Pekín: Librería China.
3 Liu, W., Zhao, C. Q. y Chen, W. S. (2001). *Informaciones de la civilización china.* Shanghái: Cishu.
4 Liu, W., Zhao, C. Q. y Chen, W. S. (2001). *Informaciones de la civilización china.* Shanghái: Cishu.
5 Bai, L. M. (1989). *La propagación de la cultura occidental y las tendencias educativas de las dinastías Ming y Qing.* Pekín: Educación y Ciencia.
6 Chen, J. P. (1980). *Historia de la educación moderna china.* Pekín: Educación del Pueblo.
7 He, X. X. y Shi, J. H. (1996). *Escuelas eclesiásticas y la modernización de la educación china.* Guangdong: Educación de Guangdong.
8 He, X. X. y Shi, J. H. (1996). *Escuelas eclesiásticas y la modernización de la educación china.* Guangdong: Educación de Guangdong.
9 Chen, X. X. (Ed.) (1987). *Materias referenciales de la historia de la educación moderna china.* Pekín: Educación del Pueblo.
10 Zhu, Y. H. (1993). *Materias referenciales del sistema educativo de la China moderna.* Shanghái: Universidad Normal de Huadong.
11 He, X. X. y Shi, J. H. (1996). *Escuelas eclesiásticas y la modernización de la educación china.* Guangdong: Educación de Guangdong.
12 Shu, X. C. (1961). *Documentos históricos de la educación china moderna.* Pekín: Educación del Pueblo.
13 He, X. X. y Shi, J. H. (1996). *Escuelas eclesiásticas y la modernización de la educación china.* Guangdong: Educación de Guangdong.
14 Ding, G. (2002). *Entre la historia y la realidad. Investigación teórica de la tradición educativa china.* Pekín: Educación y Ciencia.
15 Chen, J. P. (1979). *Historia de la educación moderna china.* Pekín: Educación del Pueblo.
16 Chen, J. P. (1979). *Historia de la educación moderna china.* Pekín: Educación del Pueblo.
17 Chen, J. P. (1979). *Historia de la educación moderna china.* Pekín: Educación del Pueblo.
18 Shu, X. C. (1961). *Documentos históricos de la educación china moderna.* Pekín: Educación del Pueblo.

CAPÍTULO VII

Influencia de sistemas e ideologías educativos occidentales en la educación china

Como explicamos en apartados anteriores, la educación moderna surgió a finales del siglo XIX en China, gracias a las escuelas fundadas por los misioneros y los funcionarios reformistas. Al mismo tiempo, se propagaron también los pensamientos educativos occidentales. Sin embargo, fue solo el período incipiente en que el sistema educativo nuevo no se estableció en toda China. El establecimiento formal del nuevo régimen educativo y la introducción a gran escala de las teorías pedagógicas europeas se llevaron a cabo después del Movimiento Reformista de 1898. En los apartados posteriores, nos centramos en la cuestión de la fundación del nuevo sistema educativo en China.

Nacimiento del nuevo sistema escolar chino

Etapa de preparación

Los misioneros occidentales fundaron escuelas en China para facilitar la evangelización. Los funcionarios reformistas las establecieron para formar personas con capacidades tecnológicas. No intentaron implantar un nuevo sistema escolar; al contrario, temieron que la civilización occidental podía destruir la dominación y la cultura feudal. Por eso, propusieron la consigna de «conservar la cultura ética tradicional como esencia, utilizar la ciencia y tecnología occidentales como auxilio». «Conservar la cultura ética tradicional como esencia» significaba no cambiar el sistema político confucianista establecido a base de las «Tres Normas y Cinco Virtudes». «Utilizar la ciencia y tecnología occidentales como auxilio» se refiere a aplicar la ciencia y tecnología occidentales para realizar el autofortalecimiento y conseguir la riqueza. Por eso, los conocimientos de los chinos sobre la cultura occidental se limitaban únicamente al nivel material. Consideraban que la razón de la decadencia de China radicaba en la ausencia de un ejército moderno. Sin embargo, la Guerra Sino-japonesa de Jiawu destruyó esas ideas. Algunos intelectuales empezaron a reconocer que el fracaso no podía achacarse al atraso tecnológico, porque las fuerzas armadas de China eran mucho más poderosas que las japonesas. Por lo tanto, se dilucidó que la razón verdadera del malogro había de buscarse en el sistema político feudal caduco.

En consecuencia, intelectuales y funcionarios favorables a la adopción del capitalismo inauguraron el Movimiento Reformista de 1898. Se habían dado cuenta de que la tecnología occidental no podía salvar el país. Uno de los principales dirigentes, Liang Qichao, propuso «respetar las doctrinas políticas de la burguesía occidental como ideología, utilizar la ciencia natural y la tecnología como auxilio», con el objetivo de crear el régimen democrático de la burguesía occidental. Se intentó hacer una reforma basada en el poder del emperador Guangxu y crear una monarquía constitucional.

Para satisfacer las necesidades de reforma, Kang Youwei reflexionó sobre la cultura tradicional y criticó la moral y la educación feudales. En cuanto al pensamiento de «proteger el principio de la naturaleza y moderar las pasiones de los seres humanos» de la Escuela de Li, indicó que no había nada que demostrara la validez del concepto de «Li», pero afirmó que el deseo, la inteligencia y la naturaleza humanos son otorgados por el Cielo, es decir «el obsequio del Cielo y la razón humana».[1] Atribuyó las ideas reformistas a los pensamientos de Confucio. Escribió el libro *Sobre la reforma de Confucio* para explicar que las correcciones de Confucio al libro clásico *Chun Qiu* (*Anales de las Primaveras y los Otoños*) y su recuperación de la cortesía eran un tipo de reforma. De esta manera, la reforma de su época no estaba en contra de los consejos de prohombres de la antigüedad, sino que correspondía a su voluntad.

Los reformistas prestaron mucha atención a la educación y la trataron como un medio importante de promover la reforma y el desarrollo del país. Kang Youwei expresó: «Para solucionar los problemas sociales y realizar la prosperidad del país, no hay nada más importante que la educación».[2] Liang Qichao indicó: «Lo fundamental para la reforma es la formación de intelectuales; por lo tanto, es imprescindible el establecimiento de nuevas escuelas y la anulación del Examen Imperial».

En 1895, el gobierno Qing ratificó el desfavorable Tratado de Shimonoseki con los japoneses, acontecimiento que reveló completamente su incompetencia. Por eso, Kang, Liang y unos 1300 intelectuales presentaron por escrito sus ideas de reforma al Emperador Guangxu, que fue el famoso Movimiento de Gongche Shangshu. Declararon las deficiencias del examen imperial y las necesidades de crear un nuevo sistema educativo:

> Los contenidos del Examen Imperial se limitan al conocimiento de los libros clásicos, por lo que no pueden solucionar los problemas actuales; hay muy pocas plazas de admisión, y los letrados admitidos siempre son muy viejos. El examen es difícil y rígido, pues los examinados solo se concentran en el aprendizaje memorístico de las obras clásicas sin explorar las razones profundas; las plazas limitadas provocan que todos los letrados, a lo largo de su vida, participen una y otra vez en el examen para convertirse en mandarines y conseguir la fama y la riqueza, sin dedicar más tiempo a reflexionar sobre los estudios. Por lo tanto, lo primordial para fortalecer el país no consiste en la introducción de innovaciones tecnológicas sino la reforma de la educación.[3]

Además, Kang fundó la Academia de Wanmu en Guangzhou para formar nuevos intelectuales; otros reformistas como Huang Zunxian, Tan Sitong y Liang Qichao también establecieron escuelas en Changsha. Aunque el Movimiento Reformista de 1898 fue finalmente frustrado por los funcionarios tradicionalistas, había atacado la cultura tradicional y preparado condiciones para la creación del nuevo sistema escolar.

Después del fracaso de la reforma, el gobierno Qing estuvo al borde de la desaparición porque sufrió tanto la invasión de los poderes imperialistas como los conflictos entre diferentes clases sociales dentro del país. Sintió la imposibilidad de mantener las normas antiguas y se vio obligado a adoptar un nuevo régimen, cuyos aspectos detallamos a continuación.

En primer lugar, se anuló la redacción de ensayos en ocho apartados y el Examen Imperial. El Examen Imperial había sido el proceso oficial de selección de funcionarios para la clase dominante desde la dinastía Sui. Estaba en el centro de la educación feudal y las escuelas estaban ligadas a este examen. Por consiguiente, no se podía crear un nuevo sistema educativo sin la cancelación de la redacción de ensayos en ocho apartados y el Examen Imperial. Con la propuesta de los reformistas, en 1898 el gobierno Qing publicó un decreto para cambiar los contenidos del examen: de la redacción de ensayos en ocho partes a la discusión sobre asuntos de actualidad. En agosto de 1905, se declaró otro decreto: «Desde 1906, todos los niveles del Examen Imperial, de academia, de comarca y de capital, serán anulados». De esta manera, el Examen Imperial, que había durado en China mil trescientos años, fue anulado.[4]

En segundo lugar, se transformaron las organizaciones educativas. En 1898, el emperador Guangxu publicó un decreto para convertir todas las academias tradicionales regionales en escuelas nuevas, en las que se impartirían tanto materias chinas como occidentales. Las academias de capitales provinciales se convirtieron en universidades, las municipales se convirtieron en escuelas de estudios secundarios, y las comarcales, en escuelas de estudios primarios. Las otras academias tradicionales privadas también introdujeron disciplinas extranjeras. Además, se establecieron numerosos institutos profesionales de agricultura, sericicultura, ingeniería ferroviaria, minería, medicina o idiomas.

La fundación de nuevas escuelas promovió la formación de intelectuales con capacidad tecnológica, militar, traductora y diplomática, y generó condiciones suficientes para el nacimiento del nuevo sistema escolar. Los conocimientos de ciencias naturales occidentales se difundieron a gran escala en China.

La educación del profesorado de China también empezó durante esta etapa. Los reformistas consideraron que los profesores desempeñaban un papel de suma importancia en las escuelas. Liang Qichao sintetizó las deficiencias de las escuelas anteriores, establecidas por los funcionarios del Movimiento de Autofortalecimiento, de la siguiente manera:

> Las escuelas no pueden formar intelectuales modernos porque el examen imperial sigue vigente; las actividades pedagógicas no se pueden realizar de manera correcta por falta de capacidad de los profesores; los estudiantes no pueden aprender los conocimientos de manera profunda porque en las escuelas no existe la división por especialidades.[5]

En 1897, el funcionario del tribunal de justicia Sheng Xuanhuai fundó la Universidad Pública de Nanyang en Shanghái y fundó la primera facultad de pedagogía de China, destinada a la formación de profesores.

En tercer lugar, se estableció la Universidad Imperial de Pekín. En 1896, se propuso el proyecto de fundarla por el jefe del Ministerio de Justicia, Li Duanfen, y en 1898, por orden del emperador Guangxu, el Gran Consejo (*Jun Ji Chu*) y la Oficina a Cargo de los Asuntos de Todas las Naciones (*Zong Li Ya Men*) iniciaron la construcción de la Universidad Imperial de Pekín, con el objetivo de formar intelectuales con capacidad de tratar con los conocimientos más avanzados. La universidad se convirtió en la organización educativa suprema del país y «administraba todas las otras escuelas y universidades». Se regía por la idea de «conservar la cultura ética tradicional como esencia, utilizar la ciencia y tecnología occidentales como auxilio». Las asignaturas impartidas pertenecían tanto a los estudios chinos como a los occidentales, para que los alumnos consiguieran conocimientos de diferentes aspectos y culturas sin abandonar cualquiera.[6] Los estudiantes tenían primero asignaturas generales y después seleccionaban materias especializadas. Al principio, en noviembre de 1898, solo tenía menos de cien estudiantes y en 1900, las actividades docentes fueron interrumpidas por la Rebelión de los Bóxers. En 1902, la universidad se reabrió y Zhang Baixi tomó el cargo del jefe administrativo. Se publicaron Decretos Educativos de la Universidad Imperial de Pekín y se fundaron facultades preparatorias que abarcaban especialidades de política y letras, e intensivas que contenían líneas de mandarinato y pedagogía. En 1903, se abrieron los departamentos de economía y derecho (*Jinshi*), de traducción y de medicina. En 1907, se estableció el de ciencias naturales. Hasta 1910, había un total de siete facultades, de obras sagradas, de literatura, de derecho y política, de química y geología, de agricultura, de industria y de economía. En 1912, cambió el nombre por Universidad de Pekín. Estableció las bases sobre las que se construiría el nuevo sistema escolar.

En cuarto lugar, se enviaron estudiantes al extranjero. A diferencia de los estudiantes de la época del Movimiento de Autofortalecimiento, que viajaron a Europa o a Estados Unidos, los jóvenes de este tiempo fueron enviados a Japón. En 1896, los primeros trece alumnos se marcharon a Japón, y después el número de estudiantes se incrementó constantemente: en 1902 había más de quinientos, en 1903, más de mil trescientos y en 1906, aproximadamente diez mil. Algunos de ellos recibieron becas del gobierno; otros corrieron con los gastos por sí mismos.[7] Estudiaron diversas especialidades: ciencias naturales, sociología, ciencia militar o pedagogía. Los que se dedicaron a la pedagogía eran muchos debido a la gran necesidad de profesores en las nuevas escuelas de China. Estos jóvenes desempeñaron un papel importante en la modernización de la educación china.

Sistema Educativo de Renyin-Guimao

Basada en las nuevas políticas y escuelas, el 15 de agosto de 1902, la corte de Qing publicó el Decreto Nacional Escolar Designado por el Emperador para aplicar de manera formal el sistema escolar moderno. Sin embargo, debido a varias causas, no fue ejecutado hasta el 13 de enero de 1904, en que se promulgó el Decreto Nacional Escolar Ratificado por el Emperador. En el calendario lunar, el 1902 era el año *Renyin* y el 1904, *Guimao*. Por lo tanto, este sistema escolar se llamó Sistema Educativo de Renyin-Guimao.

Al principio, los funcionarios tradicionalistas se opusieron frontalmente al Sistema Educativo de Renyin. Además, debido a sus deficiencias propias, no fue efectuado al final. Por lo tanto, Zhang Zhidong lo modificó y publicó el Sistema Educativo de Guimao, abarcando un conjunto de diecinueve cláusulas: «Resumen de Trabajos Escolares», «Decreto de la Universidad Imperial», «Decreto de la

Escuela Imperial de Posgrado», «Decreto de Institutos de Educación Superior», «Decreto de Escuelas de Educación Secundaria», «Decreto de Escuelas Superiores de Educación Primaria», «Decreto de Escuelas Básicas de Educación Primaria», «Decreto de Educación Familiar de Guarderías», «Decreto de Institutos Superiores de Pedagogía», «Decreto de Institutos Básicos de Pedagogía», «Decreto de Centros del Profesorado Empresarial», «Decreto de Escuelas Básicas de Agricultura, Industria y Economía», «Decreto de Escuelas Secundarias de Agricultura, Industria y Economía», «Decreto de Escuelas Superiores de Agricultura, Industria y Economía», «Decreto de Escuelas Empresariales», «Decreto de Centros de Traducción», «Decreto de Centros de Derecho y Economía (Jinshi)», «Decreto Administrativo de Escuelas» y «Decreto de Incentivos de Escuelas». Se basó principalmente en el sistema educativo escolar japonés después de la Restauración Meiji. La educación japonesa disponía de educación primaria, secundaria y superior y los institutos ordinarios, normales, empresariales y otros. El Sistema Educativo de Guimao era similar que el japonés. Contaba también con tres niveles de educación y las especialidades ordinarias, normales y empresariales. Sin embargo, el sistema chino prestó mucha atención al confucianismo y era obligatorio para todos los estudiantes de educación primaria leer y aprender los libros clásicos confucianistas, como los Cuatro Libros, *Clásico de la piedad filial*, *I Ching*, *Clásico de historia*, *Libro de los cantos*, *Crónica de Zuo*, *Libro de los ritos* o *Ritos de Zhou*. En consecuencia, la educación primaria duraba nueve años, mucho más largo que el mismo nivel en Japón.

Las razones por las que los chinos seleccionaron el sistema japonés para aprender guardaban relación con la situación social e ideológica de aquel entonces. Estamos de acuerdo con las explicaciones de la experta educativa Zhou Guping en su libro *La propagación de las teorías educativas modernas occidentales en China*, por esa razón, hemos sintetizado las opiniones expresadas por la autora en esta obra en los apartados siguientes.

En primer lugar, el contexto sociohistórico de Japón antes de la Restauración Meiji era muy similar al de China. En 1853, la armada estadounidense invadió Japón y obligó al *Shogunato* a abrir el país al exterior. Posteriormente, los japoneses sufrieron un largo tiempo la invasión de las potencias imperialistas occidentales. Sin embargo, derrocaron la dominación del *Shogunato* mediante la Restauración Meiji y establecieron un régimen capitalista. Además, aprendieron de Occidente para desarrollar la educación e ilustrar al pueblo. En solo cincuenta años, Japón se convirtió en uno de los países capitalistas más poderosos. Por consiguiente, tanto los funcionarios del Movimiento de Autofortalecimiento como los intelectuales del Movimiento Reformista de 1898 querían aprender desde Japón y reformar la educación para salvar el país y resistir a los enemigos imperialistas. Kang Youwei explicó: «Un país tan pequeño como Japón puede invadir a China y vencernos después de reformarse. Por eso, también necesitamos la reforma».[8]

En segundo lugar, Japón estudió los sistemas educativos de Francia y Alemania, y los adaptó a las necesidades propias. El *Documento oficial de la educación*, publicado en 1890 por el emperador japonés, definió los propósitos de la reforma educativa, tales como formar intelectuales patrióticos con espíritu japonés y conocimientos occidentales. Este objetivo era similar al de los funcionarios que preferían aplicar la cultura occidental al desarrollo de China. Así pues, consideraron Japón como prototipo.

En tercer lugar, la educación japonesa, tras el proceso de adaptación a las características japonesas, seleccionó, absorbió e integró las ventajas de la cultura occidental. El contexto sociocultural de China era similar al de Japón, con una fuerte influencia confucianista. Por eso, aprender de este país podía facilitar la reforma y permitir la consecución de mejores resultados.

En cuarto lugar, China y Japón eran países vecinos. Los idiomas y caracteres también eran semejantes. El gobierno, en su decreto del 2 de agosto de 1898, manifestó que los viajes de estudio a Japón permitían ahorrar el tiempo y el dinero: «Es mejor viajar a Japón a estudiar que a Europa, porque se gasta menos dinero. Además, la lengua japonesa es similar a la china y facilita el aprendizaje. Los estudiantes pueden leer directamente los libros occidentales traducidos al japonés».[9]

En quinto lugar, los primeros contactos de los chinos con la cultura occidental fueron realizados mediante los misioneros. A finales del siglo XIX, empezó a ser difundida gracias a libros europeos traducidos al japonés. Por eso, el aprendizaje de la educación japonesa fue, esencialmente, el estudio de la educación europea.

No obstante, los chinos no asimilaron el espíritu fundamental de la reforma educativa japonesa. Sus caminos fueron totalmente diferentes. Los japoneses, tras adaptar la cultura occidental a sus propias necesidades, entraron en la sociedad capitalista y sus pasos correspondieron a los de la modernización occidental. Al revés, los chinos siguieron obedeciendo la directriz de «conservar la cultura ética tradicional como esencia, utilizar la ciencia y tecnología occidentales como auxilio» para salvar la dominación inestable de la corte de Qing. La sociedad era semifeudal y semicolonial, y las reformas imitaron en la forma a las japonesas, pero los objetivos, los contenidos y las metodologías se diferenciaron mucho.

El Decreto Nacional Escolar Ratificado por el Emperador normalizó lo siguiente:

> Todas las escuelas deben tener el objetivo principal de formar en la piedad y la lealtad. Los contenidos pedagógicos fundamentales son los libros clásicos chinos, para orientar

> los pensamientos de los estudiantes, y los contenidos periféricos son los conocimientos occidentales, para formar sus capacidades y satisfacer las necesidades reales.[10]

El núcleo de este decreto fue la piedad y la lealtad, en torno a las cuales se formalizaban las políticas y los contenidos educativos. En 1905, fue completado con «lealtad, respeto a Confucio, apreciación del público, de la fuerza y de la práctica», principios que se aplicaron hasta los primeros años de vida de la República de China.

Aunque el Examen Imperial no se incluyó en el nuevo sistema escolar, ejerció en él una influencia profunda. Los estudiantes que habían participado y conseguido buenas notas en el Examen Imperial podían ser galardonados con premios. Por eso, entre los estudiantes siguió existiendo la idea feudal de estudiar para conseguir fama y riqueza.

Muchos contenidos del nuevo sistema escolar ponían de relieve los libros clásicos confucianistas. Los estudiantes de la escuela primaria y secundaria debían aprender los diez libros clásicos: los de escuela primaria, doce horas por semana; los de secundaria, siete por semana. El «Resumen de Trabajos Escolares» destacaba el confucianismo como el fundamento del país:

> Si no leemos los pensamientos confucianistas, perderemos la base de la fundación del país, los principios de épocas antiguas y las Tres Normas y Cinco Virtudes. La educación y la política también se desviarán del camino correcto, así no existirá el patriotismo, ni tampoco se podrá realizar el fortalecimiento.[11]

Finalmente, este sistema no tomaba ninguna posición respecto de la educación de mujeres.

Todos los apartados anteriores explican que el nuevo sistema solo era novedoso en la forma, pues sus contenidos y espíritu seguían siendo antiguos. Las asignaturas de ciencias naturales, aunque establecidas, no ocupaban una posición primordial debido al valor que se le seguía otorgando a los antiguos libros chinos. Para proteger las retóricas chinas, no se permitía usar la onomástica extranjera. Por lo tanto, sus estudios eran muy limitados.

Sistema Educativo de Renzi-Guichou

En octubre de 1911 triunfó el Levantamiento de Wuchang. Se destruyó la dinastía Qing, que había gobernado el país más de doscientos años, y se acabó con el sistema feudal, que había estado vigente durante más de dos mil años. En enero de 1912, se fundaron la República de China y el gobierno provisional, cuyo dirigente era Sun Yat-sen. Además, se publicó el Sistema Educativo de Renzi-Guichou, el primer sistema escolar de peculiaridad capitalista.

El 5 de enero de 1912, Sun Yat-sen designó a Cai Yuanpei como el primer ministro de educación. Cai se había formado tanto en la educación tradicional china como bajo el sistema educativo occidental capitalista. Proveniente de la Academia de Hanlin, había viajado a Alemania y Francia y estudiado psicología, estética y filosofía. Publicó las «Opiniones sobre la directriz educativa» para reformar la educación y organizó un congreso nacional para decidir la implantación del sistema Renzi-Guichou. El año en el que se empezó a aplicar este sistema fue 1912, el año Renzi del calendario lunar. En agosto de 1913, durante el año Guichou, se complementó el sistema con una serie de normas, como «Decreto de Escuelas Primarias», «Decreto de Escuelas Secundarias», «Decreto de la Formación Pedagógica», «Decreto de Universidades», «Decreto de Institutos Profesionales» o «Decreto de Institutos Prácticos». Por lo tanto, en conjunto, el sistema recibía el nombre de Renzi-Guichou.

Existían algunas diferencias entre este nuevo sistema y el antiguo, Renyin-Guimao. En primer lugar, se disminuyó el período de estudio, de 22 a 18 años. Los niños entraban en la escuela a los siete años. Se establecieron la educación general, la normal y la profesional. La educación general se dividió en tres etapas: primaria, de siete años (en los primeros cuatro años, es decir, en la educación primaria de nivel básica, los alumnos estudiaban juntos y en los otros tres, o los de nivel superior, entraban a escuelas separadas por género), secundaria, de cuatro años (se establecieron escuelas de hombres y de mujeres), y superior, de seis o siete años (curso preparatorio, de tres años y estudio de grado, de tres o cuatro años; en cuanto a la educación profesional, el curso preparatorio duraba un año y, el de grado, tres; en cuanto a la de medicina, se estudiaban cuatro años). Después de realizar la educación superior, podían entrar en escuelas de posgrado y seguir estudiando aquí durante un plazo indefinido. En la educación normal había escuelas y universidades normales. La educación especializada tenía una duración de tres años y contaba con dos tipos, equivalentes respectivamente a la educación primaria de nivel superior y a la educación secundaria. Había cuatro tipos de escuelas especializadas: agrícola, industrial, comercial y marítima.

En segundo lugar, el nuevo sistema cambió el objetivo principal de la educación. Cai Yuanpei expresó que la nueva educación debía orientarse al pueblo, a la práctica real, a la moralidad pública, a la formación de la concepción del mundo y a la estética. Había que abandonar los pensamientos del sistema antiguo de «lealtad, respeto a Confucio, apreciación del público, de la fuerza y de la práctica». Manifestó que «la lealtad al emperador no corresponde a la política democrática y republicana; la apreciación de Confucio contraviene la libertad religiosa».[12] El 2 de septiembre de 1912, se modificó el objetivo del sistema educativo, que ahora debía «centrarse en la educación de moralidad y desarrollar al mismo tiempo la educación práctica, la militar y la popular. Más aún, aplicar la educación estética como auxilio para mejorar la moralidad». Reflejaba el pensamiento educativo capitalista del desarrollo armonioso de la moralidad, la inteligencia, la salud y la belleza.

En tercer lugar, se dejaron de estudiar los contenidos de libros clásicos confucianistas y se añadieron asignaturas prácticas y de formación profesional. No se permitió utilizar libros publicados durante la dinastía Qing. Estas medidas revelaban una actitud de los burgueses en contra del feudalismo.

En cuarto lugar, el nuevo sistema apreciaba la igualdad. Se anuló la discriminación a las mujeres. Para las niñas era ahora posible estudiar junto a los niños en las escuelas primarias de nivel básico. Excepto las universidades, todas las escuelas secundarias y los institutos normales y especializados admitían alumnas. Estas políticas reflejaban parcialmente la igualdad de género. Además, se destruyeron las escuelas de la nobleza fundadas por la corte Qing, se cancelaron los privilegios de los funcionarios feudales y los premios para los estudiantes que habían conseguido notas altas en el Examen Imperial.

El Sistema Educativo de Renzi-Guichou reflejaba básicamente las necesidades de la burguesía. Sin embargo, su revolución no fue completa y se conservaron muchas huellas del sistema escolar antiguo. Especialmente después de la Revolución de Xinhai (1911), los poderes feudales se combinaron con los imperialistas con el deseo de destruir la República y recuperar el antiguo régimen feudal. Las ideas de restaurar el sistema educativo del pasado no cesaban de surgir y los pensamientos educativos feudales siguieron existiendo. No podían desaparecer sin una revolución completa.

Sistema Educativo de Renxu

El Sistema Educativo de Renzi-Guichou fue aplicado diez años hasta que, el 2 de noviembre de 1922, se publicó el Programa de Realizar la Reforma Sistemática de Escuelas y el sistema conocido como Renxu. Propuso los siguientes principios de la reforma educativa: adaptarse a las necesidades del desarrollo social; propagar el espíritu público; aspirar al desarrollo de la personalidad individual; intentar desarrollar al mismo tiempo la economía; combinar la educación con la vida real; popularizar la educación, y ampliar el ámbito de la educación. Se determinó que el plazo de la educación primaria era seis años, de nivel básico cuatro años y de nivel superior dos años; el de la educación secundaria, también seis años, de nivel básico tres años y de nivel superior, también tres. En la escuela secundaria se podían establecer cursos profesionales. En cuanto al bachillerato, había especialidades de agricultura, industria, comercio, profesorado, etc. Las escuelas especializadas del antiguo sistema se convirtieron en escuelas o cursos profesionales de escuelas secundarias. La educación superior tenía una duración de entre cuatro y seis años: los grados, entre cuatro y seis años, y las diplomaturas, tres años. Tras graduarse, los estudiantes podían optar por entrar en institutos de investigación durante un tiempo indeterminado. Los niños entraron en la escuela a los seis años y, en total, el período educativo se extendía entre dieciséis y dieciocho años.

¿Por qué el gobierno cambió el Sistema Educativo de Renzi-Guichou por el de Renxu, tras aplicar el primero durante diez años? A continuación, se exponen las razones.

En primer lugar, después de la Primera Guerra Mundial la industria nacional china consiguió un gran desarrollo y se necesitaban intelectuales con capacidades tecnológicas y administrativas. Debido a sus deficiencias, el Sistema Educativo de Renzi-Guichou no era capaz de satisfacer esta necesidad. Por ejemplo, Yu Jian, de la Escuela de Nankai de Tianjin, indicó:

> La industria de Tianjin está muy desarrollada, pero no tenemos a suficientes intelectuales con conocimientos tecnológicos. Las asignaturas de ingeniería son superficiales y no disponemos de herramientas adecuadas. No se dividen las diferentes especialidades de la ciencia y la tecnología de manera muy estricta. En la actualidad, si queremos formar más personas con capacidad tecnológica, necesitamos solucionar este problema y añadir más asignaturas de ingeniería.[13]

El entonces jefe del Departamento de Educación, Gu Shusen, en «Opiniones sobre la reforma del sistema educativo actual», también criticó la falta de escuelas especializadas y profesionales.

En segundo lugar, el período de estudio del Sistema Educativo de Renzi-Guichou era de dieciocho años, demasiado largo. La formación de estudiantes era muy lenta. Algunas partes de las asignaturas de educación primaria y secundaria se repetían. Además, la educación primaria no prestaba atención al aprendizaje autónomo. Desde 1915, muchos expertos pedagógicos habían criticado sobre estas deficiencias, provocadas por la instauración precipitada del sistema sin suficiente discusión y la copia de elementos del sistema escolar japonés sin adaptación a la situación real de China. Por lo tanto, después de varios años de práctica, se revelaron sus insuficiencias y surgió la necesidad de realizar una reforma educativa.

En tercer lugar, el Movimiento del 4 de Mayo promovió la reforma educativa. El Movimiento de Nueva Cultura sacudió los fundamentos de la cultura tradicional y también abrió el camino de la modernización educativa. Esta cuestión la explicamos en el siguiente capítulo.

Por último, durante este período los pensamientos educativos occidentales se difundieron a gran escala en China. Los estudiantes no solo viajaron a Japón, sino también a países occidentales. Lógicamente, el Sistema Educativo de Renzi-Guichou, basado en las normas de educación japonesas, fue criticado.

El Sistema Educativo de Renxu se inspiró en el sistema seis-tres-tres de Estados Unidos: la educación primaria duraba seis años, la educación secundaria, tres años, y el bachillerato, también tres años. Se aplicó hasta 1951 y su influencia se deja sentir en la actualidad. No obstante, el sistema no copió al cien por cien las experiencias estadounidenses, como explicaron Qian Manqian y Jin Linxiang en *Estudio comparativo del nuevo sistema escolar chino*. Desde 1915, la Asociación de Investigación sobre la Reforma del Sistema Educativo de Guangdong analizó diferentes sistemas escolares de Alemania, Inglaterra, Estados Unidos, Francia y Japón para sintetizar sus ventajas y deficiencias con base en cinco parámetros: organización, evolución, tendencias, impacto social y científico.[14] Las universidades de diversas zonas también discutieron sobre la reforma del sistema escolar y propusieron numerosos programas. Así pues, no se puede decir que China copiara el sistema extranjero porque muchos especialistas chinos propusieron sus propias opiniones sobre la reforma educativa que reflejaban las características chinas. En realidad, después de comparar los sistemas escolares de diferentes países, aplicamos el estadounidense. A principios del siglo XX, el sistema escolar de este país también estaba en proceso de reforma. En Estados Unidos, cada prefectura autónoma tenía sus propios períodos de estudio, como nueve-cuatro, siete-cuatro, nueve-tres u ocho-cuatro. La mayoría de ellas optó por el ocho-cuatro, es decir, ocho años de educación primaria y cuatro de secundaria. En 1908, la Asociación Educativa de Estados Unidos aconsejó que la educación primaria tuviera seis años de duración, mientras que la educación secundaria y el bachillerato tuvieran respectivamente tres años. Este nuevo sistema de seis-tres-tres fue adoptado primero en Berkeley, en California, y, después de la Primera Guerra Mundial, los sistemas de ocho-cuatro y de seis-tres-tres se instauraron en la mayoría de los estados.[15] Posteriormente, China aprendió y utilizó este nuevo sistema.

La transformación del sistema escolar chino desde aprender el prototipo japonés hasta el estadounidense no surgió por casualidad, sino que fue provocada por el contexto sociohistórico, como explicó Zhou Guping en *La propagación de las teorías educativas modernas occidentales en China*: «Desde 1915 hasta 1949, la educación china aprendió principalmente de las experiencias de Estados Unidos. El aprendizaje alcanzó la cumbre durante los años veinte». Además, analizó con detalle las razones por las que China abandonó el sistema japonés y aplicó el estadounidense.

En primer lugar, después de la Guerra Sino-japonesa de Jiawu, el militarismo japonés reveló su deseo de invasión y obligó a China a firmar tratados desiguales. Este comportamiento hizo que en China surgiera la animadversión hacia este país.

En segundo lugar, después de la Revolución de Xinhai, se destruyó el feudalismo y se estableció la república. Los chinos pensaron que la monarquía constitucional de Japón no correspondía a la situación social de China. Después de la

Primera Guerra Mundial, Estados Unidos se convirtió en el símbolo de la paz y la justicia y, por lo tanto, en China se empezó a apreciar su cultura.

En tercer lugar, los misioneros estadounidenses propagaron sus pensamientos mediante las escuelas religiosas e intentaron participar en la reforma educativa. Especialmente, devolvieron las indemnizaciones pagadas por el gobierno chino tras la Rebelión de los Bóxers, lo cual causó buena impresión entre los intelectuales y estudiantes.

En cuarto lugar, el Movimiento del 4 de Mayo luchó por la democracia y la ciencia y criticó con vehemencia los pensamientos y los valores morales del antiguo régimen feudal. Mientras tanto, en el ámbito educativo estadounidense, la teoría de la educación pragmática se difundió a gran escala. Esta teoría también era de característica democrática y se oponía a la educación tradicional. Por lo tanto, fue bien recibida en China.[16]

La publicación del Sistema Educativo de Renxu fue un punto de inflexión en la modernización educativa china. Desde ese momento, se empezó a formar un sistema educativo moderno correspondiente hasta cierto punto a la situación social china. La educación china comenzó a orientarse hacia el mundo y a seguir los pasos del desarrollo de la educación mundial.

Propagación de la teoría educativa occidental en China

Hay en total tres teorías educativas occidentales propagadas en China durante dos etapas diferentes. La primera etapa tuvo lugar a finales de la dinastía Qing, cuando se difundieron principalmente las teorías alemanas traducidas del japonés al chino. La segunda fue después del Movimiento del 4 de Mayo hasta la fundación de la República Popular China, durante la cual se propagaron dos teorías: la teoría pragmática estadounidense y la marxista. En los apartados siguientes, presentamos las principales características de las teorías educativas de las sociedades capitalistas occidentales. En cuanto a las marxistas, las explicamos en el siguiente capítulo.

La introducción y la influencia de la teoría de Friedrich Herbart

Los primeros contactos de China con la educación occidental tuvieron lugar mediante Japón, porque estudiamos inicialmente la educación japonesa reformada después de la Restauración Meiji. Japón puede ser considerado como el mediador entre la educación occidental y la china. La introducción de las teorías fue llevada a cabo principalmente por la traducción de obras japonesas: Wang Guowei tradujo «Pedagogía de Tachibana Milling Saburo». Fue la primera obra pedagógica extranjera surgida en China y se publicó en los números 9, 10 y 11 de la revista *Mundo educativo* (1901). Además, la Universidad Imperial de Pekín contrató a Hattori Unokichi como profesor de pedagogía y a Fan Yuanlian como intérprete. Los materiales docentes de Eguchi Tatsutaro de la Universidad Normal de Hunan, «Comentarios generales de la pedagogía», fueron traducidos y salieron a la luz en los números 58, 59 y 60 del *Periódico del nuevo pueblo* (1904–1905). Los «Materiales docentes de pedagogía» de Sadako Bodono también fueron publicados en los números 1, 2, 3 y 4 de la *Revista educativa de Zhili* (1905). Según las estadísticas de Zhou Guping según el *Índice de los libros japoneses traducidos al chino*, entre 1896 y 1911 se habían publicado en China 76 obras educativas japonesas.[17]

En estas obras se presentaban principalmente las teorías educativas del alemán Friedrich Herbart, populares por todo el mundo a finales del siglo XIX. La reforma educativa de la Restauración Meiji también consultó estas teorías alemanas. Muchos estudiantes japoneses que habían estudiado en Alemania las propagaron después de volver a Japón. Gracias a su influencia, en China también se tradujeron y aprendieron.

Aparte de los libros, los profesores japoneses y estudiantes chinos que fueron a estudiar a Japón desempeñaron un papel importante en la reforma. Los profesores tradujeron y enseñaron las obras de Herbart en China. Las primeras teorías pedagógicas introducidas a China provenían también de sus materiales docentes. Algunos de los estudiantes chinos que estudiaron la pedagogía en Japón y trabajaron en las escuelas o los departamentos de educación después de volver a China, también las difundieron. Por eso, durante aquella época, llegaron a ser muy conocidas en China.

Las razones por las que este enfoque pedagógico fue propagado en China de manera tan amplia no solo consistían en su popularidad en el mundo, sino también en que disponía de características intrínsecas fáciles de adaptar por los intelectuales chinos. Basado en la ética y la psicología, dividía el proceso educativo en administración, enseñanza e instrucción. La administración no equivalía a la educación, pero podía reprimir la vehemencia y la ceguera de los estudiantes y hacer que obedecieran a las normas. De esta manera, proporcionaba condiciones para la enseñanza y la instrucción. La administración abarcaba medidas como amenaza, supervisión, deberes, autoridad, amor, órdenes, prohibiciones o castigos. La enseñanza era la manera principal para realizar el objetivo educativo. Fundamentada en la psicología y el intelectualismo, proponía la idea de que la tarea primordial de los profesores era despertar el interés de los estudiantes y destacaba la importancia del dominio de los conocimientos para la formación de la moralidad y la mejora de la conducta. Con estos objetivos, se establecieron las asignaturas. La instrucción se refería a la formación moral, que era el objetivo último de la educación. No era igual que la administración porque se inclinaba a modelar los caracteres personales de manera invisible. En su aprecio a los valores morales y a la administración, las teorías de Herbart se asemejaban a la educación tradicional china. Además, se adaptaban a las necesidades educativas de finales de la dinastía Qing. Por eso, el ámbito educativo chino las adoptó con facilidad.

Basándose en la psicología, Herbart consideraba la educación como la formación del sistema ideológico de los estudiantes y propuso cuatro pasos en la enseñanza: claridad, imaginación, sistema y método. Los métodos de enseñanza eran ilustración, análisis y síntesis. Su discípulo T. Zieler dividió la claridad en análisis y síntesis, y el discípulo de Zieler, W. Rhine, nombró estos pasos: preparación, ilustración, imaginación, síntesis y aplicación, que ganaron popularidad por todo el mundo e influyeron en la educación de muchos países.

La enseñanza en la educación tradicional se realizaba de manera individual sin dividir los grupos. Después de la introducción de las teorías de Herbart en China, se establecieron diferentes cursos en las escuelas y se llevó a cabo una agrupación de las asignaturas. De esta manera, la didáctica de cinco pasos fue introducida y generalizada. El desarrollo de la educación del profesorado también promovió la propagación de estas teorías. Las escuelas afiliadas a las universidades normales se convirtieron en centros de investigación y difusión de ellas. Los estudiantes graduados fueron enviados a diversas regiones a trabajar y las difundieron por todo el país.

La influencia de Herbart en la educación china fue inmensa y profunda. Después de la fundación de la República Popular China, se aprendieron las experiencias educativas soviéticas sin dificultad, porque eran muy similares a las de Herbart. Incluso se puede decir que la educación actual tiene huellas de este modelo.

La introducción de la teoría pragmática de John Dewey y su influencia

Las teorías de Herbart no fueron las únicas que se difundieron en China; también se introdujeron los pensamientos de otros pedagogos occidentales. Muchas obras pedagógicas fueron traducidas al chino. La revista dirigida por Wang Guowei, *Mundo educativo*, presentó la *Gran didáctica* de Comenius, *Emilio* de Rousseau y *Leonardo y Gertrudis* de Pestalozzi. Sin embargo, las teorías de Herbart ocuparon la posición primordial.

Después de 1915 la situación social cambió. China orientó la vista hacia los países occidentales, particularmente hacia Estados Unidos, entonces considerado como la nación más desarrollada, democrática y libre del mundo. Después de la Primera Guerra Mundial, Estados Unidos pasó a ocupar un lugar todavía más destacado. Además, devolvió desde 1909 una parte de las indemnizaciones pagadas por la Rebelión de los Bóxers y estableció escuelas para seleccionar a jóvenes que hicieran viajes de estudio al extranjero. Entre 1909 y 1913, se enviaron anualmente cien estudiantes a Estados Unidos y, desde 1913, por lo menos cincuenta cada año. La fundación del Instituto de Tsinghua en 1911 tenía por objetivo ayudar a estos estudiantes a hacer la preparación para ir al extranjero. Cai Yuanpei, cuando visitó el instituto en 1917, expresó sus elogios a Estados Unidos: «Estados Unidos hizo prevaler la justicia y devolvió las indemnizaciones. Además, fundó escuelas para ayudarnos a formar intelectuales. Estoy muy conmovido por sus actos y creo en su actitud humanitaria».[18] Así pues, el número de estudiantes que viajaron al extranjero aumentó significativamente. A su regreso, desempeñaron papeles importantes en los ámbitos de la política, economía y cultura chinas.

La introducción de las teorías de Dewey fue diferente a la de Herbart. La primera se realizó directamente por el autor mientras que la segunda fue llevada a cabo de manera indirecta mediante la traducción de obras japonesas.

Las teorías de Dewey nacieron mediante los movimientos de reforma educativa ocurridos en los países europeos y Estados Unidos entre finales del siglo XIX y principios del siglo XX. En Estados Unidos, fue llamado Movimiento de la Educación Progresista. Se adaptó a las necesidades de formación de intelectuales de la sociedad industrial. Se opuso a la presentación directa de los conocimientos y apreció el desarrollo conjunto de la intelectualidad y la salud. Además, se opuso a las asignaturas tradicionales e intentó adaptarlas a las necesidades de la sociedad actual. Tomó el interés de los estudiantes como base de la educación y tenía por objetivo formar sus conocimientos sobre la democracia y mejorar su sentido de la responsabilidad. Abandonó las normas y organizaciones rígidas de las escuelas y complementó las asignaturas con contenidos prácticos para ir al compás de los cambios sociales.

Sus teorías consisten en los aspectos siguientes:

(1) La educación está relacionada con la creación. Debe adaptarse a los talentos de los niños y formar sus personalidades, capacidades e intereses. Los niños no pueden aprender con la presentación directa de contenidos, sino que deben enmarcarse en un contexto real.

(2) La educación es la modificación. En la educación, se consiguen nuevos conocimientos y se modifican los antiguos. El crecimiento de los niños se realiza mediante una serie de actividades que modifique y enriquezca las experiencias antiguas.

(3) La escuela equivale a la sociedad. La creación de los niños y la adquisición de experiencias se llevan a cabo mediante actividades sociales. La educación no es la preparación para la vida sino una parte de la vida real.
(4) Hay que estudiar haciendo prácticas. Los niños deben aprender de sus propias actividades y la enseñanza debe empezar por las experiencias existentes de los estudiantes.[19]

Las teorías pragmáticas de Dewey y las de Herbart son dos sistemas diferentes. Las primeras reciben el nombre de educación moderna, mientras que las segundas son llamadas tradicionales. Durante los años veinte y treinta del siglo XX, la educación de China tomó principalmente las de Dewey como fundamento. Sus obras fueron traducidas al chino y el autor mismo también impartió discursos para propagar y enseñar sus teorías.

El 1 de mayo de 1919, Dewey visitó e impartió clases en China por invitación de la Universidad de Pekín, la Asociación Educativa de Jiangsu y otras tres otras organizaciones. Permaneció dos años y dos meses y diez días en China y visitó once provincias hasta que se marchó el 11 de julio de 1921. Sus discursos, mediante los que difundió sus teorías pragmáticas de filosofía y educación, fueron publicados en revistas o recopilados en libros, como *Cinco discursos de Dewey (discursos en Pekín)*, *Tres discursos de Dewey (discursos en Nanjing)*, *Democracia y educación*, *Filosofía de la educación*, etc.

Los estudiantes chinos que viajaron a Estados Unidos también propagaron las teorías de Dewey. Hu Shi, Tao Xingzhi y Chen Heqin fueron alumnos de Dewey graduados del Colegio de Profesores de la Universidad de Columbia. Invitaron a su profesor a impartir discursos en diferentes ciudades de China y sirvieron como intérpretes. Además, organizaron grupos de investigación y establecieron revistas para propagar los pensamientos de la educación pragmática. En 1919, la Asociación Educativa de Jiangsu, la Universidad de Pekín, la Universidad Normal de Nanjing y el Centro de Educación Profesional formaron la Asociación Conjunta de la Nueva Educación y publicaron la revista mensual *Nueva Educación*. Su director, Jiang Menglin, y los redactores principales, Hu Shi, Tao Xingzhi, Guo Bingwen y Jiang Qi, fueron alumnos de Dewey. En diciembre de 1921, se unieron al Grupo de Investigación de la Educación Pragmática y formaron la Asociación de la Reforma Educativa, con Tao Xingzhi como presidente y Dewey en el cargo de director honorario. Además, muchos estudiantes y profesores de las universidades de Pekín también aprendieron y propagaron las teorías de Dewey. Establecieron el Grupo de la Educación Popular y publicaron la revista *Educación del Pueblo*.[20]

Muchos otros especialistas occidentales viajaron a China para difundir sus pensamientos sobre la educación. En octubre de 1920, el filósofo y pedagogo inglés Bertrand Russell visitó China, invitado por la Asociación Educativa de Jiangsu, el Centro de Educación Profesional y la Asociación Conjunta de la Nueva Educación. En septiembre de 1921, el pedagogo y profesor de la facultad de educación de la Universidad de Columbia, Paul Monroe, también vino a China para llevar a cabo algunas investigaciones con la invitación del Grupo de Investigación de la Educación Pragmática.

La difusión de las teorías de Dewey se llevó a cabo de manera diferente que la de Herbart. En el caso de Herbart, China aceptó sus teorías de manera pasiva. Debido a que las teorías educativas chinas de aquel entonces no eran maduras, nos limitamos a copiar las de Herbart sin crear nuestros propios sistemas educativos. En tiempos de Dewey, la pedagogía china se había vuelto madura y se habían formado pedagogos chinos. Por lo tanto, decidimos adaptar las opiniones de Dewey a la situación social de nuestro país y las complementamos con elementos novedosos, como «la educación de la vida», propuesta por Tao Xingzhi, «la educación viva» y «la educación del pueblo», creadas por Chen Heqin.

Tao Xingzhi dio la vuelta a las ideas de Dewey: Dewey proponía que «la educación es la vida y la escuela es la sociedad. Hay que estudiar mediante la práctica», mientras que, según Tao, «la vida equivale a la educación y la sociedad, a la escuela. Hay que combinar la enseñanza, el aprendizaje y la práctica». Explicó:

> «La educación es la vida», es decir, la educación equivale a la vida. La buena educación establece la buena vida, mientras que la educación caducada provoca la vida aburrida. Sin embargo, al revés, si equivalemos la vida a la educación, se puede evitar de manera radical este problema.
>
> «La vida equivale a la educación», es decir, la educación debe ser llevada a cabo de manera libre, como si fuera un pájaro volando en el bosque. Sin embargo, «la educación es la vida» limita la educación y la vida a la escuela, como si fuera un pájaro encarcelado en la jaula.
>
> Todos los elementos informales tienen sus propias fuerzas y hay que abarcarlos en la educación y en las asignaturas. Por ejemplo, los estudiantes pueden aprender mucho si se hacen amigos de los campesinos. Otros elementos, anteriormente excluidos de las asignaturas, tienen funciones similares.
>
> Por último, la educación debe empezar por los libros limitados y expandirse hacia el ámbito de la vida, más extenso. Hay que combinar la lectura y el oído con la mente.

Cuando explicó «la sociedad equivale a la escuela», dijo:

> Proponemos que la sociedad equivale a la escuela porque bajo la propuesta de «la escuela es la sociedad», los contenidos impartidos en las escuelas son demasiado pocos. Al revés, con «la sociedad equivale a la escuela», se puede ampliar las materias, los

> métodos, las herramientas y los ámbitos de la educación. Todas las personas de la sociedad pueden ser alumnos y profesores. Si limitamos la educación a la escuela, las experiencias de los campesinos no pueden ser aprendidas y las personas fuera de las escuelas no pueden participar en las actividades organizadas.[21]

Se puede observar que Tao intentó adaptar la educación a la sociedad china. Prestó atención a la educación del pueblo ordinario y aprendió desde ello. En su opinión, el ámbito educativo era amplio: no se limitó a los libros sino que se expandió hacia la vida real. Sus teorías estaban basadas en las de Dewey, pero sometidas a un mayor desarrollo.

La introducción del método de enseñanza por proyectos y el plan de Dalton

Durante la década de los años veinte del siglo pasado, muchos métodos educativos centrados en las actividades de los niños fueron introducidos en China, por ejemplo, el método de enseñanza por proyectos, los planes de Dalton, de Winnetka, de Gary, las didácticas de Decroly, etc. Entre estos, el método de enseñanza por proyectos y el plan de Dalton tuvieron una mayor influencia.

El pedagogo estadounidense William Heard Kilpatrick (1871–1965) fundó el método de proyectos en 1918. Sus características consistían en la apreciación de la iniciativa de los estudiantes y la combinación del estudio con la vida. Por lo tanto, se cancelaron los límites entre los diferentes grupos y asignaturas y las materias docentes tradicionales. Los estudiantes, bajo la dirección de los profesores, realizaban actividades diseñadas por ellos mismos para adquirir conocimientos y experiencias. Las etapas del proceso eran las siguientes: definir el objetivo, elaborar el plan, efectuar las actividades y evaluar los resultados.

El experto en educación primaria Yu Ziyi, aprendió este método cuando visitó Estados Unidos entre 1913 y 1914. Después de volver a China, llevó a cabo experimentos del método en la Escuela Afiliada a la Universidad Normal de Nanjing en 1919. En 1921, la Asociación Conjunta de la Nueva Educación publicó un decreto para aplicar este método en algunas escuelas de Jiangsu. En 1927, Kilpatrick fue invitado a China por la Asociación de la Reforma Educativa para pronunciar discursos en Nanjing y Shanghái. Sus ideas fueron populares durante aquella época. Después de la década de los treinta, este método fue menos utilizado.

El plan de Dalton fue propuesto por la pedagoga estadounidense Parkhurst en la Escuela de Dalton de Massachusetts en 1920. Abandonó los cursos y grupos y cambió las aulas por laboratorios, donde se exponían los libros de referencia y los instrumentos de laboratorio por asignaturas. Los estudiantes y profesores firmaron contratos de estudio y los estudiantes gestionaban el tiempo según sus intereses y capacidades. No se impartieron clases y cada laboratorio disponía de un profesor como consejero. Los alumnos estudiaban en los laboratorios según los contratos, utilizando diferentes materias docentes, a diferentes velocidades. Los que progresaron con mayor velocidad pudieron renovar los contratos e incluso graduarse antes del plazo establecido.

El plan de Dalton fue introducido en China por la *Revista de Educación*. Se presentó en artículos de los volúmenes trece y catorce de 1921 y 1922. En otoño de 1922, el pedagogo Shu Xincheng lo puso en práctica en la Escuela Secundaria de Wusong. En julio de 1925, la señora Parkhurst fue invitada a China para impartir discursos y en el mismo año, 57 escuelas de Shanghái, Pekín, Nanjing y Kaifeng aplicaron su plan educativo. Hasta 1929, se había expandido a ocho provincias del país. Sin embargo, también fue menos usado desde los años treinta.[22]

Este capítulo presenta principalmente la introducción de los sistemas y teorías educativos en China y su influencia en la educación. No es difícil observar que, a diferencia del período anterior al Movimiento Reformista de 1898, durante esta época, los intelectuales chinos anhelaban conocer la cultura occidental y empezaron a aprender desde sus herramientas hacia sus sistemas y pensamientos. En particular después de la fundación de la República de China, la propagación de la cultura occidental se volvió más fácil porque habían desaparecido los problemas políticos. No obstante, el choque entre la cultura occidental y la china siguió siendo agudo. Las tradiciones no habían sido arrancadas totalmente ni se había fundado un nuevo sistema cultural. La situación del ámbito educativo era similar: la educación china intentaba sobrevivir entre tradiciones y reformas y progresar poco a poco hacia la modernización. En general, la tradición educativa feudal estaba cayendo en la ruina y la nueva educación democrática y científica estaba creciendo. Después de la introducción del marxismo en China, encontramos un camino de modernización adaptado a la situación social de nuestro país y empezamos a establecer el fundamento del nuevo sistema educativo. Vamos a explicar esta cuestión en los capítulos siguientes.

Notas

1 Kang, Y. W. (1987). *Antología completa de Kang Youwei*. Shanghái: Libros Antiguos.

2 Liang, Q. C. (2015). *Antología del Pabellón de Yinbing* (Vol. 6). Pekín: Zhonghua Libro Co.

3 Shu, X. C. (1961). *Documentos históricos de la educación china moderna*. Pekín: Educación del Pueblo.

4 Shu, X. C. (1961). *Documentos históricos de la educación china moderna*. Pekín: Educación del Pueblo.

5 Chen, X. X. (1980). *Antología selecta de la educación moderna china*. Pekín: Educación del Pueblo.

6 Zhu, Y. (1983). *Documentos históricos del nuevo sistema escolar chino.* Shanghái: Universidad de Huadong.
7 Qian, M. Q. y Jin, L. X. (1996). *Estudio comparativo del nuevo sistema escolar chino.* Guangzhou: Educación de Guangdong.
8 Qian, M. Q. y Jin, L. X. (1996). *Estudio comparativo del nuevo sistema escolar chino.* Guangzhou: Educación de Guangdong.
9 Shu, X. C. (1961). *Documentos históricos de la educación china moderna.* Pekín: Educación del Pueblo.
10 Gu, M. Y. (Ed.) (1981). *Gran diccionario de la educación* (Vol. 10). Shanghái: Educación de Shanghái.
11 Chen, J. P. (1979). *Historia de la educación moderna china.* Pekín: Educación del Pueblo.
12 Shu, X. C. (1961). *Documentos históricos de la educación china moderna.* Pekín: Educación del Pueblo.
13 Qian, M. Q. y Jin, L. X. (1996). *Estudio comparativo del nuevo sistema escolar chino.* Guangzhou: Educación de Guangdong.
14 Qian, M. Q. y Jin, L. X. (1996). *Estudio comparativo del nuevo sistema escolar chino.* Guangzhou: Educación de Guangdong.
15 Da, C. (1994). *Historia de la educación estadounidense.* Pekín: Educación del Pueblo.
16 Zhou, G. P. (1996). *La propagación de las teorías educativas modernas occidentales en China.* Guangdong: Educación de Guangdong.
17 Zhou, G. P. (1996). *La propagación de las teorías educativas modernas occidentales en China.* Guangdong: Educación de Guangdong.
18 Gao, P. S. (1991). *Obras selectas de educación de Cai Yuanpei.* Pekín: Educación del Pueblo.
19 Gu, M. Y. (Ed.) (1981). *Gran diccionario de la educación* (Vol. 10). Shanghái: Educación de Shanghái.
20 Zhou, G. P. (1996). *La propagación de las teorías educativas modernas occidentales en China.* Guangdong: Educación de Guangdong.
21 Tao, X. Z. (1985). *Antología completa de Tao Xingzhi* (Vol. 2). Hunan: Educación de Hunan.
22 Zhou, G. P. (1996). *La propagación de las teorías educativas modernas occidentales en China.* Guangdong: Educación de Guangdong.

CAPÍTULO VIII

Propagación del marxismo y nacimiento de la ideología educativa marxista en China

El marxismo es, esencialmente, una parte de la cultura occidental: fue un producto inevitable del desarrollo de la economía y la política. En el período en que se formó el modo de producción capitalista y los conflictos entre la clase burguesa y la proletaria se iban agudizando, Karl Marx y Friedrich Engels crearon la ideología marxista gracias a las prácticas revolucionarias, la síntesis de las experiencias de los movimientos obreros europeos y la absorción selectiva de elementos de la filosofía clásica alemana, de la economía política clásica inglesa y del socialismo utópico francés. Sin embargo, se diferencia de la cultura occidental porque representa, *grosso modo*, la dirección del desarrollo de la cultura avanzada y pertenece a todos los proletarios del mundo. La historia china, desde el Movimiento del 4 de Mayo de 1919 hasta la actualidad, también se ha vinculado estrechamente con el marxismo. Los miembros del Partido Comunista de China, tras adoptar el marxismo, lo combinaron con las circunstancias reales de la Revolución China y lo desarrollaron. Este pensamiento nos ha dirigido al triunfo de la Nueva Revolución Democrática y está guiando la construcción de la modernización socialista. Su introducción en China destruyó totalmente la base cultural del antiguo régimen y proporcionó las condiciones necesarias para la formación de una nueva cultura. En aquel momento, la Revolución Cultural china se expandió en el pensamiento y los chinos encontraron una perspectiva de criticar, seleccionar y modificar la cultura tradicional de acuerdo con un método histórico y científico. No la denegaron completamente, sino que tomaron sus elementos positivos y abandonaron sus deficiencias. Además, con el propósito de crear una nueva cultura, era necesario absorber las esencias de todas las culturas avanzadas del mundo.

Propagación del marxismo en China y cimentación de la nueva cultura china

Antes de presentar la propagación de los pensamientos educativos marxistas en China, es necesario explicar la difusión del marxismo. En los últimos años de la dinastía Qing, las ideas del socialismo científico entraron en China desde Japón. Según los documentos históricos, la doctrina marxista fue mencionada por primera vez en el artículo «Teoría de la gran universalidad», traducido por Timothy Richard y transcrito por Cai Erkang, publicado en febrero de 1899 por el periódico *Revista del Globo* de la Asociación de Literatura Cristiana de China, en Shanghái. En este artículo, los nombres de Karl Marx, Friedrich Engels y sus investigaciones sobre el capital fueron presentados por primera vez. En la obra *Traducciones recopiladas de libros extranjeros*, publicada por estudiantes chinos que estudiaban en Japón en enero de 1901, se encuentran referencias a la *Historia política del mundo moderno* de Nagao Ariga, en la cual se combinan las teorías de Marx con sus doctrinas socialistas. No obstante, el primer libro en el que se refiere a este personaje y el socialismo de manera sistemática es *Socialismo*, escrito por Tomori Murai, traducido por Luo Dawei y publicado en abril de 1902 por la librería Guangzhi de Shanghái. El primer chino que investigó sobre este gran pensador fue Liang Qichao. En su artículo «Doctrinas de la teoría de evolución para revolucionarios», publicado en el periódico *Nuevo pueblo* el 16 de octubre de 1902, se realiza una breve presentación de Marx. En febrero de 1904, Liang Qichao escribió otro artículo en los números 46, 47 y 48 del mismo periódico y expuso las doctrinas socialistas.[1] Posteriormente, surgieron, en números cada vez mayores, investigaciones sobre el marxismo, hasta que fue apreciado como la directriz de la Revolución china y propagado a gran escala después de la Revolución de Octubre en 1917.

Mao Zedong declaró: «Los estruendos del cañón de la Revolución de Octubre nos trajeron el marxismo».[2] Li Dazhao y Chen Duxiu, pioneros del Movimiento de la Nueva Cultura y dirigentes del Movimiento del 4 de Mayo, publicaron la revista *Nueva Juventud* y contribuyeron significativamente a la propagación del marxismo. En julio de 1918, Li Dazhao publicó los artículos «El triunfo de los plebeyos» y «El triunfo del bolchevismo» en esta revista para celebrar el éxito de la Revolución de

Octubre. En mayo de 1919, la revista abrió la columna titulada «Investigación del marxismo», en la que Li Dazhao publicó, entre septiembre y noviembre, el artículo «Mis opiniones sobre el marxismo», que presentaba esta ideología de manera sistemática. En septiembre de 1920, Chen publicó «Sobre la política» para declarar su actitud sobre esta ideología y explicar las teorías de la dictadura del proletariado. En 1922, publicó «Doctrinas del marxismo» para difundirlo. En conclusión, desde el Movimiento del 4 de Mayo hasta la fundación del Partido Comunista de China, se publicaron más de ciento treinta artículos en la revista *Nueva Juventud*, en los que se daba información sobre el marxismo y la Revolución de Octubre. Otra revista fundada por Li Dazhao y Chen Duxiu, *Crítica semanal*, también incluía muchos artículos que explicaban la Constitución de la Unión Soviética o las nuevas leyes en materia de tierra y matrimonio. Sin embargo, fue embargada poco tiempo después del Movimiento del 4 de Mayo. Obras como el *Manifiesto del Partido Comunista*, *El capital* o *El desarrollo del socialismo desde lo utópico hasta lo científico* también fueron traducidas al chino tras este movimiento.[3]

Movimiento del 4 de Mayo tuvo lugar bajo la influencia de la Revolución de Octubre. Mao Zedong dijo: «El Movimiento del 4 de Mayo nació por los llamamientos de la revolución mundial, de la Revolución rusa y de Lenin».[4] Al explicar las características de la historia de la Revolución Cultural china, dijo: «En cuanto al frente cultural o ideológico, el Movimiento del 4 de Mayo supuso la línea divisoria de dos épocas históricas diferentes».[5] Antes de este movimiento, los conflictos del frente cultural tuvieron lugar entre la nueva cultura burguesa y la antigua cultura feudal. En los institutos de esa época se impartían principalmente ciencias naturales y teorías políticas y sociales capitalistas que necesitaban los burgueses, las cuales incluían muchos elementos feudales atrasados. No obstante, tras el surgimiento del Movimiento del 4 de Mayo, la situación cambió radicalmente. En China surgió «una cultura totalmente nueva, que fue la ideología comunista, su concepción del universo y sus teorías de la revolución social, dirigida por los miembros del Partido Comunista de China».[6] En el segundo capítulo hemos mencionado que la crítica surgida de este movimiento contra la cultura feudal fue rotunda. Sin embargo, puesto que esta había existido durante miles de años en China y que el país en aquel entonces era todavía semifeudal y semicolonial, el fundamento social de la cultura vieja no fue destruido de raíz y la cultura nueva tampoco logró establecerse. La propagación del marxismo ayudó a sentar los cimientos de la cultura nueva, que fue formándose paulatinamente bajo la dirección del marxismo y leninismo y el Partido Comunista de China. La nueva cultura china se opuso completamente a la del imperialismo y feudalismo y era con características nacionales, científicas y populares.

Propagación de la ideología educativa marxista en China

Con la introducción del marxismo a China, su ideología educativa también se propagó. Fue difundida por primera vez mediante la presentación de la educación soviética. En los números 2, 4 y 5 del octavo tomo de *Nueva Juventud* de 1921, se publicaron en la columna de «Investigación sobre la Unión Soviética» varios artículos en que se explicaban las reformas y normas educativas de la Unión Soviética después de la Revolución de Octubre, como «La educación popular de la Unión Soviética», «La educación de la Unión Soviética», «La situación educativa de Rusia», «Escuelas y alumnos de la Rusia revolucionaria», «La educación social de Rusia», etc. Estos esfuerzos mostraron que los primeros marxistas chinos observaron la ilustración de la nueva sociedad desde la Revolución Rusa, y tuvieron conciencia de la superioridad de elegir el camino ruso para completar la revolución china. Consideraron la revolución educativa soviética como la puesta en práctica de la ideología marxista educativa. Opinaron que la educación china también debía seguir el modelo soviético. Empezaron a utilizar las concepciones marxistas sobre el universo y la revolución para analizar los problemas educativos chinos.

Para la ideología educativa marxista, la pregunta fundamental que había que responder concernía a la esencia de la educación, puesto que antes de su introducción a China las personas no sabían con exactitud en qué consisten la esencia y la función de la educación. Li Dazhao y Chen Duxiu, pioneros del marxismo en China, revelaron por primera vez de manera correcta la relación de la educación con la economía y la política y explicaron con exactitud la esencia educativa. Utilizando los argumentos del materialismo histórico, aclararon la naturaleza de la educación mediante una explicación que relacionaba la base económica y la superestructura social. Indicaron que la educación tenía unas características históricas e ideológicas y que no era posible desvincular su desarrollo de la economía y la política. Li Dazhao escribió el artículo «Hablar otra vez de los problemas y la ideología» en respuesta a Hu Shi, quien había propuesto una mayor dedicación a los problemas reales y una menor atención a la ideología. Dijo: «Según el materialismo histórico del marxismo, todas las superestructuras sociales, como las leyes, la política o la ética, son superficiales. Bajo ellas, la economía es su fundamento. Las transformaciones de esa superficie son el resultado de los cambios económicos».[7]

Chen Duxiu también analizó la esencia educativa de acuerdo con las premisas del materialismo histórico. En 1921, efectuó un debate con el anarquista Ou Shengbai sobre la función de la educación. Indicó:

> Bajo el régimen capitalista, toda la educación, o sea, por lo menos el noventa por ciento de ella, protege el poder y las costumbres de los burgueses, no importa si es intencional o no, o si depende del gobierno o no. Por lo tanto, nadie puede creer que, bajo este sistema educativo, la educación en la bondad pueda ser realizada a gran escala.[8]

En enero de 1923, publicó el artículo «¿La educación puede ser desvinculada de la política?» en el número 18 de la revista *Guía* para criticar la propuesta de la independencia de la educación, sin vincularla a la política.

Las teorías educativas marxistas consideraban que la educación dependía de las circunstancias económicas y políticas, y en sentido inverso, producía un efecto en la economía y la política. A partir de esta pauta fundamental, Li Dazhao declaró:

> Proponemos utilizar el humanitarismo para cambiar el espíritu humano, y el socialismo para modificar las estructuras económicas. No se puede obtener buenos resultados si cambiamos el espíritu humano sin prestar atención a las estructuras económicas; tampoco se puede conseguir éxitos si modificamos las estructuras económicas sin tener en cuenta el espíritu humano. En la reforma, preferimos combinar la sustancia con el espíritu, la «carne» con el «alma».[9]

Después del Movimiento del 4 de Mayo, se prestó más atención a la educación, con el propósito de exhortar al pueblo y organizar a la gente común a derrotar al gobierno reaccionario y fundar un régimen popular.

Los dos pensadores se dieron cuenta de la importancia de la función de la educación en el desarrollo del cuerpo y de la mente humanos. Chen, en su artículo «Directrices de la educación de hoy», publicado en 1915, escribió: «La función de la educación no consiste sino en el desarrollo de las virtudes del cuerpo y de la mente humanos y el abandono de sus deficiencias. Las virtudes y las deficiencias significan, respectivamente, los elementos adaptados o no a las necesidades sociales».[10] También dijo:

> Una persona sin educación es parecida a un material en crudo, mientras que una persona con educación se parece a un instrumento elaborado. Las virtudes humanas pueden ser desarrolladas por la educación, y las deficiencias también pueden ser reducidas por ella.[11]

Los primeros teóricos de la ideología educativa marxista fueron Yang Xianjiang y Qian Yishi.

Yang Xianjiang (1895–1931), cuyo nombre de cortesía era Yingfu y que adoptó el seudónimo de Li Haowu, se graduó en la Primera Escuela Normal de Zhejiang en 1917 y participó en la Asociación de Jóvenes Chinos en 1919. Desde 1921, trabajó como editor en la revista *Estudiantes* de la Prensa Comercial de Shanghái y se incorporó al Partido Comunista de China en 1923. Trabajó como profesor, sucesivamente, en la Universidad de Shanghái, en la Escuela de Niñas de Jingxian, la Escuela Afiliada a la Universidad de Shanghái y como coordinador educativo de la Escuela de Chunhui de Zhejiang, etc. Entre el verano de 1923 y el de 1925 estudió en la facultad de psicología de la Universidad de Fudan y ayudó a Yun Daiying a editar la revista *Jóvenes Chinos*. Después del fracaso de la «Gran Revolución», entre 1927 y 1929 se exilió a Japón y, tras su regreso a China, formó parte de la Asociación de Científicos Sociales e intervino en la recopilación de *Colección de libros de las nuevas ciencias sociales*. Durante su corta vida, no solo participó con entusiasmo en las prácticas revolucionarias, sino que también investigó con profundidad la teoría educativa. Tradujo numerosas obras educativas marxistas y escribió el considerado primer libro sobre pedagogía marxista de China.

Durante su exilio en Japón, prestó especial atención a las nuevas normas y teorías educativas soviéticas. Publicó «Teorías generales de la nueva educación soviética», «Las reformas y críticas de las recientes normas educativas soviéticas» y «La perspectiva psicológica sobre la educación de Pinkevich» en la *Revista de Educación* y «La educación soviética de niños preescolares» en la *Revista para Mujeres*. En 1930, tradujo y publicó con el seudónimo Li Haowu *La nueva educación de la República Soviética*. En 1931, con el sobrenombre Zhu Kang, tradujo del japonés *La educación de la nueva Rusia*.[12]

Sus obras sobre teoría educativa más representativas son *Historia de educación ABC*, publicada en mayo de 1929, y *Nuevo plan de educación*, publicada en 1930. Las dos también fueron las primeras obras educativas marxistas de China. Su publicación no solo produjo una gran admiración durante aquella época, sino que también influyó enormemente en el desarrollo posterior de la teoría educativa marxista en China.

Historia de educación ABC utiliza palabras sencillas para presentar la historia de la educación desde el período prehistórico de clan y la sociedad antigua de esclavitud de Oriente y Occidente, hasta la era del feudalismo de la Edad Media y la capitalista de la época moderna. En esta obra se considera que los modos de producción y los beneficios de la clase dominante de las diversas formas de sociedad determinan los diferentes tipos de educación. Además, se indica claramente que la misión de la historia educativa no solo consiste en recordar los hechos educativos anteriores, como las hazañas de los héroes y de los personajes eminentes o las diferentes tendencias ideológicas educativas, sino también, en sentido más importante, en explicar de manera exacta y detallada las cuestiones siguientes:

(1) ¿De qué manera evolucionan el sentido y el objetivo de la educación?
(2) ¿Dónde yacen la razón verdadera de la evolución de los pensamientos educativos y el fundamento de las vicisitudes de los sistemas educativos?

(3) ¿Cuál es la relación entre la clase dominante y la clase dominada en el espacio de la educación?[13]

Al final del libro, el autor se mostró confiado firmemente en que la sociedad humana futura, con características de «la democracia de política, la filantropía de sociedad, la igualdad de derecho y la generalización de la educación», llegaría sin duda. Fue la primera obra en presentar la historia del desarrollo de la educación desde la perspectiva del materialismo histórico marxista.

El *Nuevo plan de educación* se divide en tres capítulos y dieciséis secciones. El primer capítulo «La esencia de la educación», explica el origen, la función, la misión y la evolución de la educación utilizando los argumentos del materialismo histórico y critica las propuestas populares de aquel entonces de la consagración de la educación, su sublimidad, neutralidad o independencia. Analiza la esencia de la educación con base en teorías de la clase social e indica:

> La educación forma parte de la superestructura social y un área laboral de forma ideológica. Está basada en la infraestructura económica. En la sociedad primitiva en que no existieron las diferentes clases sociales, la educación era homogénea y propiedad de todos los seres humanos; en la sociedad civilizada posterior, se produjo la división en clases sociales y la educación empezó a pertenecer solo a la clase dominante, opuesta a la clase dominada.[14]

Se analizan los cinco tipos de educación en la sociedad de clases:

(1) La educación desvinculada del trabajo.
(2) El derecho a la educación determinado por el derecho a la propiedad.
(3) La educación representa y sirve para los beneficios de la clase dominante.
(4) La existencia contrapuesta del derecho de la educación de la clase dominante y de la dominada. Sus conflictos internos.
(5) La desigualdad de género en la educación.

El segundo capítulo, «Evolución de la educación», relata las circunstancias reales y las razones de la transformación de los sistemas educativos a lo largo de la historia. El tercero, «Observación general de la educación», analiza la relación de la educación con la economía y la política, indicando que la educación viene determinada por estos dos elementos pero, a su vez, los influye. Por tanto, ignorar o exagerar la función de la educación se considera un error. Este libro fue publicado en febrero de 1930 y reeditado en septiembre del mismo año. Posteriormente, su venta fue prohibida por el gobierno del Partido Nacionalista Chino. Sin embargo, tuvo un gran impacto entre los jóvenes progresistas y algunas escuelas avanzadas lo utilizaron como libros de referencia para la enseñanza. Además, fue usado como libros de texto en los institutos normales de las bases revolucionarias.

Desde un punto de vista contemporáneo, las teorías que explican estos dos libros de Yang resultan demasiado sencillas. No obstante, son excelentes si se analizan desde la perspectiva del materialismo histórico, porque contribuyeron de manera significativa a la propagación de las ideologías educativas marxistas en China. Imaginamos que, durante la época dominada por el Terror Blanco del Partido Nacionalista Chino, se desabordaron diferentes pensamientos educativos occidentales en nuestro país, pero pocas personas conocían el marxismo. De repente, se lanzó un «caballo silvestre», que utilizó el materialismo histórico y la teoría de las clases sociales para analizar la esencia de la educación y aclarar algunos conceptos confusos. ¡Cuánto efecto causó para el mundo educativo! Elevó un estruendo que llamó la atención de la gente y marcó la dirección para los revolucionarios intelectuales. Algunas de sus teorías también tienen un sentido importante en la actualidad.

Durante los primeros años de la propagación de la ideología educativa marxista en China, tuvieron lugar discusiones relativamente profundas sobre algunas cuestiones principales de la teoría educativa, gracias a las cuales se iluminó la dirección de las maneras de tratar a los problemas educativos en la Revolución china.

La primera consiste en el conocimiento sobre la cuestión de la esencia de la educación. ¿Cuál es la esencia de la educación y cuáles son sus funciones? Antes de la introducción del marxismo había muchas propuestas variadas. Sin embargo, ninguna de ellas pudo explicar bien la esencia de la educación porque siempre se intentaba desvincular la educación de la política o se exageraban las funciones de la educación, considerándola como una panacea para solucionar la pobreza y el atraso. Después de la introducción del marxismo en China, los intelectuales, como Li Dazhao, Chen Duxiu o Yang Xianjiang, empezaron a analizar su esencia desde la perspectiva del materialismo histórico, explicando que no es sino una forma ideológica fundada sobre la infraestructura económica. La educación progresa al paso de la evolución social y tiene naturaleza de historia y de clase social, como Yang declaró: «La educación de la clase social y la educación opuesta, son características de la educación desde que los humanos entraron en la historia civilizada. Sin embargo, supone una degeneración, en cuanto a la esencia educativa».[15] Si se deseara recuperar la esencia original de la educación y realizar su unificación, deberían eliminarse las diferentes clases sociales y destruir la sociedad de clases. También se evaluaron correctamente las funciones y los efectos de la educación, que si bien estaba determinada por la economía, al revés, influyó en el desarrollo económico.

Qian Yishi, en su *Teorías de la educación moderna*, subrayó también:

> Las teorías educativas forman parte de la ideología. Igual que la política, las leyes, la filosofía o la religión, son definidas por la sustancia social y cambian por las vicisitudes de la infraestructura económica. Respecto a su esencia, la educación es una herramienta para ayudar a los humanos a administrar su vida social.[16]

En conclusión, la propagación de las teorías educativas marxistas en China aclaró los conocimientos de la gente sobre la esencia de la educación: no podía existir independientemente de la economía y la política, y era una herramienta del desarrollo social. Las teorías educativas marxistas criticaron las propuestas relacionadas con la independencia y la omnipotencia de la educación.

En segundo lugar, la educación debía servir a la reforma social. Los pioneros del marxismo fueron miembros destacados del Movimiento de la Nueva Cultura y criticaron insistentemente la cultura feudal y las teorías de Confucio y de Mencio. Investigaron la naturaleza nacional del pueblo chino y desaprobaron sus deficiencias. Sin embargo, durante aquel tiempo estaban en apoyo de las teorías evolucionistas y sus formas de pensar eran metafísicas, por lo que no eran capaces de entender correctamente las razones fundamentales por las que nació la idiosincrasia del pueblo chino y las vías de reformarla. Después del Movimiento del 4 de Mayo, adoptaron el materialismo histórico marxista y fueron asumiendo paulatinamente que la reforma de la naturaleza nacional era un problema relacionado con la revolución ideológica. La dominación feudal, que se había prolongado durante miles de años, era la causa radical del atraso de la naturaleza nacional. Antes de reformar la naturaleza del pueblo, hay que realizar primero la modificación de la sociedad. La educación debía ponerse al servicio de la reforma social. Yang Xianjiang, en un artículo publicado en la *Revista de educación* en 1923, declaró:

> Los pedagogos chinos, considerados siempre a sí mismos como puros y altaneros, en la mayoría de los casos no prestan atención a la política, y esto es una actitud completamente equivocada. En realidad, no importan los objetivos educativos finales, la única educación que necesita la actual China es la educación revolucionaria; los únicos pedagogos que requiere la sociedad son los revolucionarios. Por lo tanto, los pedagogos deben ser capaces de dirigir no solo la revolución de los estudiantes, sino también la de la gente común.[17]

Qian Yishi manifestó:

> Antes de librarnos del destino de la semicolonia, debemos concentrar el poder en la lucha contra el imperialismo y el feudalismo. Los dos pilares de las nuevas teorías educativas son el antiimperialismo y el antifeudalismo. El objetivo de la educación actual de China es formar a los ciudadanos que luchan por la independencia del pueblo y la democracia en la política.[18]

Las teorías educativas marxistas consideraban que la educación no debía versar sobre el desarrollo del individuo desvinculándose de la vida y la sociedad real. Había que buscar el desarrollo individual al mismo tiempo que se llevaba a cabo una reforma de la sociedad. El esplendor de estas teorías sigue brillando en la actualidad. A día de hoy, algunas personas siempre intentan hablar del desarrollo individual de una manera abstracta, alejada de la sociedad actual, pero sus opiniones no son sino deseos utópicos surgidos dentro de los estudios o buenas esperanzas. Desde luego, si queremos perseguir estas expectativas, tenemos que aniquilar, como explica Yang Xianjiang, «la degeneración de la educación» y recuperar «la esencia de la educación». Sin embargo, lo primero que debemos llevar a cabo es la reforma de la sociedad.

En tercer lugar, la educación debía abrir sus puertas a los obreros y campesinos comunes y sus hijos, y combinarse con el trabajo de producción. Yang, por un lado, criticó que en la sociedad de clases, el derecho de recibir educación seguía los pasos del derecho de propiedad; los obreros y campesinos y sus hijos no gozaban del derecho de recibir educación. Por otro lado, presentó las teorías educativas en el *Manifiesto del Partido Comunista* y la *Crítica de la Directriz de Gotha* e indicó que los pensamientos educativos marxistas «no eran sino propuestas sobre las cuestiones fundamentales como la combinación la educación con el trabajo, la educación pública y gratuita enfrentada a todos los niños o la fundación de institutos especializados técnicos (teóricos y prácticos) junto con las escuelas primarias nacionales». Señaló también que estos pensamientos educativos de Marx se estaban cumpliendo en la Unión Soviética. Mientras tanto, indicó que la transformación del capitalismo al socialismo no podía realizarse de la noche a la mañana, sino que era necesaria una etapa de transición, llamada dictadura del proletariado. La educación de este período también tendría características de clase, pero sería diferente de la capitalista, porque la anterior formaría a defensores leales del proletariado, de tal manera se prepararía para la sociedad futura sin clases sociales, mientras que la posterior tenía por objetivo producir esclavos fieles para los burgueses.[19]

A partir del análisis previo se puede detectar que las teorías educativas marxistas eran diferentes de las de la burguesía occidental. Si las teorías de Herbart o de Dewey introducidas en China durante épocas anteriores proponían soluciones a microcuestiones en la educación, es decir, de qué manera se llevaba a cabo la educación, las teorías marxistas respondían a macropreguntas: qué era la educación y por qué se efectuaba. Solo después de solucionar los macroproblemas relacionados con los conceptos educativos, se podía realizar la educación con eficiencia y formar a intelectuales.

Praxis y tradición educativa en las bases revolucionarias

Las teorías educativas marxistas, tras haber sido propagadas en China, se pusieron en práctica mediante la profundización de la Revolución china, en las bases revolucionarias por el Partido Comunista. Después del Movimiento del 4 de Mayo, la Revolución china progresaba hacia el camino de la nueva democracia. Después de que Chiang Kai-shek traicionó la revolución en 1927, el Partido Comunista de China dirigió la revolución agraria y fundó el nuevo régimen de obreros y campesinos en sus bases revolucionarias. El período del nuevo régimen puede ser dividido en dos etapas según sus diferentes naturalezas revolucionarias: la de la República Soviética de China y la de las zonas democráticas antijaponesas.

La República Soviética de China (1931–1937) se halló en una situación de revolución agraria y guerra civil. Para lograr el triunfo de la revolución agraria y defender el régimen de las agresiones militares del Partido Nacionalista Chino, el Partido Comunista y su gobierno propusieron la exigencia de «supeditar todos los trabajos a las necesidades de la revolución y la guerra, incluso el de la educación». En enero de 1934, Mao Zedong propuso la directriz general de la educación cultural soviética en su informe presentado en el Segundo Congreso del Comité Plenario de la República Soviética:

> Educar al extenso pueblo trabajador diligente y fatigado en el espíritu comunista; colocar la educación cultural a servicio de la guerra revolucionaria y la lucha de clases; combinar la educación con el trabajo; y permitir que los individuos que componen el extenso pueblo chino se conviertan en personas que disfrutan de la dicha y la civilización.[20]

Esta directriz guio la aplicación práctica de las teorías educativas marxistas a la Revolución china.

En un contexto bélico, en las bases revolucionarias por el Partido Comunista no podía haber normas escolares sistemáticas y la educación se concentraba en la formación de cuadros para el Partido, el gobierno y el ejército. Las escuelas principales para la formación de cuadros en la República Soviética fueron la Universidad del Ejército Rojo de Obreros y Campesinos de China, fundada en noviembre de 1933; la Universidad Soviética, fundada en agosto de 1933; el Instituto Central de Agricultura, fundado en 1933; el Instituto Máximo Gorki de Teatro, fundado en 1934, etc. Aparte de establecer escuelas para la formación de cuadros, se prestó mucha atención a la educación de funcionarios en activo y se organizaron, desde las zonas centrales hasta las diversas provincias, distritos y regiones, con frecuencia talleres de formación, que educaron a numerosos cuadros de excelencia para la guerra revolucionaria y la construcción de todos los trabajos. Además de la formación de cuadros, la República Soviética también tuvo en cuenta la educación de obreros, campesinos y niños. Para elevar el nivel cultural de los obreros y campesinos y aumentar sus conocimientos sobre su clase social, se llevaron a cabo en diversas regiones movimientos revolucionarios culturales basados en el pueblo y centrados en la eliminación del analfabetismo. Se tomaron diferentes medidas y se organizaron múltiples organizaciones, como la escuela nocturna, la escuela de media jornada, la escuela al aire libre, la escuela de fin de semana, la escuela de vacaciones de invierno y verano, o talleres de alfabetización y de lectura de periódicos, salones de estudio del leninismo, biblioteca móvil, seminarios de investigación, etc. La educación para niños de la República Soviética era gratuita, obligatoria y universal. El sistema educativo determinó que la escuela primaria leninista disponía de cinco cursos, tres de ciclo primario y dos de ciclo secundario. Para adaptarse a las circunstancias de las zonas rurales, en las escuelas primarias leninistas se aplicaron los sistemas de educación a tiempo completo y a tiempo parcial. Los de edad mayor, que eran capaces de participar en las labores productivas, fuero incluidos en el grupo a tiempo parcial. Durante las temporadas de trabajo intenso, se establecieron vacaciones de treinta días con el objetivo de que las actividades docentes satisficieran las necesidades de las actividades de cultivo. El estudio se combinó estrechamente con las labores productivas y las prácticas agrícolas formaban parte primordial en los planes de estudio.

En 1937, estalló el incidente del Puente de Marco Polo y se empezó la Guerra Antijaponesa. El Partido Comunista de China retrocedió a la retaguardia y fundó zonas democráticas antijaponesas en las regiones como Shanxi, Gansu y Ningxia (Shanganning); Shanxi, Cha Ha Er y Hebei (Jinchaji); Shanxi, Hebei, Shandong y Henan (Jinji Luyu);[21] Huazhong o Dongjiang, donde se aplicó «la educación para la guerra». Mao Zedong, en el artículo «Movilizar todas las fuerzas para luchar por el triunfo de la Guerra Antijaponesa», indicó: «La tarea del futuro será movilizar todas las fuerzas para luchar por el triunfo de la guerra. Hay que modificar el antiguo sistema y currículo educativo y utilizar los nuevos con el objetivo de defenderse del imperialismo japonés y salvar el país».[22] Por lo tanto, el servicio de la educación a la guerra a largo plazo y la combinación de la educación con las labores productivas fueron las directrices educativas en las bases revolucionarias durante la Guerra Antijaponesa. Surgieron bajo las nuevas circunstancias bélicas, gracias a que el Partido Comunista combinó las teorías educativas marxistas con las condiciones contemporáneas de la Guerra Antijaponesa, y tuvo lugar y se desarrolló la directriz general de la educación cultural de la República Soviética de 1934.

En aquel entonces, la modificación del antiguo sistema y del currículo educativo fue propuesta porque no podían satisfacer las necesidades bélicas de las bases revolucionarias. Los trabajos más urgentes eran educar a la gente común y formar cuadros, y también había que tomar en consideración la educación primaria de los niños. La directriz política bélica de las zonas fronterizas de Shanxi, Gansu y Ningxia definió los siguientes públicos:

> Introducir y generalizar la educación infantil gratuita. Educar a los niños en el espíritu del pueblo chino y los conocimientos cotidianos, con el objetivo de formar en la excelencia a las nuevas generaciones del pueblo chino.
>
> Generalizar la educación de la gente común y eliminar el analfabetismo. Elevar el nivel cultural y político, así como la conciencia patriótica de los adultos de las zonas fronterizas.
>
> Realizar la formación de cuadros y formar intelectuales para la Guerra Antijaponesa.[23]

La educación de cuadros en las zonas democráticas era especializada y con un nivel alto, con el propósito de formar intelectuales militares, políticos, económicos y culturales para la Guerra Antijaponesa. En las circunstancias excepcionales contemporáneas de la guerra, se diseñaron un nuevo sistema educativo y un nuevo currículo, centrados en la instrucción a corto plazo, y no se permitió la fundación de las llamadas «universidades regulares». Las siguientes universidades fueron fundadas durante aquel período. La Universidad Popular de Asuntos Políticos y Militares Antijaponeses de China fue establecida en junio de 1936 en la región Wayaobao del norte de Shanxi. Posteriormente, abrió doce campus afiliados, sucesivamente, en las zonas liberadas de la provincia de Shandong, la zona de Jinchaji, la costera norteña del Río Huai, las regiones norteñas y centrales de Jiangsu, las provincias de Hubei, Henan y Anhui (Eyuwan),[24] y las comarcas montañosas de Taihang y de Taiyue. Hasta 1945, se formaron más de doscientos mil cuadros. El Colegio Público del Norte de Shanxi se estableció en julio de 1937, colegio de cuadros fundado para jóvenes provenientes de diferentes regiones que se marcharon a Yan'an a estudiar, y se afilió a la Universidad de Yan'an en 1941. La Escuela de Arte y Letras de Lu Xun fue fundada en abril de 1938 en Yan'an. Al comienzo tenía tres facultades, de teatro, música y arte y posteriormente abrió la facultad de letras. También se incorporó a la Universidad de Yan'an en abril de 1943. La Universidad Nacional de Mujeres fue establecida en julio de 1939 en Yan'an y se afilió a la Universidad de Yan'an en 1941. La Universidad Unida de Huabei fue constituida en el verano de 1939 por el Colegio Público del Norte de Shanxi, la Escuela de Arte y Letras de Lu Xun, los grupos de instrucción de jóvenes y el Colegio de Obreros de Yan'an. Al comienzo disponía de las secciones de ciencias sociales, arte y letras, obrería y juventud y después fueron sustituidas por las facultades de ciencias sociales, arte y letras y educación. En agosto de 1948, se combinó con la Universidad del Norte y fue denominada Universidad de Huabei. La Academia de Ciencias Naturales de Yan'an fue fundada en septiembre de 1940 y contaba con las facultades de física, química, biología y geología. El plazo de estudio era tres años. Fue la primera universidad de ciencia e ingeniería en las zonas democráticas. Se afilió a la Universidad de Yan'an en 1943. La Universidad de Yan'an se estableció en septiembre de 1941, constituida por el Colegio Público del Norte de Shanxi, la Universidad Nacional de Mujeres y el Colegio de Cuadros Jóvenes. Había tres facultades: de ciencias sociales, de pedagogía y de derecho. Además, se organizaron dos cursos especializados de inglés y ruso. En abril de 1943, la Escuela de Arte y Letras de Lu Xun, la Academia de Ciencias Naturales de Yan'an, la Escuela del Pueblo y el Colegio de Cuadros de la Literatura Nueva se afiliaron a esta universidad. Además, en Yan'an había institutos superiores como la Universidad de Medicina, la Escuela de Asuntos Militares y Políticos, la Escuela de Ruso o la Escuela del Pueblo.

Los profesores y estudiantes de los institutos superiores de las zonas democráticas antijaponesas, representados por los de la Universidad de Asuntos Políticos y Militares Antijaponeses, estudiaron al tiempo que luchaban contra los enemigos. Estos institutos formaron a muchos cuadros revolucionarios que contribuyeron a la victoria en la Guerra Antijaponesa y al triunfo de la Revolución China de 1949. Mao Zedong definió las directrices educativas de «seguir la orientación política correcta, mantener el estilo de trabajo duro y sobrio y formar la estrategia y táctica flexibles y móviles» y compuso el lema «Tan unido como tenso, tan serio como activo» para la Universidad de Asuntos Políticos y Militares Antijaponeses, que se convirtieron en tradiciones de la educación superior de las zonas democráticas.

Las zonas revolucionarias estaban en la zona de desierto extenso del noroeste y había sido anteriormente un terreno baldío en materia educativa. Tras la llegada del Partido Comunista, se dedicó mucha energía al trabajo de la cultura y la educación. Se establecieron escuelas al servicio de las masas populares, que abrieron la puerta a los jóvenes provenientes de familias campesinas. De esta manera, se acabó con el monopolio milenario del derecho a la educación que poseían las clases adineradas. Lin Boqu, en su informe de trabajo presentado en el Primer Congreso de Senado de las Zonas Democráticas de Shanxi, Gansu y Ningxia, declaró:

> La efectuación de la educación sobre la defensa nacional, aun limitada por los problemas financieros y la escasez de recursos materiales de las zonas democráticas, ha sido la primera prueba en todo el país. Se ha hecho llegar la educación a todo el pueblo y se ha combinado estrechamente con las necesidades de la vida real. Se ha ido convirtiendo en una poderosa arma para la guerra.[25]

En marzo de 1938, el gobierno de las zonas democráticas publicó la «Ley de las Escuelas Primarias de las Zonas Democráticas de Shanganning», determinando que la educación primaria había de durar cinco años, los primeros tres correspondían al ciclo básico y los dos siguientes, al ciclo superior. Las escuelas del ciclo básico y de superior fueron denominadas conjuntamente como escuelas primarias completas. Las escuelas del ciclo básico podían ser establecidas de manera independiente. En agosto de 1939, se publicó el «Reglamento de las Escuelas Primarias de las Zonas Democráticas de Shanganning», que definió las siete asignaturas de la educación primaria del ciclo básico: lengua china, matemáticas, conocimientos básicos, pintura, trabajo manual escolar, educación física y música. En la del ciclo superior, la asignatura de conocimientos básicos se sustituía por ciencias naturales y se añadieron los cursos de política, historia y geografía. Las actividades sociales y los trabajos de producción también pasaron a ser asignaturas formales.

La educación secundaria se concentró en el establecimiento de institutos normales porque las escuelas primarias tenían una necesidad apremiante de profesores. El Colegio Normal de Lu Xun fue fundado en marzo de 1937. En 1938, se estableció la Escuela Secundaria de la Zona Fronteriza para satisfacer las necesidades educativas de los jóvenes intelectuales refugiados a la base revolucionaria de Yan'an, que venían de las zonas controladas por los japoneses o por el Partido Nacionalista. En julio de 1939, las dos escuelas se combinaron en el Primer Colegio Normal de la Zona Fronteriza de Shanganning. Al año siguiente, se establecieron el Segundo y el Tercer Colegio Normal. Admitían principalmente a graduados autóctonos en educación primaria del ciclo superior para formar profesores de escuelas primarias o cuadros culturales de las células. El período de estudio era de por lo menos dos años. En 1940, se fundó la Escuela Secundaria de Longdong en Qingyang. En 1941 y 1942, también se establecieron institutos para el estudio de la medicina y de formación profesional. Además, se abrieron diversos cursos de corta duración según las necesidades de la situación actual. A medida que el régimen se fue consolidando, se establecieron institutos normales y escuelas secundarias, al mismo tiempo que se recuperó y se desarrolló la educación primaria. Sin embargo, las tareas principales de las escuelas secundarias no eran concentradas en transmitir estudiantes para los institutos superiores, sino que eran dedicadas a la formación de cuadros según las necesidades de la construcción de las zonas democráticas y de la guerra, y a la mejora de las capacidades de los oficiales en activo.

La educación a tiempo de ocio de las masas populares sucedió y propagó las tradiciones de la República Soviética durante la revolución agraria. Para adaptarse a la situación bélica y las circunstancias reales de las zonas fronterizas, se efectuaron múltiples actividades culturales y educativas a tiempo de ocio, entre las cuales destacaron los cursos de invierno. El invierno, en el norte glacial, era una temporada con pocas labores agrícolas. Podía aprovecharse de esta estación para llevar a cabo la eliminación del analfabetismo y otras actividades educativas de manera centralizada, y se podían conseguir buenos efectos. En 1937, el Ministerio Central de Educación de la Zona Fronteriza publicó el «Decreto sobre los Cursos de Invierno». Se determinó que los cursos de invierno constituían un tipo de sistema educativo rutinario y de educación adicional para adultos y una medida importante para generalizar la educación y eliminar el analfabetismo. Su objetivo consistía en aprovechar la temporada invernal, con pocas labores agrícolas, para proporcionar educación sobre la defensa nacional a los adultos y jóvenes que no habían podido recibir educación, sin importar su sexo. El plazo era de ochenta días, desde finales de noviembre hasta principios de febrero del año siguiente. Las asignaturas incluían asuntos militares, política y conocimientos culturales. Los instructores eran miembros de los organismos del gobierno y del Partido y también otros trabajadores provenientes de las masas populares. Cada zona fronteriza, según este decreto, organizó cursos de invierno, cuyo comité fue formado por los departamentos del gobierno y del Partido junto con las masas populares, e invitó a los profesores de la escuela primaria y las personas que sabían leer para trabajar como instructores. Se abrieron cursos de mañana, tarde y noche y se podía seleccionar el horario más adecuado. Muchos de los estudiantes eran amas de casa campesinas encerradas siempre en casa. Algunos de los cursos fueron conservados y se convirtieron en escuelas populares permanentes. Los cursos de invierno o las escuelas populares fueron una actividad educativa plebeya sin precedentes en la historia educativa china, no solo por el número de participantes, sino también por el gran porcentaje de mujeres entre el alumnado. Además, se organizaron diversos talleres del aprendizaje de caracteres o de lectura de periódicos.[26]

La educación de las zonas democráticas revolucionarias fue totalmente novedosa. Fue una educación nacional, científica y popular de la Nueva Democracia (concepto que será explicado en el siguiente apartado), orientada por el marxismo y leninismo y el maoísmo. Sus directrices, sistemas, contenidos y métodos didácticos fueron totalmente diferentes de los de la educación tradicional. Formó muchas nuevas experiencias y tradiciones educativas que influyeron en el desarrollo de la educación después de la fundación de la República Popular China. Cabe mencionar algunos puntos de las nuevas tradiciones.

En primer lugar, se establecieron la creencia y la tradición de que la educación servía para la lucha real. Las teorías educativas marxistas consideraban que la educación no podía existir desvinculada de la vida real: siempre nacía y progresaba por las necesidades sociales. En la sociedad de clases, las clases dominantes aprovecharon la educación de diversas maneras para formar a intelectuales, todos con el propósito de consolidar su dominación. Las clases dominadas también necesitaban la educación para instruir a los luchadores y conseguir el triunfo de la revolución. La educación de las zonas democráticas revolucionarias siguió estas normas. Tanto en la lucha contra las agresiones militares del Partido Nacionalista Chino durante la revolución agraria como en la Guerra Antijaponesa, el Partido Comunista siempre aplicó los flexibles sistemas, contenidos y métodos educativos, centrados en las circunstancias y misiones contemporáneas, para servir al triunfo de la lucha revolucionaria.

En segundo lugar, se determinó la combinación de la educación con las labores productivas. Las zonas democráticas revolucionarias sufrieron el bloqueo económico de los enemigos y los recursos materiales eran muy escasos. Las actividades productivas se convirtieron en el único medio de lograr tanto la salvación como el triunfo en la guerra. Por lo tanto, todos los profesores y estudiantes de diversos tipos y niveles de escuelas participaron en las labores productivas mientras estudiaban. Tuvo lugar una vinculación genuina entre educación y producción.

En tercer lugar, se fundó la buena tradición educativa de relacionar la teoría con la práctica. Debido a la situación bélica, las escuelas no tenían permitido desvincularse de la realidad o tratar contenidos teóricos dentro de los aposentos, sino que tuvieron que combinar los estudios con la aplicación, con la situación actual de la Revolución China y buscar medidas para resolver los problemas reales. Especialmente, Mao Zedong publicó los artículos como «En oposición a la apreciación única de libros» (1930) o «Reforma de nuestros estudios» (1941). Después del Movimiento de la Purificación del Ambiente de Yan'an, se superaron las deficiencias del dogmatismo y de la desvinculación de la realidad. La educación se adaptó mejor a la realidad y sirvió más adecuadamente a la construcción de las zonas democráticas revolucionarias y al triunfo en la Guerra Antijaponesa.

En cuarto lugar, se formó el estilo de trabajo esforzado y tenaz, duro y sobrio, el ambiente de estudio vivo y vigoroso, consciente y optimista, y los métodos administrativos unificados y democráticos.

En quinto lugar, la educación superior se concentró en la educación de cuadros, lo que garantizó a los graduados la obtención de puestos de trabajo en el sistema público, gozando de suministros como cuadros. Este sistema tuvo una gran influencia en la educación superior posterior a la fundación de la República Popular China. Antes de la década de los noventa, los estudiantes universitarios también gozaron de los mismos suministros políticos como cuadros y las becas y después de graduarse, podían obtener un trabajo designado por el gobierno.

Las experiencias educativas abundantes y la creación de una tradición de excelencia formadas en las zonas democráticas revolucionarias proporcionaron el modelo precioso para la construcción educativa de la nueva China y fueron introducidas y desarrolladas.

Creación de la ideología educativa de la Nueva Democracia

La ideología educativa de la Nueva Democracia fue producto de la propagación de las teorías educativas marxistas en China y su combinación con la Revolución China. Nació en la práctica de las zonas democráticas revolucionarias y mediante el largo tiempo de exploración de los comunistas. Prestó servicio a la revolución de la Nueva Democracia y tuvo una naturaleza similar.

El Movimiento del 4 de Mayo y la fundación del Partido Comunista de China cambiaron radicalmente la naturaleza de la Revolución China. Mao Zedong, en su libro *Sobre la Nueva Democracia*, indicó:

> La Revolución China, según su naturaleza histórica, se dividió en dos etapas: la de democracia y la de socialismo. La naturaleza de la primera etapa fue diferente de la democracia común: pertenecía a la Nueva Democracia, de características chinas, especial y novedosa.

Al explicar la formación de esta naturaleza histórica, dijo:

> La Primera Guerra Mundial del imperialismo y la Revolución de Octubre, el primer triunfo del socialismo, cambiaron totalmente la orientación de la historia mundial y dividieron las etapas históricas. La Revolución de la Nueva Democracia luchó completamente contra el imperialismo, por lo tanto, no fue tolerada sino rechazada por él. No obstante, fue admitida por el socialismo y fue apoyada por los países socialistas y el proletariado internacional.[27]

Bajo esta situación histórica surgió la ideología educativa de la Nueva Democracia. En marzo de 1940, el secretariado del Partido Comunista de China declaró: «Hay que definir la posición central de la ideología educativa de Nueva Democracia en la educación del pueblo. Hay que introducir una educación sobre la revolución nacional y democrática y una educación científica, a partir de las teorías y los métodos marxistas y leninistas».[28] En conclusión, la educación de la Nueva Democracia era una educación nacional, científica y popular.

La educación de la Nueva Democracia era nacional. «La educación se opuso a las presiones del imperialismo y propuso la independencia y la dignidad del pueblo chino. Pertenecía a nuestro pueblo y tenía nuestras propias características».[29] Era nacional, porque luchó contra la invasión cultural imperialista e insistió en la independencia y el autofortalecimiento del pueblo chino. Prestó atención a la herencia cultural propia y propagó las tradiciones culturales chinas de excelencia. Mientras tanto, no rechazó las experiencias de la educación extranjera, sino que realizó «el aprendizaje extranjero para la aplicación china», que asimiló todos los frutos educativos avanzados del mundo y combinó la forma del pueblo y el contenido desarrollado, para servir a la revolución de Nueva Democracia.

La educación de la Nueva Democracia era científica. «Se opuso a los pensamientos feudales y supersticiosos y propuso respetar la realidad, la razón objetiva y la combinación de la teoría con la práctica».[30] Insistía en el materialismo dialéctico del marxismo y reflexionaba sobre las experiencias antiguas y contemporáneas chinas y extranjeras con actitud científica. Se impartían conocimientos científicos a los estudiantes.

La educación de la Nueva Democracia era popular. «Por lo tanto, era democrática porque estaba al servicio del pueblo trabajador, en particular de obreros y campesinos, que constituían más del noventa por ciento de la población, y se convirtió poco a poco en cultura típica de este grupo».[31] Fue disfrutada por las masas populares y constituyó el alma poderosa de la revolución popular.

La educación de la Nueva Democracia fue una innovadora tradición educativa que se diferenciaba radicalmente de la antigua en cuanto a la naturaleza. Correspondió a la evolución cultural china. La cultura tradicional china fue atacada fuertemente desde la Guerra del Opio. Después del Movimiento del 4 de Mayo y la fundación del Partido Comunista de China, empezó la era de la revolución de Nueva Democracia y el fundamento de la cultura tradicional fue destruido totalmente. Mao Zedong explicó esta transformación con exactitud en *Sobre la Nueva Democracia*:

> Antes del Movimiento del 4 de Mayo, las luchas culturales se desarrollaron entre la antigua cultura de la clase feudal y la nueva de la burguesa. Ejemplos fueron los conflictos entre las nuevas escuelas y el Examen Imperial, entre el aprendizaje nuevo y el viejo, entre la cultura occidental y la china, etc. Durante ese período, los pensamientos del considerado nuevo aprendizaje tuvieron la función revolucionaria en contra de la ideología feudal y estuvieron al servicio de la revolución democrática de los burgueses. Sin embargo, debido a la debilidad de los burgueses chinos y la llegada del período imperialista, los pensamientos burgueses no tardaron en ser vencidos por la alianza reaccionaria de la restauración feudal y la esclavización imperialista occidental. De esta manera, el nuevo aprendizaje se detuvo, retrocedió y perdió su alma y solo se quedó la carne. La cultura vieja de la democracia burguesa, en la época del imperialismo, se había corrompido y su energía había desaparecido. Su fracaso fue inevitable.[32]

La revolución de Nueva Democracia destruyó el fundamento de la cultura y la educación antiguas. Una nueva tradición educativa fue construida por las prácticas educativas de las zonas democráticas revolucionarias. Entre el 21 y el 30 de septiembre de 1949, se celebró el primer congreso plenario del Comité Nacional de la Conferencia Consultiva Política del Pueblo Chino y se aprobó el Programa Común, cuyo quinto capítulo, «Políticas de la educación cultural», rezaba: «La educación cultural de la República Popular China fue de Nueva Democracia, con naturaleza nacional, científica y popular». La educación de la República Popular China fue creada sobre los cimientos de la educación de las antiguas zonas liberadas. Destruyó el fundamento de la educación antigua tradicional, pero no la abandonó por completo, sino que cambió su naturaleza. Si la base cultural de la educación tradicional fue la cultura tradicional centrada en el confucianismo, la educación de la Nueva Democracia estaba basada en el marxismo. Reordenó la cultura tradicional, eliminó sus deficiencias feudales y conservó sus virtudes con peculiaridades del espíritu nacional y democrático. Es decir, se estableció la nueva tradición educativa en el proceso de seleccionar y modificar la educación tradicional.

Notas

1 Zhou, G. P. (1996). *La propagación de las teorías educativas modernas occidentales en China.* Guangdong: Educación de Guangdong.
2 Mao, Z. D. (Eds.) (1991). *Antología de Mao Zedong* (Vol. 4). Pekín: El Pueblo.
3 Wang, B. Z. y Yan, G. H. (1994). *Historia general de la ideología educativa china.* Hunan: Educación de Hunan.
4 Mao, Z. D. (Eds.) (1991). *Antología de Mao Zedong* (Vol. 2). Pekín: El Pueblo.
5 Mao, Z. D. (Eds.) (1991). *Antología de Mao Zedong* (Vol. 2). Pekín: El Pueblo.
6 Mao, Z. D. (Eds.) (1991). *Antología de Mao Zedong* (Vol. 2). Pekín: El Pueblo.
7 Tong, F. Y. y Zhang, T. L. (1997). *Investigación sobre las ideologías educativas de Chen Duxiu y Li Dazhao.* Liaoning: Educación de Liaoning.
8 Chen, D. X. (1988). *Artículos seleccionados de Chen Duxiu.* Pekín: El Pueblo.
9 Li, D. Z. (1992). *Antología de Li Dazhao.* Pekín: El Pueblo.
10 Chen, D. X. (1999). *Nueva juventud.* Henan: Documento Histórico Central.
11 Chen, D. X. (1988). *Artículos seleccionados de Chen Duxiu.* Pekín: El Pueblo.
12 Zhou, G. P. (1996). *La propagación de las teorías educativas modernas occidentales en China.* Guangdong: Educación de Guangdong.
13 Yang, X. J. (1982). *Antología educativa de Yang Xianjiang.* Pekín: Ciencia y Educación.
14 Yang, X. J. (1982). *Antología educativa de Yang Xianjiang.* Pekín: Ciencia y Educación.
15 Yang, X. J. (1982). *Antología educativa de Yang Xianjiang.* Pekín: Ciencia y Educación.
16 Zhou, G. P. (1996). *La propagación de las teorías educativas modernas occidentales en China.* Guangdong: Educación de Guangdong.
17 Yang, X. J. (1982). *Antología educativa de Yang Xianjiang.* Pekín: Ciencia y Educación.
18 Zhou, G. P. (1996). *La propagación de las teorías educativas modernas occidentales en China.* Guangdong: Educación de Guangdong.
19 Yang, X. J. (1982). *Antología educativa de Yang Xianjiang.* Pekín: Ciencia y Educación.
20 Mao, Z. D. (1958). *Las opiniones de Mao Zedong sobre los asuntos educativos.* Pekín: Educación del Pueblo.
21 Nota de autores: Shan, Gan, Ning, Jin, Cha, Ji, Lu, Yu son abreviaturas de las regiones de Shaanxi, Gansu, Ningxia, Shanxi, Cha Ha Er, Hebei, Shandong y Henan.

22 Mao, Z. D. (Eds.) (1991). *Antología de Mao Zedong* (Vol. 2). Pekín: El Pueblo.

23 Instituto Central de Ciencias de la Educación (Eds.) (1986). *Documentos de educación de las antiguas zonas liberadas* (Vol. 2). Pekín: Educación y Ciencia.

24 Nota de autores: E y Wan son abreviaturas de las provincias Hubei y Anhui.

25 Instituto Central de Ciencias de la Educación (Eds.) (1986). *Documentos de educación de las antiguas zonas liberadas* (Vol. 2). Pekín: Educación y Ciencia.

26 Mao, L. R, y Shen, G. Q. (Eds.) (1985). *Historia general de la educación china* (Vol. 2). Shandong: Educación de Shandong.

27 Mao, Z. D. (Eds.) (1991). *Antología de Mao Zedong* (Vol. 2). Pekín: El Pueblo.

28 Instituto Central de Ciencias de la Educación (Eds.) (1986). *Documentos de educación de las antiguas zonas liberadas* (Vol. 2). Pekín: Educación y Ciencia.

29 Instituto Central de Ciencias de la Educación (Eds.) (1986). *Documentos de educación de las antiguas zonas liberadas* (Vol. 2). Pekín: Educación y Ciencia.

30 Mao, Z. D. (Eds.) (1991). *Antología de Mao Zedong* (Vol. 2). Pekín: El Pueblo.

31 Mao, Z. D. (Eds.) (1991). *Antología de Mao Zedong* (Vol. 2). Pekín: El Pueblo.

32 Mao, Z. D. (Eds.) (1991). *Antología de Mao Zedong* (Vol. 2). Pekín: El Pueblo.

CAPÍTULO IX

Influencia de la educación soviética en China

Tras la fundación de la República Popular China, la educación progresó por un camino muy áspero y este proceso puede ser dividido en tres fases, según su fundamento cultural e ideológico: la del aprendizaje desde la Unión Soviética (1949–1958), la izquierdista (1958–1978) y la de la Reforma y Apertura (1978-). El período comprendido entre 1958 y 1978, anterior a la inauguración de la Reforma y Apertura, se puede segmentar a su vez en tres etapas:

(1) Desde 1958 hasta la Gran Revolución Cultural, durante el cual tuvo lugar la revolución educativa, el ajuste normativo de la educación de tres años y la lucha entre clases sociales.
(2) El período correspondiente a la Gran Revolución Cultural (1966–1976).
(3) El período comprendido entre los años 1976 y 1978, cuando se corrigieron los pensamientos equivocados.

¿Por qué estas tres etapas fueron incluidas en la fase izquierdista? Porque sus fundamentos culturales e ideológicos eran similares. En 1958 había empezado la desviación izquierdista. Esta tendencia alcanzó su cumbre durante la Revolución Cultural. El período entre 1976 y 1978 se diferenció de los anteriores en que el Partido Comunista corrigió los errores, pero no pudo librarse totalmente del izquierdismo. El cambio del camino ideológico solo se produjo después de la

Reforma y Apertura. Nuestro libro no versa sobre la historia de la educación, por lo tanto, los apartados siguientes no analizan de manera sistemática la historia educativa de estas tres fases después de la fundación de la República Popular China, sino que están dedicados solo a los fundamentos culturales de la educación de la primera fase (1949–1958) –influida por la Unión Soviética– y la tercera fase (1978-), en la que los pensamientos educativos occidentales se difundieron otra vez en China. No cabe duda de que los diversos pensamientos educativos de estas dos etapas influyeron de manera significativa en la tradición educativa china. Además, el izquierdismo de la segunda fase, un fenómeno cultural desde la perspectiva de los estudios culturales, no surgió por casualidad, sino que se relacionó estrechamente con la cultura tradicional china, en la que escaseaba el espíritu democrático y se reproducía la idolatría. Sus consecuencias negativas en la educación fueron enormes: obstaculizaron el progreso de los adolescentes y algunas de sus opiniones siguen influyendo en la educación actual.

Propagación de la teoría educativa soviética en China

La directriz de aprendizaje de la experiencia soviética en todos los aspectos

La propagación de los pensamientos educativos soviéticos en China surgió por primera vez antes del Movimiento del 4 de Mayo. El triunfo de la Revolución de Octubre supuso un amanecer para los intelectuales chinos avanzados. Los primeros marxistas introdujeron los pensamientos y experiencias educativas a China cuando llevaron a cabo la presentación de la Revolución de Octubre. Sin embargo, esta teoría fue superada por los pragmatistas estadounidenses. Especialmente, después de la visita de John Dewey a China en 1919, en el mundo educativo solo se oyó la voz del pragmatismo. La difusión de los pensamientos educativos soviéticos fue realizada a gran escala durante los compases finales de la guerra civil entre el Partido Comunista y el Nacionalista, en las nuevas zonas liberadas del noreste.

En otoño de 1948, la mayoría de las zonas del norte fueron liberadas y la fundación de la nueva China estaba a la vista. La nueva situación exigía que la educación de las zonas liberadas tuviera tanto en cuenta las necesidades de cuadros para la guerra civil como de intelectuales para la recuperación y construcción económica después del establecimiento de la República Popular China. En el comité administrativo de las zonas liberadas del norte se organizaron varias conferencias para discutir la normalización de la educación secundaria y la reforma de la enseñanza superior de la zona liberada del noreste. Desde ese momento, la zona liberada del noreste empezó el aprendizaje de la experiencia de la Unión Soviética.

Debido a las circunstancias históricas, en zonas de la provincia Liaoning como Lüshun o Dalian vivían muchos rusos, que establecieron escuelas secundarias locales. En octubre de 1948, la Escuela Secundaria de Lüshun comenzó a comunicarse con las escuelas soviéticas para estudiar sus experiencias educativas. Aprendieron principalmente sus métodos de enseñanza y el sistema de calificación basada en cinco puntos, con la intención de modificar la antigua práctica pedagógica que obligaba a los estudiantes a verter mecánicamente conocimientos sin dejar espacio a la reflexión. Paulatinamente, cooperaron y se organizaron grupos de investigación educativa soviética para aprender de sus contenidos educativos, educación de pensamientos, formas administrativas y teorías educativas.

En septiembre de 1948, el Comité Administrativo del Noreste celebró el cuarto Congreso Educativo, durante el cual se definió la directriz de aprender de las experiencias educativas soviéticas. El 5 de diciembre de 1949, el viceministro del Departamento de Educación del Gobierno Regional del Noreste, Dong Chuncai, publicó el artículo «Aprender de la Unión Soviética para reformar nuestra educación» en *Educación del Noreste*. Bajo su dirección, en *Educación del Noreste* se publicaron, entre 1949 y 1951, 89 artículos relacionados con las experiencias educativas soviéticas y 53 que presentaban sus libros de texto. La editorial Educación del Noreste publicó libros traducidos de teorías educativas soviéticas, como *Principios de la pedagogía* de Goncharov o *Pedagogía* y *Cinco períodos educativos y sus métodos de aplicación* de Kaírov. El gobierno también organizó grupos para redactar y recopilar libros de texto, basados en documentos de las asignaturas de ciencias naturales de las escuelas secundarias soviéticas de plazo de diez años, y los aplicó en los cursos primero y segundo. Mientras tanto, se formaron especialistas de prototipo en el aprendizaje de las experiencias educativas soviéticas y fueron enviados a otras ciudades para compartir experiencias.[1]

Tras la fundación de la nueva China, se determinó la directriz de aprender de la Unión Soviética en todos los aspectos. El 5 de octubre de 1949, en el congreso para celebrar la fundación de la Asociación de Amistad Chino-Soviética, Liu Shaoqi impartió un discurso y declaró:

> Para construir nuestro país necesitamos «tratar a la Unión Soviética como profesor» y aprender de las experiencias soviéticas en la construcción de su propio país. La Unión Soviética alberga muchos conocimientos científicos totalmente nuevos y no propagados en otros lugares del mundo, como teorías económicas, bancarias, financieras, comerciales o educativas. Los podemos obtener solo mediante el aprendizaje de la Unión Soviética.[2]

Entre el 23 y el 31 de diciembre de 1949 se celebró el Primer Congreso Nacional de los Trabajos Educativos en Pekín. Se estableció que «la construcción de la nueva educación debe basarse en las experiencias de las antiguas zonas liberadas. Mientras tanto, hay que absorber las ventajas de la educación tradicional y aprender de los conocimientos avanzados soviéticos».[3] De esta manera, el aprendizaje de la educación de la Unión Soviética llegó a su apogeo.

¿Por qué la construcción educativa de la República Popular China necesitaba «tratar a la Unión Soviética como profesor»? Esta cuestión tiene sus motivos históricos.

En primer lugar, la Revolución China de la Nueva Democracia, dirigida por la clase proletaria, formó parte de la revolución proletaria mundial. Después de su triunfo había que llevar a cabo la revolución socialista. La Unión Soviética fue el único país en fundar con éxito un régimen socialista. La Revolución China de la Nueva Democracia se desplegó bajo la influencia de la Revolución de Octubre y también consiguió el éxito. El camino soviético fue la opción indudable de China. Mientras tanto, ambos países tenían la misma ideología y estaban dirigidos por los pensamientos del marxismo y leninismo. La educación formaba parte de la superestructura social. La educación soviética estaba orientada por las teorías educativas marxistas y era de naturaleza socialista. La educación de la República Popular China era de la Nueva Democracia y en cuanto a la ideología, pertenecía al socialismo. Las educaciones de los dos países compartían la ideología y la dirección de desarrollo. Por eso, la educación de la nueva China debía «tratar a la Unión Soviética como profesor».

En segundo lugar, la construcción del socialismo en la Unión Soviética había durado más de treinta años. Se alcanzaron logros destacables y se acumularon experiencias abundantes. Especialmente, después del establecimiento del país, la Unión Soviética no tardó mucho en vencer al poderoso fascismo alemán y obtuvo el triunfo en la gran Guerra Patriótica. Sus méritos llamaron la atención del mundo y fueron admirados por los intelectuales chinos. De esta manera, el modelo soviético en la construcción socialista se convirtió en prototipo para la construcción de la Nueva Democracia de China. La Unión Soviética tenía experiencias abundantes en la modificación de la educación vieja y poseía de una serie de teorías y sistemas completa en el aspecto de la construcción de la educación socialista. Por eso, aprender de sus experiencias fue considerado por China, naturalmente, como atajo de la modificación de la educación vieja y de la construcción de la nueva.

En tercer lugar, los países imperialistas occidentales, como Estados Unidos, no reconocieron la fundación de la República Popular China e impusieron un embargo al nuevo régimen. Por eso, China se vio en la obligación de hacer frente político común con la Unión Soviética y pedir su ayuda en los aspectos económicos, culturales y educativos.

Medidas y vías principales de aprendizaje de la Unión Soviética en el aspecto educativo

Las vías principales mediante las que se realizó el aprendizaje de la Unión Soviética en el aspecto educativo fueron las que mencionaremos a continuación.

La primera fue la traducción de obras teóricas educativas y libros de texto. Como hemos explicado, las zonas liberadas del noreste habían traducido muchas obras teóricas educativas y libros de texto soviéticos antes de 1949. Después de la fundación de la nueva China, el número de traducciones aumentó. El 14 de noviembre de 1949 el periódico *Diario del Pueblo* publicó los capítulos traducidos «Sistema de la educación popular» (capítulo 21), «Educación laboral» (capítulo 12) y «La pedagogía es ciencia» (sección 5 del capítulo 1) de la obra *Pedagogía* (1948) de Iván Kaírov. En diciembre de 1950 y febrero de 1952, Shen Ying, Nan Zhishan y otros traductores la tradujeron íntegramente y fue publicada por la Librería Xinhua en dos tomos. En diciembre de 1951, Nan Zhishan y Chen Xia llevaron a cabo una revisión de la primera versión y publicaron la segunda en la editorial de la Educación del Pueblo. El nuevo libro fue complementado con una lista onomástica enumerada paralelamente en ruso y chino, y consiguió una difusión sin precedentes: se imprimieron más de dieciséis ediciones. Otras obras de teoría educativa destacables e influyentes traducidas al chino fueron las siguientes:

Goncharov, Nikolai K; Guo, Congzhou, et al. (trad.). *Principios de la pedagogía.* Pekín: El Pueblo, 1951.

Esipov, Boris Petrovich; Nikolai, K; Goncharov, Iván (ed.); Yu, Zhuo; Wang, Jilin, et al.(trad.). *Pedagogía.* Pekín: Educación del Pueblo, 1952–1953.

Smírnov, Vsily Z.; Chen, Xia; Ding, Youcheng. (trad.). *Introducción a la pedagogía.* Pekín: Educación del Pueblo, 1953.

Shimbirey, Pavel Nikolayevich; Ogorodnov, Iván T.; Chen, Xia; Xiong, Chengdi, et al. (trad.). *Pedagogía.* Pekín: Educación del Pueblo, 1955.

Kaírov como editor principal; Goncharov, Esipov y Zancoff como editores; Chen, Xia; Zhu, Zhixian, et al. (trad.). *Pedagogía.* Pekín: Educación del Pueblo, 1957.

Danílov, Mikhail Aleksandrovich; Esipov, Boris Petrovich. Estudiantes de la Facultad de Idiomas Extranjeros de la Universidad Normal de Pekín (trad.) *Teoría de la didáctica.* Pekín: Educación del Pueblo, 1961.

MAKARENKO, Anton S; GENG, Ji'an (trad.). *Manual educativo para padres.* Pekín: Educación del Pueblo, 1953.

KALININ; CHEN, Changhao (trad.). *Sobre la educación comunista.* Chengdu: Época, 1953.

Además, la editorial Educación del Pueblo inauguró la *Revista de la Traducción de Teoría Educativa*, dedicada especialmente a las experiencias y normas educativas soviéticas.

En segundo lugar, se invitó a pedagogos soviéticos para trabajar como asesor en el Ministerio de Educación o en la administración de escuelas chinas y dar clases en escuelas y universidades. Poco tiempo después de la fundación de la nueva China, en octubre de 1949, una delegación diplomática de expertos culturales, artísticos y científicos soviéticos, dirigida por Aleksandr Fadéyev, visitó China y sus miembros, especialmente el viceministro del Ministerio Nacional de Educación de la República Socialista Federativa Soviética de Rusia, Dubrovina, presentaron las experiencias pedagógicas de su país en Pekín y Shanghái. Posteriormente, muchas universidades contrataron profesores rusos para impartir cursos. Entre 1950 y 1952, el Ministerio de Educación invitó a cinco expertos soviéticos para trabajar como asesores, los cuales eran Arsentv, Fomin, Lapacho, Kuzmin y Galina. Además, dos profesores visitantes rusos de la Universidad Normal de Pekín sirvieron al mismo tiempo como asesores de educación general y educación infantil. Su tarea principal consistía en participar en las conferencias de los asuntos y trabajos del Ministerio y en otras tertulias especializadas para presentar las circunstancias educativas actuales, compartir sus opiniones con los colegas chinos y resolver sus preguntas. Además, impartieron seminarios y cursos y viajaron por diferentes ciudades para ayudar a los cuadros educativos y profesores a elevar su nivel de trabajo.[4] Desde 1950, la Universidad Normal de Pekín empezó a invitar expertos rusos a trabajar como profesores a tiempo completo, y, hasta 1958, contrató a más de una decena de profesores, ocho de los cuales eran expertos en pedagogía y psicología. Introdujeron, en términos generales, las mismas asignaturas soviéticas y sus materiales didácticos se convirtieron no solo en libros de texto de los estudiantes, sino también en referencia para la recopilación de libros de texto posteriores. Jóvenes profesores chinos fueron designados como ayudantes de los expertos rusos para aprender de ellos. Estos profesores también tenían que participar en las clases con los estudiantes. Para expandir la influencia de la educación soviética, se organizaron también muchos cursos de investigación y de formación para los profesores universitarios. La mayoría de los pedagogos chinos de las décadas cincuenta y sesenta asistieron a estos cursos. Además, se estableció una cámara de traducción e interpretación para traducir libros teóricos sobre educación y formar intérpretes para los rusos. Desde 1949 hasta 1960, año en que las relaciones entre China y la Unión

Soviética empeoraron y que los expertos soviéticos salieron de China, el Ministerio de Educación y los institutos de educación superior contrataron un total de 861 expertos soviéticos como asesores pedagógicos, profesores o investigadores.[5]

En tercer lugar, se fundaron escuelas nuevas basadas en el modelo educativo soviético. El 16 de diciembre de 1949 se celebró el undécimo congreso de trabajo del Consejo de Gobierno y se decidió a fundar la Universidad Renmin[6] de China para satisfacer las necesidades de construcción del país. La universidad «aceptó las experiencias constructivas avanzadas soviéticas y contrató a profesores rusos para formar cuadros de todos los ámbitos de manera sistemática y planteada para la construcción de la nueva China». De acuerdo con sus directrices educativas, «la educación debía estar vinculada con la realidad y las experiencias rusas habían de combinarse con la situación social china».[7] Según esta decisión, la Universidad Renmin, basada en la Universidad de Huabei de la antigua zona liberada, fue establecida. Su primer rector fue Wu Yuzhang, quien en el discurso inaugural dijo que las tareas de la Universidad Renmin, asignadas por el gobierno central, eran formar intelectuales para la construcción del país, reformar la educación superior antigua y servir de modelo para otras universidades chinas. La universidad invitó a 36 expertos soviéticos cuyos trabajos eran contribuir a la formación de profesores chinos. Primero, los expertos rusos impartieron cursos a los profesores chinos y los chinos enseñaron a los estudiantes. Además, los rusos dieron clases a los estudiantes de posgrado y ayudaron en la formación de ellos. También dirigieron a los profesores chinos en la recopilación de libros de texto. Entre 1950 y 1957, el número de libros de texto recopilados directamente por pedagogos soviéticos o bajo su dirección, llegó a 101. Durante este proceso, se estableció un nuevo sistema educativo para la educación superior y una serie de métodos didácticos.[8]

El 29 de abril de 1950, el Ministerio de Educación, siguiendo las indicaciones del vicepresidente de la república Liu Shaoqi, propuso el plan de reforma del Instituto de Tecnología de Harbin. Se recomendó que el instituto aprendiera los métodos de las universidades tecnológicas soviéticas y formara ingenieros de industria pesada y profesores correspondientes, con el objetivo de sustituir la manera anterior de designar a estudiantes en viajes de estudio a Rusia. Cada año, se mandaron a 150 profesores asociados, lectores o catedráticos de las facultades de ciencia e ingeniería de diversas universidades chinas para que participaran en sus cursos de investigación en didáctica, con el objetivo de elevar el nivel de investigación de los profesores chinos con la ayuda de expertos soviéticos.[9] Antes de la fundación de la República Popular China, el Instituto de Tecnología de Harbin era el Colegio Industrial Chino-Soviético, administrado por ambos países y la mayoría de los secretarios y estudiantes eran chinos de ultramar en la Unión Soviética. Era de dimensiones reducidas y las instalaciones estaban obsoletas. En 1950, pasó a estar controlada por el gobierno chino. Según el Plan de reforma del Instituto de Tecnología de Harbin, se llevó a cabo una reforma basada en el modelo soviético de institutos politécnicos. Se añadieron muchas especialidades y se contrató a 67 expertos rusos de 26 universidades soviéticas como profesores. Se introdujeron sistemas de enseñanza, planes de estudios, programas de enseñanza y libros de texto. Se estableció un sistema educativo de los estudios de grado de una duración de cinco años; los de posgrado de dos.

La Universidad Renmin de China y el Instituto de Tecnología de Harbin fueron los primeros modelos de aprendizaje a partir de experiencias educativas soviéticas. Ejercieron una gran influencia en la construcción de otras universidades chinas.

En cuarto lugar, se envió a jóvenes en viajes de estudio a la Unión Soviética. El 19 de agosto de 1951 los primeros 375 estudiantes se marcharon de China. Los ámbitos de estudio abarcaban diferentes aspectos: ciencia y tecnología, agricultura, medicina, economía y financiación, diplomacia y pedagogía. Los alumnos chinos estudiaban principalmente en universidades prestigiosas de Moscú, San Petersburgo y Kiev. Desde aquel entonces, cada año se designó a jóvenes para ir a estudiar a la Unión Soviética. En algún año el número máximo de estudiantes visitantes alcanzó dos mil, y el número mínimo, también llegó a doscientos. Muchas empresas chinas también mandaron a sus empleados trabajar y estudiar a la Unión Soviética. Estos alumnos se convirtieron en la fuerza principal de la construcción socialista después de volver a China. Introdujeron tanto los conocimientos especializados como la cultura soviética.

Características de la teoría educativa soviética e influencia en las teorías educativas chinas

Aprender de la Unión Soviética no solo fue una directriz de la construcción nacional, sino también de la labor educativa durante el período inicial de la fundación de la República Popular China. Fue un movimiento de arriba abajo. Por eso, el aprendizaje de las teorías y experiencias educativas soviéticas se desenvolvió a gran escala dentro de todo el país. Sin embargo, el aprendizaje era unidireccional: no se permitieron en ningún caso dudas o críticas de las teorías pedagógicas rusas. Algunos intelectuales no lo entendieron y plantearon dudas acerca de la pedagogía soviética e incluso propusieron preguntas en los discursos de los expertos rusos, pero fueron criticados en el marco del movimiento de reforma ideológica y se vieron obligados a realizar autocríticas de sus actos. Desde ese momento, nadie se atrevió a manifestar opiniones contrarias. El aprendizaje de la Unión Soviética se convirtió en una actividad consciente y se formó el ambiente de «aprender de la Unión Soviética con todo el corazón».

Aunque las teorías educativas soviéticas fueron expuestas en muchas obras, el mundo educativo chino consultó principalmente *Pedagogía*, editada por Kaírov en 1948. Todos los trabajadores educativos y estudiantes de institutos normales la tenían a mano y estudiaban cada uno de sus capítulos. Se formó el sistema de las teorías educativas de Kaírov, que influyó en las teorías educativas chinas durante medio siglo. Más aún, en la educación actual también se pueden encontrar sus huellas. Por lo tanto, es imprescindible realizar un análisis breve de ello.

Las teorías de Kaírov intentaban analizar la naturaleza y la función de la educación humana empleando una metodología marxista-leninista. Disponen de algunos puntos importantes que citamos con frecuencia.

En primer lugar, la educación es parte de la superestructura social que refleja la infraestructura económica. La educación de la sociedad de clases tiene la naturaleza de historia y de clase social. La educación soviética debe servir para la causa del proletariado y la construcción de la Unión Soviética. En la primera sección del primer capítulo de su libro, relacionado con la educación en diferentes sociedades, Kaírov indica: «La educación se combina siempre con la política. La revolución socialista del proletariado destruirá, lógicamente, la educación de la clase burguesa que obstaculiza el desarrollo de la sociedad, y la sustituirá por la educación comunista».[10]

En segundo lugar, subraya la naturaleza de «partido» de la pedagogía, considerada como una rama de las ciencias sociales. La pedagogía soviética está fundamentada en la teoría filosófica más avanzada del mundo: el marxismo y leninismo. Dijo:

> La pedagogía soviética es la ciencia que versa sobre la educación comunista. La concepción comunista del mundo se equivale a la concepción del mundo del partido marxista-leninista, perteneciente a la clase social más avanzada del mundo moderno: la clase obrera. La pedagogía soviética sigue las políticas de esta clase avanzada, de este partido.[11]

Los pedagogos chinos también creyeron firmemente que la pedagogía debía estar al servicio de las vías y políticas del Partido Comunista de China.

En tercer lugar, se introdujeron los conceptos de «educación», «enseñanza» y «formación». Según las explicaciones de Kaírov en *Pedagogía*, la educación era el término más general y omnímodo. Dijo:

Los ámbitos de la educación comunista son los siguientes:

(1) Equipar a los niños con conocimientos, capacidades y destrezas suficientes para que puedan adaptarse a cualquier profesión en el futuro. Hay que promover el desarrollo íntegro de su inteligencia, cultivar sus opiniones

y creencias, ayudarles a formar una cosmovisión científica y adaptar sus comportamientos al espíritu moral comunista.

(2) Hay que formar y desarrollar sus aficiones, intereses, talentos y aptitudes especiales, mejorar su naturaleza y cualidad personales para que se conviertan en futuros activistas como Lenin.

(3) Hay que promover el buen comportamiento y las buenas costumbres que permiten la convivencia con otros ciudadanos socialistas.

(4) Hay que prestar atención a su salud y fortaleza, y ayudarles a crecer como personas vigorosas, sanas y alegres, y como trabajadores fuertes y defensores de la patria perseverantes e inteligentes.

La formación se refiere a la creación de la capacidad cognitiva y de la cosmovisión científica con base en el buen dominio de conocimientos, habilidades y destrezas. Debe ayudar a los niños a establecer el sentimiento y la voluntad sublime de contribuir con sus conocimientos y sus propias actividades al bienestar de la sociedad comunista.

La enseñanza guarda relación con las actividades docentes efectuadas de manera planteada en las escuelas, donde los profesores transmiten los conocimientos de manera sistemática y paulatina a los estudiantes y organizan con ellos actividades. Los ayudan a asimilar conocimientos, habilidades y destrezas con conciencia, optimismo y perseverancia. Basados en los trabajos docentes optimistas, promueven que cada alumno forme la cualidad correspondiente a las tareas de la educación moral socialista.[12]

Para distinguir y aprender bien estos tres conceptos, el catedrático y director de la Cámara de Investigación Pedagógica de la Universidad Normal de Pekín, Wang Huanxun, publicó un artículo en una portada entera en el *Diario Guangming*, donde los explicaba.

En cuarto lugar, la educación solo puede alcanzarse mediante la enseñanza. Kaírov declaró: «... solo basados en el buen dominio de las teorías científicas, los estudiantes pueden establecer una cosmovisión comunista. Solo en el proceso de la enseñanza, ellos pueden convertirse en personas con educación comunista y de alta moralidad. La enseñanza es la vía fundamental de la educación».[13] Sin embargo, estas palabras fueron criticadas durante la Revolución Cultural como «apreciación única de la formación intelectual», y como testimonio fehaciente del revisionismo de la pedagogía de Kaírov.

En quinto lugar, pone de relieve la importancia de transmitir los conocimientos de manera sistemática. Este punto es enfatizado no solo por la pedagogía de Kaírov, sino también por la educación soviética íntegra. Critica la educación pragmática de Dewey, a la que se acusa de no poder proporcionar conocimientos sistemáticos a los estudiantes. Después de la Revolución de Octubre, la Unión Soviética realizó una reforma educativa durante los años veinte. Subrayó la posición fundamental del trabajo productivo en las escuelas. No obstante, aprendió ciegamente las experiencias educativas occidentales y copió sus planes de estudio sintéticos y métodos didácticos de diseño, lo cual ejerció una influencia negativa en el aprendizaje de los estudiantes, quienes no podían recibir conocimientos científicos sistemáticos. Asimismo, las capacidades de los nuevos graduados no satisfacían las exigencias de la formación de cuadros de la educación superior. Por lo tanto, durante la década de los años treinta se llevaron a cabo reformas y ajustes de todos los aspectos: el Comité Central del Partido Comunista elaboró una serie de decisiones para corregir los errores anteriores. Las modificaciones más importantes y citadas en el mundo de la teoría educativa de China fueron las siguientes: «Decisión sobre las escuelas primarias y secundarias», publicada el 5 de septiembre de 1931; «Decisión sobre los currículos y horarios de las escuelas primarias y secundarias», del 25 de agosto de 1932, y «Explicación sobre la explicación de los asuntos de los niños elaborada por el comité de la educación del pueblo» del 4 de julio de 1936. La primera criticaba severamente que las escuelas soviéticas no habían impartido conocimientos generales suficientes a los estudiantes ni habían formado su capacidad de lectura y sus habilidades científicas básicas. Reprobó la teoría de disminuir la función de las escuelas y el método didáctico de diseño. La segunda proponía que el Comité de la Educación del Pueblo modificara los planes de estudio de escuelas primarias y secundarias para garantizar que los alumnos alcanzaran de manera sistemática y firme los conocimientos básicos de cada asignatura y de la realidad, y desarrollaran la capacidad de hablar claramente, de escribir y de hacer ejercicios matemáticos. Las organizaciones básicas de los trabajos escolares eran los grupos de estudiantes, que tenían horarios estrictos de clases. Los profesores tenían que llevar a cabo la enseñanza de forma responsable, sistemática y coherente. La tercera criticó el fatalismo educativo que atribuía las capacidades de los niños a razones fisiológicas o sociales. Estas opiniones parciales consideraban a los estudiantes provenientes de familias de obreros y campesinos como personas discapacitadas que tenían que entrar en escuelas especiales y que no eran permitidos a recibir la educación regular. Los tres documentos desde diversos aspectos destacaban la importancia de dominar los conocimientos sistemáticos. En la práctica educativa soviética se hacía hincapié en la división de asignaturas. La escuela primaria soviética solo disponía de cuatro cursos. Al entrar en la escuela secundaria, tenía lugar la división de las asignaturas. Los estudiantes entraban en la escuela secundaria en el quinto curso y empezaban a recibir conocimientos de diferentes asignaturas. Estas medidas tuvieron una influencia profunda en la educación china, que también ponía de relieve la transmisión de conocimientos básicos sistemáticos a los alumnos y la formación en destrezas fundamentales.

En sexto lugar, se enfatizó la posición preponderante de los profesores. Kaírov consideró:

> Los profesores son el elemento decisivo y más importante en la educación, porque determinan sus efectos. Aunque la educación es un proceso de dominio de los conocimientos de manera consciente y optimista de los alumnos, los profesores son factores indispensables que determinan los contenidos y los métodos de enseñanza y la organización del grupo.[14]

De esta manera, se determinaron el liderazgo y la autoridad de los profesores en la enseñanza. Estas opiniones fueron firmemente enfatizadas por los trabajadores educativos chinos porque correspondían a la tradición educativa del país, en que se valoraban la dignidad y la autoridad de los profesores.

En séptimo lugar, se aceptó el sistema íntegro de la pedagogía de Kaírov. Este sistema fue dividido en cuatro partes:

(1) La introducción general, la naturaleza de la educación, los objetivos y las tareas de las escuelas, las fases principales de crecimiento y desarrollo de los niños y el sistema de la educación popular.
(2) Las teorías de enseñanza, los procesos, contenidos, principios y métodos didácticos.
(3) Las teorías educativas, las tareas de formación moral, física y estética, sus contenidos, métodos y formas de organización, las actividades colectivas y extracurriculares de los niños, la cooperación de las escuelas y las familias.
(4) El liderazgo y la administración de las escuelas. La mayoría de los libros de pedagogía publicados en China a lo largo de las últimas décadas se vinculaba con estas cuatro categorías.

En general, la teoría pedagógica soviética, representada por las propuestas de Kaírov, trataba de fundarse en el materialismo dialéctico del marxismo. Además, absorbió críticamente los pensamientos educativos de filósofos, pensadores y pedagogos anteriores y formó un sistema propio de la «pedagogía soviética». No obstante, su esencia no salió de la influencia de la teoría de Herbart. Se opuso a la educación pragmática de Dewey y destacó la posición central de la división de asignaturas, las clases sistemáticas y los profesores. Nació y se desarrolló durante la década de los treinta, mediante la crítica de los pensamientos educativos pragmáticos. Bajo la influencia de la Unión Soviética, en China los pedagogos también criticaron los modelos de Dewey. En octubre de 1950, se publicó el artículo «Introducción a la crítica de las teorías de Dewey», del historiador educativo Cao Fu, en el número 6 del primer tomo de *Educación del Pueblo* (texto completo en el primer número del segundo tomo). Indicaba que, si se quería hacer una crítica de las teorías educativas antiguas, había que concentrarse en la propuesta de Dewey y su base ideológica, es decir, su sistema filosófico. Además, analizó y criticó una serie de cuestiones en torno al modelo de Dewey, como las teorías de crecimiento, desarrollo, no determinismo, inteligencia, conocimientos o experiencias. En 1951, la editorial Educación del Pueblo recopiló los artículos de Cao Fu. En 1956, la misma editorial publicó *Crítica de la pedagogía pragmatista* de Chen Yuanhui. En períodos posteriores, surgieron críticas a la «Educación para la vida» de Tao Xingzhi y «Educación viva» de Chen Heqin.

No obstante, después de la Reforma y Apertura, se llevó a cabo otra vez una reflexión y evaluación de los pensamientos educativos de Dewey y se confirmó de nuevo el sentido y la función histórica importante de las propuestas de Tao Xingzhi y Chen Heqin.

Influencia de la educación soviética en la práctica educativa china

Desde la fundación de la República Popular China hasta la Reforma y Apertura, el ámbito de la pedagogía de nuestro país estuvo dominado por las teorías de Kaírov y gracias a la dirección en persona de los expertos soviéticos y la propagación extensa de sus experiencias educativas, la práctica educativa de nuestro país, incluso las opiniones de los trabajadores, los sistemas, contenidos y métodos didácticos fueron reformados según los modelos soviéticos. Estas reformas no solo tenían el objetivo de aprender de la Unión Soviética, sino que también correspondían a las necesidades de concentración y unificación de la economía plantificada. En los apartados siguientes, analizamos los contenidos más importantes.

Aprender del sistema educativo soviético

El 1 de octubre de 1951, el gobierno publicó la «Decisión de la reforma del plazo de estudio». El nuevo plazo, influido por el soviético, definió que la educación primaria duraba cinco cursos y los niños ingresaban en la escuela a la edad de siete años. Antes de la fundación de la República Popular China, la escuela primaria duraba seis años, divididos en ciclo primario y secundario. Los niños entraban en la escuela a los seis años. Esta división no beneficiaba la aceptación de suficiente educación primaria de los niños de campesinos y obreros, por eso, su plazo fue cambiado a cinco años. Sin embargo, este nuevo sistema no fue aplicado en las zonas rurales debido a la insuficiencia de recursos materiales. Posteriormente, gracias al desarrollo económico y cultural del país, la educación primaria se amplió a seis años. El nuevo plazo de cinco años bebió tanto de las experiencias soviéticas como de las tradiciones de las antiguas zonas liberadas y enfatizó la posición importante de los colegios de cuadros para obreros y campesinos, los diversos cursos complementarios e instructivos en el sistema escolar. La Unión Soviética prestó mucha atención a la formación de tiempo de ocio de los cuadros. Especialmente, este tipo de educación era necesario al comienzo de la revolución. Antes de la reforma del plazo educativo, el 3 de abril de 1950 se estableció la primera escuela de cursos intensivos para obreros y campesinos en Pekín. Hasta junio del mismo año, se habían fundado 12 escuelas similares en todo el país. Estas escuelas fueron fruto de la imitación de las facultades para obreros y campesinos afiliadas a los institutos superiores soviéticos. Tenían el objetivo principal de formar cuadros de obreros y campesinos, puesto que, antes de la fundación de la nueva China, no disponían de oportunidades para recibir educación. Sus cuadros estaban dedicados a la guerra revolucionaria y no contaban con tiempo para aprender los conocimientos científicos y culturales. En la nueva época, cada frente necesitaba obreros y campesinos de función vertebradora, y ellos tenían que completar su formación básica antes de recibir educación superior. Por lo tanto, en las escuelas de cursos intensivos para obreros y campesinos se los preparaba para acceder a los institutos superiores. Para ello, se estudiaban las asignaturas de la escuela secundaria y del bachillerato, normalmente de seis años, a lo largo de cuatro años. Después de la fundación de la nueva China, el aumento del número de estudiantes provenientes de las clases obrera y campesina hizo innecesarias este tipo de escuelas, que se cerraron a partir del año 1958.

El ajuste de facultades de los institutos superiores fue una gran reforma del sistema educativo superior, bajo la influencia de la Unión Soviética. Tenía el objetivo de cambiar la educación superior antigua que no satisfacía las necesidades constructivas de la nueva época. Entre 1952 y 1953, se reformaron las universidades desde Pekín y Tianjin hasta las zonas del este, suroeste, centro, noreste y noroeste de China. Se hizo un esfuerzo por reordenar y fortalecer las universidades integrales y desarrollar los institutos especializados, particularmente los industriales y los normales. Además, se modificó la distribución de institutos superiores en diferentes zonas. Siguiendo los modelos soviéticos, los institutos superiores fueron divididos en universidades integrales, que solo establecieron departamentos de ciencias naturales y sociales; e institutos especializados, que contenían facultades de industria, agricultura, medicina, pedagogía, economía y financiación, política y derecho, arte, filología, educación física, etc. En 1953, se efectuó otro ajuste de facultades en las universidades de la zona del centro y del sur de China.

El ajuste de las facultades tenía por objetivo principal satisfacer mejor las necesidades de construcción económica de la nueva China. Antes del ajuste, había un total de 211 institutos superiores en China; 49 de ellos eran universidades integrales e incluían por lo menos tres facultades o departamentos independientes, 91 eran institutos independientes y 71, especializados. Sufrían mayoritariamente los siguientes tres problemas.

En primer lugar, la estructura de diferentes tipos de institutos y la instalación de departamentos dentro de las universidades no eran razonables, reflejadas por la apreciación de las ciencias sociales, el menosprecio por la tecnología y la escasez de institutos normales. De los 211 institutos superiores, solo 33 eran colegios superiores industriales o institutos especializados industriales, que ocupaban el 15 %; 17 estaban especializados en agricultura y silvicultura (8 %), y 12 eran normales. Sin embargo, para 1952, el número de institutos normales había ascendido a 32.[15]

En segundo lugar, el tamaño de los institutos superiores era pequeño y la cantidad de estudiantes graduados no satisfacía la necesidad de intelectuales de la construcción económica. En 1951, había en total 153 402 estudiantes y el número promedio para cada instituto era de 745. Los institutos con más de 2000 estudiantes matriculados eran escasos. En cada facultad, solo había unas decenas o incluso menos de diez de alumnos. No podían satisfacer las necesidades del país y provocaron el malgasto de recursos educativos.

En tercer lugar, la distribución geográfica de los institutos era desequilibrada: la mayoría estaba en ciudades grandes del litoral. En la zona occidental del país había pocos institutos.

Después de dos ajustes, el número de institutos superiores se redujo a 182, entre los cuales podían encontrarse 14 universidades integrales, 30 institutos industriales, 31 institutos normales, 29 institutos agrícolas, 29 institutos médicos, 4 institutos políticos, 6 institutos económicos y financieros, 15 institutos artísticos, 8 institutos idiomáticos, 5 institutos de educación física y 2 institutos para pueblos minoritarios. Sin embargo, no pudo solucionarse por completo el problema del desequilibrio geográfico en su distribución.

Además, se llevó a cabo una reforma del sistema administrativo según los modelos soviéticos. Por un lado, el Ministerio de Educación asumió la dirección única de todos los institutos superiores (excepto las universidades militares). Los institutos debían seguir todos los planes de construcción y de financiación, los regímenes de financiación, los planes de estudio, las normas de la práctica productiva y otros decretos u órdenes elaborados por el Ministerio de Educación. Por otro lado, el Ministerio de Educación Superior y otros departamentos centrales administraron directamente los trabajos de los institutos: las universidades integrales y los institutos industriales multidisciplinarios pasaron a ser administrados directamente por el Ministerio de Educación Superior; los institutos unidisciplinarios, por otros departamentos centrales, y otros, por el comité administrativo o el gobierno de sus provincias, municipios o regiones autónomas.[16]

El ajuste y la reforma de facultades según el modelo soviético promovió la modificación rápida de la educación antigua, el establecimiento de sistemas educativos totalmente renovados y la mejora de la calidad de educación superior. Además, se formaron un gran número de intelectuales para la construcción socialista de nuestro país. Especialmente, los institutos industriales superiores dedicados a la geología, la petroquímica, la minería, la siderurgia, la aviación o la telecomunicación, rellenaron el espacio de la educación superior en la industria y formaron muchos expertos que trabajarían en la industrialización del país. La instalación independiente de los institutos normales garantizó el desarrollo de la educación básica. Sus hazañas históricas eran imborrables, aunque llevaron algunas secuelas que mencionamos a continuación.

Primero, en cuanto a los objetivos de la educación superior, la Unión Soviética prestó atención a la formación de expertos y a la educación especializada. Debido a su influencia, en los institutos de nuestro país también se puso el acento en la formación técnica, al tiempo que se ignoraba la educación en artes liberales. Peor aún, consideraron que esta última tenía un matiz capitalista y no correspondía a las necesidades reales. Las especialidades de institutos superiores eran divididas de manera demasiado detallada y provocó que los graduados de la universidad o del instituto no dispusieran de suficientes conocimientos comunes y no pudieran adaptarse a la nueva situación del desarrollo tecnológico.

En segundo lugar, la reforma causó una división excesiva de las especialidades y obstaculizó la transversalidad entre asignaturas de ciencias naturales y sociales. De esta manera, las universidades integrales perdieron las ventajas asociadas a la comunicación entre diferentes facultades. Los institutos unidisciplinarios, especialmente industriales, no tenían suficientes asignaturas de ciencias ni la influencia del espíritu humanista. Este fenómeno no benefició el establecimiento de nuevas especialidades multidisciplinarias y sus deficiencias se revelaron de manera más obvia durante la década de los ochenta.

En tercer lugar, se produjo una centralización excesiva de la administración. Solo existía la única manera de la formación de intelectuales, demasiado rígida. Las asignaturas, los planes de estudio, los libros de texto y las normas administrativas de todas las universidades chinas eran idénticos. Este modelo de educación unificado no contemplaba las peculiaridades de diversas regiones y los derechos autónomos de las universidades y provocó rigidez del pensamiento educativo. Los profesores no tenían espacio para desarrollar sus aptitudes y no se fomentaban la iniciativa y la creatividad entre los estudiantes. No fue beneficioso para la formación de intelectuales.

En cuarto lugar, algunas universidades famosas fueron divididas y trasladadas a diferentes regiones. Sus profesores e investigadores académicos también fueron dispersados. Esto supuso un obstáculo para que estas universidades se convirtieran en instituciones de talla mundial y se malgastó el tiempo.

En quinto lugar, no existía una dirección y administración unificadas en los institutos superiores. Una pequeña parte de las instituciones estaba administrada por el Ministerio de Educación Superior y la mayoría de las instituciones fue dirigida por otros ministerios del gobierno; esto provocó el problema de la separación, que no fue solucionado hasta la reforma del sistema de educación superior de 1999.

La aplicación de los modelos y métodos de enseñanza soviéticos

En los primeros años de la nueva China, no solo aprendimos el sistema educativo soviético, sino que también aplicamos sus libros de texto y sus métodos de enseñanza. El 12 de noviembre de 1952 el Ministerio de Educación publicó una orden por la cual todos los institutos superiores debían traducir los libros de texto soviéticos y utilizarlos primero en las asignaturas básicas del primer y segundo cursos y en algunas otras asignaturas especializadas que los necesitaban; y luego en las otras. Para organizar este trabajo de manera sistemática y planteada, el Ministerio de Educación publicó el 27 de noviembre el «Decreto transitorio sobre la traducción de los libros de texto de institutos superiores soviéticos», que definió el plan de traducción. Las traducciones fueron publicadas como «libros de prueba recomendados por el Ministerio de Educación para las asignaturas de los institutos superiores» después de ser aceptadas por el Comité de Revisión de Libros de Texto.[17] Se puede considerar que, en los primeros años de la nueva China, todos los libros de texto provenían de la Unión Soviética.

Además, se establecieron, según las experiencias soviéticas, grupos de investigación didáctica, que constituían unidades básicas de enseñanza de las escuelas. Todos los profesores de los institutos superiores fueron divididos en diferentes grupos según su especialidad y trabajaron juntos para preparar las clases, diseñar los libros de texto y discutir sobre cuestiones académicas de su especialidad. Los profesores de escuelas primarias y secundarias también fueron agrupados según la asignatura que enseñaban. Prepararon las clases juntos e hicieron observaciones de las clases de otros, además de participar en las actividades organizadas por las escuelas. Este tipo de organización fue beneficioso para desplegar la fuerza de la colectividad y garantizar la calidad de la enseñanza. Especialmente, de esta manera, los profesores experimentados pudieron dirigir y ayudar a los profesores jóvenes. Sin embargo, sus deficiencias consistieron en que podía provocar la pereza de algunos profesores y reprimir su creatividad. De todas maneras, esta forma de organizar la enseñanza sigue siendo aplicada en las escuelas chinas de diversos tipos y niveles.

Aparte de las clases impartidas por los profesores, se introdujo el sistema de seminario, es decir, la discusión en equipo. Esta forma no fue típica de la Unión Soviética sino que había sido aplicada en las universidades occidentales y se volvió muy popular. Fue introducida, al comienzo de la fundación de la nueva China, como experiencia educativa soviética a nuestro país. Se caracterizaba por la interacción entre profesores y alumnos, la comunicación entre compañeros, la discusión conjunta y la ilustración mutua. Las universidades occidentales prestaban mucha atención a esta forma. Por ejemplo, los estudiantes de las universidades alemanas podían no asistir a las clases magistrales, pero debían participar en los seminarios. En caso de absentismo excesivo, se les prohibía participar en los exámenes. El autor ha impartido cursos en la Universidad de París VIII y escuchó muchas clases suyas. Cada clase tenía una duración de dos horas y media, pero los profesores solo impartían la materia durante media hora. El resto del tiempo se dedicaba a las discusiones. Cuando el autor estudiaba en la Unión Soviética, cada asignatura gozaba de actividades de seminario. Más aún, en los cursos superiores había seis seminarios cada semana. Antes de las discusiones, los estudiantes debían leer libros de consulta con minuciosidad y escribir resúmenes para sus presentaciones a tenor de las indicaciones de los profesores. Gracias a la lectura de libros y las discusiones, los estudiantes profundizaban en el contenido de la asignatura y aprendían de las intervenciones de otros estudiantes y de profesores lo que no habían descubierto en su propia lectura. Sin embargo, los institutos superiores chinos, al introducir los seminarios, no entendieron bien su esencia y sus ventajas. Por eso, abandonaron este método. Tras volver a China, el autor descubrió que los seminarios causaban preocupación a los estudiantes, quienes los consideraban como una ocupación pesada. Esta forma de enseñanza no tardó mucho en desaparecer de las aulas chinas. Consideramos que su fracaso se relaciona con la influencia de la educación tradicional, en la que los profesores eran el centro de la educación. La acción docente recaía principalmente en los profesores, quienes trasmitían los conocimientos y respondían las preguntas, y los estudiantes no ocupaban una posición importante en el proceso. Solo aceptaron los conocimientos presentados por los profesores sin discutir ni preguntar. Por eso, aunque aprendimos «de la Unión Soviética con todo el corazón», los conocimientos opuestos a la educación tradicional fueron rechazados, lo que reflejaba la tenacidad del poder tradicional.

Además, el sistema del curso académico, la estructura de asignaturas compuesta por «tres niveles» y la redacción de un trabajo de fin de grado también provenían de la Unión Soviética. La educación superior soviética se dedicó principalmente a la formación de intelectuales especializados sin prestar atención a la enseñanza de conocimientos generales. La formación superior era larga, duraba cinco años; y la de las universidades industriales, cinco y medio o seis años. Las asignaturas estaban divididas en tres niveles, nombradas coloquialmente «tres plantas»: básicas generales, básicas especializadas y superiores especializadas. Entre las asignaturas básicas generales destacaba la de teorías políticas, en la que se enseñaba la historia del Partido Comunista de la Unión Soviética, la economía política, así como el materialismo dialéctico y el histórico. Todas las clases eran obligatorias y se impartían en diversos cursos académicos. Las exigencias para graduarse eran muy altas: había que terminar el trabajo de fin de grado y aprobar el examen de graduación. Al final de cada curso académico, los estudiantes también debían entregar un informe o un diseño de la asignatura. Los graduados universitarios no tenían un título sino solo el nombramiento de «personas especializadas». Este sistema fue utilizado en China antes del establecimiento del sistema de títulos académicos.

Las escuelas primarias y secundarias estudiaron de manera más completa la experiencia soviética. Los planes de estudio y de enseñanza y los libros de texto eran los mismos en todas las escuelas. Las escuelas y los profesores no tenían derecho a modificarlos porque eran documentos de la nación. Esta forma de dirección centralizada y unificada ignoró el desequilibrio regional en el desarrollo educativo y también reprimió las peculiaridades de las escuelas y de los estudiantes.

En cuanto a la metodología didáctica, se introdujo el método de cinco pasos de Kaírov y se invitó a expertos soviéticos para impartir cursos sobre la enseñanza. La actividad didáctica «Pañuelo rojo» se volvió muy famosa. En 1953, los estudiantes de la Facultad de Filología China de la Universidad Normal de Pekín fueron a la Escuela Secundaria de Niñas Número 6 de Pekín para hacer prácticas. Enseñaron el texto del «Pañuelo rojo». El experto soviético, Pushkin, asistió a esta actividad y propuso sus opiniones y exigencias sobre cómo gestionar adecuadamente una clase. El diario *Educación del Pueblo* apreció altamente su discurso y consideró que él había indicado una dirección para mejorar la enseñanza de la filología china. Así pues, el método de «Pañuelo rojo» se difundió en todo el país e influyó con profundidad no solo en la enseñanza de filología china, sino también en la de toda la educación primaria y secundaria. Normalizó las actividades docentes y facilitó el aprendizaje sistemático de conocimientos y destrezas básicas de los estudiantes. Sin embargo, este método constreñía la enseñanza en un marco fijo y era perjudicial para el desarrollo de la creatividad de los profesores y la iniciativa de los alumnos.

Crítica contra la educación soviética y la domesticación de las experiencias soviéticas educativas

La influencia de la Unión Soviética en la educación china fue muy profunda y lejana. No obstante, entre la década de los cincuenta y la de los sesenta, las relaciones entre China y la Unión Soviética empeoraron y nuestro país empezó a criticar el revisionismo soviético en todos los ámbitos, incluso en el educativo. En 1958, la teoría de Kaírov fue criticada porque no combinaba la educación y el trabajo productivo, no utilizaba la educación para servir a la política proletaria ni seguía la dirección del partido comunista. Además, se centraba demasiado en los libros, los profesores y las clases. Entre el 7 y el 12 de marzo y el 16 y el 21 de mayo de 1960, el Grupo de Investigación Educativa y Cultural del Gobierno organizó una conferencia con los secretarios de departamentos de cultura y educación de los comités municipales del partido, en la que el entonces jefe del Departamento de Propaganda del Partido Comunista de China propuso la necesidad de eliminar el revisionismo en los ámbitos de la filosofía, las ciencias sociales y las artes. Había que realizar una revolución educativa y eliminar de raíz todos los pensamientos académicos capitalistas, ideadas en los siglos XVIII y XIX. En el mundo de la educación, se llevó a cabo también una crítica de los pensamientos revisionistas soviéticos, que empezó por la oposición a las teorías de Kaírov. A mediados de la década de los sesenta se habían publicado muchos artículos críticos en el diario *Educación del Pueblo*: «Una cuestión importante de la pedagogía socialista»; «Hay que criticar las opiniones educativas capitalistas», del número 6 de 1964; «La teoría educativa marxista falsa» del número 2 de 1965, y «Debemos criticar el pensamiento de la prioridad de la formación intelectual», del número 3 del mismo año.[18] Las teorías de Kaírov fueron consideradas revisionistas porque prestaban mayor atención a la formación intelectual e intentaban propagar los pensamientos políticos mediante la educación. Asimismo, las propuestas de Kaírov se combinaban con las políticas de «Educación de todo el pueblo» y «Partido de todo el pueblo» de Jrushchov. Por lo tanto, fueron tildadas de revisionistas porque negaban la naturaleza de clase de la educación. Para «destruir las tumbas de los pensamientos antiguos de los siglos XVII y XVIII», se criticaron también el humanitarismo, la educación en el amor materno, la capacidad y las normas educativas sistemáticas, que duraron hasta el final de la Revolución Cultural.

Sin embargo, nuestra crítica a la educación soviética, aunque fue realizada con mucha fuerza, no encontró sus verdaderas deficiencias y, por eso, no contribuyó significativamente al desarrollo de la educación china. Al contrario, habíamos asimilado por completo los pensamientos, los sistemas e incluso los métodos educativos soviéticos. Estos aspectos no fueron criticados o modificados, sino que fueron domesticados y se convirtieron en tradiciones educativas propias. Era un fenómeno extraño y contradictorio que tenía su razón de ser.

En primer lugar, la ideología de los dos países era la misma, por lo tanto, las experiencias soviéticas eran fácilmente aceptables por nosotros. Aunque consideramos la Unión Soviética como país revisionista, en su esencia era un estado guiado por el marxismo, el leninismo y el socialismo. Ambos colocaron la asignatura de la educación de la teoría política en una posición importante y destacaron la dirección absoluta del Partido Comunista en las escuelas. Durante los años ochenta, el gobierno soviético propuso la neutralidad de las universidades y su desvinculación con la política, el partido y la ideología, y la Unión Soviética no tardó mucho en desintegrarse.

En segundo lugar, ambas eran naciones centralizadas. El país dirigió de manera unificada la labor educativa y destacó la importancia de la concentración. Las decisiones eran tomadas por el gobierno y no se recurrió a organismos científicos y democráticos de consulta y de decisión. Todas las universidades establecieron las mismas especialidades y utilizaron los mismos planes de estudio, métodos didácticos y libros de texto. Más aún, los grupos de investigación pedagógica se encargaban de organizar a los profesores. La norma de que «las células del Partido eran insertadas en las compañías militares» funcionaba para facilitar la dirección y la administración.

En tercer lugar, en ambos estados se instauró un régimen de economía planificada. El sistema educativo chino fue definido a partir de la economía plantificada efectuada a largo plazo y mediante el aprendizaje desde la Unión Soviética. El ajuste de facultades, como la igualdad de especialidades y de métodos administrativos, fue el resultado de dicho régimen. Por lo tanto, las experiencias soviéticas, fruto de la economía plantificada, eran más fáciles de aceptar para nosotros.

En cuarto lugar, las teorías soviéticas no eran originales, como hemos explicado, las teorías de Kaírov bebieron de las propuestas de Herbart. Del mismo modo, el sistema educativo previo a la fundación de la República Popular China también fue influido por las teorías occidentales, especialmente las de este pedagogo. Por lo tanto, el aprendizaje de la Unión Soviética, aunque fue rechazado al principio por algunos intelectuales, acabó siendo aceptado por la mayoría de la gente por su similitud a los sistemas educativos anteriores.

En quinto lugar, las experiencias educativas soviéticas también se asemejaban a las tradiciones educativas chinas. Por ejemplo, la cultura clásica y el Examen Imperial prestaban atención a la administración unificada, a los libros de texto y a la enseñanza de conocimientos básicos. Estos aspectos se asemejaban a las características de la educación soviética, que destacaba la importancia de transmitir sistemáticamente los conocimientos y capacidades básicas. Además, tomaba en conciencia la función primordial de los profesores en la educación, que se correspondía con la apreciación de profesores en la antigua China. Por consiguiente, las experiencias soviéticas eran fáciles de combinar con la tradición educativa china. También mostraba que nosotros tendemos a aceptar elementos ajenos similares a nuestra cultura tradicional y a denegar aquellos que se diferencian de nuestras costumbres. Por ejemplo, el seminario, muy popular en las universidades occidentales, puesto que podían ilustrar las reflexiones independientes de estudiantes y promover las discusiones mutuas entre profesores y alumnos, no prosperó en China.

En conclusión, la educación china actual, aunque ha experimentado muchos cambios después de la Reforma y Apertura, sigue manteniendo muchas huellas de la soviética. Por esa razón se puede afirmar que la tradición educativa actual, aparte de conservar y suceder el núcleo de la cultura tradicional, también ha absorbido muchos elementos soviéticos.

Notas

1 Instituto Central de Ciencias de la Educación (1992). *Antología en memoria de Dong Chuncai.* Pekín: Ciencia y Educación.
2 Instituto Central de Ciencias de la Educación (1984). *Acontecimientos importantes de la educación de la República Popular China (1949–1982).* Pekín: Ciencia y Educación.
3 Instituto Central de Ciencias de la Educación (1984). *Acontecimientos importantes de la educación de la República Popular China (1949–1982).* Pekín: Ciencia y Educación.
4 Instituto Central de Ciencias de la Educación (1984). *Acontecimientos importantes de la educación de la República Popular China (1949–1982).* Pekín: Ciencia y Educación.
5 Instituto Central de Ciencias de la Educación (1984). *Acontecimientos importantes de la educación de la República Popular China (1949–1982).* Pekín: Ciencia y Educación.
6 «Renmin» significa «popular».
7 Instituto Central de Ciencias de la Educación (1984). *Acontecimientos importantes de la educación de la República Popular China (1949–1982).* Pekín: Ciencia y Educación.
8 Hao, W. Q. y Long, Z. Z. (2000). *Historia de la educación superior.* Hainan: Hainan.
9 Instituto Central de Ciencias de la Educación (1984). *Acontecimientos importantes de la educación de la República Popular China (1949–1982).* Pekín: Ciencia y Educación.
10 Kaírov (1953). *Pedagogía.* Pekín: Educación del Pueblo.
11 Kaírov (1953). *Pedagogía.* Pekín: Educación del Pueblo.
12 Kaírov (1953). *Pedagogía.* Pekín: Educación del Pueblo.
13 Kaírov (1953). *Pedagogía.* Pekín: Educación del Pueblo.
14 Kaírov (1953). *Pedagogía.* Pekín: Educación del Pueblo.
15 Hao, W. Q. y Long, Z. Z. (2000). *Historia de la educación superior.* Hainan: Hainan. Sin embargo, de acuerdo con la *Crónica de la educación china (1949–1982)* y *Logros de la educación china (1949–1983)*, en 1951 había en total 206 instituciones de educación superior en China, 47 de

ellas fueron universidades integrales, 36 institutos industriales, 15 institutos agrícolas y 30 institutos normales.

16 Hao, W. Q. y Long, Z. Z. (2000). *Historia de la educación superior.* Hainan: Hainan.

17 Instituto Central de Ciencias de la Educación. (1984). *Acontecimientos importantes de la educación de la República Popular China (1949–1982).* Pekín: Ciencia y Educación.

18 Qu, B. K. (1999). *Investigación de la metaeducación.* Zhejiang: Educación de Zhejiang.

CAPÍTULO X

Reforma y Apertura y pluralización de la ideología educativa

La Reforma y Apertura inauguró una nueva etapa en el desarrollo educativo de nuestro país. Bajo la directriz ideológica de «Emancipar la mente y buscar la verdad de los hechos», el mundo teórico educativo inició una minuciosa reflexión sobre la evolución de la teoría educativa tras la fundación de la República Popular China e intentó absorber nuevas ideas y experiencias provenientes de reformas educativas de otros países, con el propósito de crear un sistema teórico educativo socialista con características chinas y establecer una nueva tradición educativa. El desarrollo de la educación china a partir de 1978 puede ser dividido en dos fases. La primera incluye la década de los ochenta, cuyos objetivos principales consistieron en llevar a cabo una reflexión acerca de la situación educativa contemporánea y presentar las experiencias de reforma educativa de otros países después de la Segunda Guerra Mundial, para aprovecharlas en la reconstrucción educativa. La segunda pertenece a la década de los noventa, durante la que se abandonó la economía planificada y se estableció el sistema económico de libre competencia socialista. Bajo estas circunstancias, se fundó un nuevo sistema educativo moderno, adaptado al nuevo régimen económico.

Reflexión sobre la educación y confluencia de pensamientos educativos de diferentes países

La Reforma y Apertura nos despertó del sueño y abrió una ventana mediante la cual conseguimos observar el mundo exterior, resplandeciente y multicolor. Descubrimos también que, en comparación con otros países desarrollados, nuestra economía, ciencia, tecnología y educación estaban muy atrasadas. Para satisfacer la necesidad urgente de alcanzar el ritmo del mundo, era imprescindible centrarse en la construcción económica y ejecutar las «Cuatro Modernizaciones».[1] El 18 de marzo de 1978, Deng Xiaoping declaró en la Conferencia de Trabajo Científico y Tecnológico: «Modernizar todos los aspectos de la agricultura, industria, defensa nacional, ciencia y tecnología dentro del siglo XX, y hacer de China un país socialista moderno y fortalecido, es la gran misión histórica de nuestro pueblo. De entre todas, la modernización más importante es la de la ciencia y la tecnología». Estas palabras proponían y explicaban la cuestión de que la ciencia y la tecnología forman parte de las fuerzas productivas.[2] Para llevar a cabo las cuatro modernizaciones, la ciencia y la tecnología eran la clave, y la educación, su fundamento. El 24 de mayo de 1977, Deng Xiaoping indicó en la conferencia «Habla del respeto a los conocimientos e intelectuales»: «En el proceso de modernización lo más importante es el progreso de la ciencia y la tecnología. Y si queremos desarrollarlas, es imprescindible prestar especial atención a la educación».[3] Por consiguiente, todos los aspectos de la sociedad empezaron a tener en cuenta la educación. Particularmente, en 1977 se recuperó el sistema de exámenes de acceso a la universidad (en chino *Gaokao*), lo cual actuó como un viento de primavera que barrió la ignorancia y el desprecio por los libros. La educación logró retornar a su cauce, pero necesitaba urgentemente un proceso de reforma y reflexión.

Discusión sobre la esencia de la educación y la modificación de los valores educativos

En 1978, el entonces vicepresidente de la Academia de Ciencias Sociales de China, Yu Guangyuan, propuso en un simposio sobre educación que si bien esta abarca contenidos de la superestructura social, eso no equivale a ella. Posteriormente, se publicó el artículo «Prestar atención a la investigación sobre la formación de personas» en el tercer número de 1978 de la revista *Estudios académicos*. Estas opiniones despertaron el interés por el mundo educativo, como si fuera una piedra caída en la superficie tranquila del agua, y se iniciaron inmediatamente discusiones sobre la esencia de la educación en todo el país. El número de investigadores participantes y la duración de estos debates no tenían precedente. Según «Cien años de la pedagogía china», de Qu Baokui, entre 1978 y 1996 se publicaron más de trescientos artículos sobre esta cuestión en diferentes revistas de China, la mayoría de ellos en *Estudios de Educación*.

Estos artículos versaban mayoritariamente sobre la esencia de la educación y expresaban diversas opiniones, como las discusiones entre «fuerzas productivas» y «superestructura», entre «bi-atributos» y «multi-atributos», entre «práctica social» y «categoría especial», entre «práctica productiva» y «práctica espiritual», entre «comunidad» y «personalidad», entre «formación de personas» y «transmisión de conocimientos», entre «industrial» y «no industrial», etc.[4]

El núcleo de las discusiones sobre la esencia de la educación consistía en la reflexión sobre su función. Desde la fundación de la República Popular China hasta la Gran Revolución Cultural, los dirigentes del país y los profesores consideraron la educación como una herramienta para la dominación del proletariado. Es decir, la educación tenía una función eminentemente política. Posteriormente, el trabajo más importante del gobierno pasó a ser la construcción económica, en que la ciencia y la tecnología eran las fuerzas productivas y la educación, la base de la formación de intelectuales. Por lo tanto, cabía preguntarse: ¿la educación podía servir también a la economía? ¿Tenía otras funciones? En 1985, el Comité Central del Partido Comunista de China publicó la «Decisión de Efectuar la Reforma del Sistema Educativo» e indicó claramente: «La educación debe servir a la construcción socialista y la segunda tiene que apoyarse en la primera». Desde aquel entonces, la educación china adoptó la trayectoria correcta. Esta corrección fue fruto de la emancipación de la mente y de la gran transformación de las opiniones sobre el valor educativo.

Durante períodos posteriores, las discusiones se profundizaron. La educación no solo tiene funciones económicas y políticas, sino también culturales. Debe servir a la civilización material y espiritual de la sociedad. Además, se trata de una actividad de la formación de personas y tiene que prestar atención a su progreso. Solo después de lograr el desarrollo de todas las facetas de un individuo, se puede alcanzar la modernización y el desarrollo de toda la sociedad. Con base en estos conceptos, se definió la política estatal del «rejuvenecimiento del país a través de la ciencia y la educación».

Reconstrucción de la educación comparada y presentación de las experiencias de reforma educativa extranjeras

Es necesario tomar los frutos de todas las culturas avanzadas del mundo si queremos llevar a cabo la reforma educativa. Para la educación, la década de los sesenta fue una época de gran desarrollo y revolución: marcó la entrada de la educación en la modernización. No obstante, en el país estaba teniendo lugar la Gran Revolución Cultural y no teníamos conocimiento alguno de las importantes renovaciones educativas mundiales. Solo después de la Reforma y Apertura, expandimos nuestro horizonte y empezamos a introducir los pensamientos, contenidos y métodos educativos avanzados extranjeros.

El primer libro introducido en China fue traducido por el Departamento de Investigación de Pedagogía Extranjera de la Universidad Normal del Este de China. Se trataba del informe educativo *Aprender a ser: el mundo de la educación del hoy y el mañana*, redactado en 1972 por la Unesco. Fue traducido en 1976, pero debido a algunos límites ideológicos de la sociedad, no fue publicado hasta 1979 por la editorial Traducción de Shanghái. Este libro presentaba un importante concepto nacido durante la década de los sesenta, el de la educación a lo largo de la vida. En él se indicaba que, gracias al rápido desarrollo de la ciencia y la tecnología y la reforma social inaugurada por ellas, habíamos entrado en la sociedad del conocimiento y necesitábamos una educación permanente. En realidad, no se trataba solo de un pensamiento educativo importante, sino también de una tendencia inevitable en el desarrollo de la educación. No obstante, era una lástima que no conociéramos mucho sobre ella. Aunque muchos países desarrollados mostraron su apoyo firme a este concepto e incluso elaboraron leyes para aplicarlo durante la década de los setenta, China no le prestó mucha atención y solo unos pocos artículos lo mencionaban. La actitud indiferente de China no era extraña, puesto que, durante la década de los setenta, el sistema económico todavía se sustentaba en los pequeños agricultores y aplicábamos un sistema económico planificado. No habíamos alcanzado la etapa de la gran producción industrial y, por lo tanto, resultaba difícil reconocer la importancia de la educación a lo largo de la vida en la sociedad moderna. Hasta mediados de la década de los noventa, el país progresó significativamente en su modernización industrial y se instauró el sistema económico de libre competencia socialista. El desarrollo de la tecnología productiva fomentó que la sociedad empezara a tener en cuenta la educación a lo largo de la vida, que incluso se incluyó en la «Ley de Educación de la República Popular China» de 1995.

Cabe mencionar que un acontecimiento importante en la historia de la introducción de contenidos educativos extranjeros fue el mandato de Deng Xiaoping en 1977: «... hay que introducir los materiales de enseñanza extranjeros y aprender de sus ventajas». Por lo tanto, a pesar de la insuficiencia de divisas, el gobierno central intentó recaudar cien mil dólares para comprar libros de texto de Estados Unidos, Inglaterra, Alemania Occidental, Francia o Japón. Esta decisión permitió un enorme progreso en la reforma de las asignaturas y de los materiales docentes.[5]

En la introducción de las experiencias educativas extranjeras, los investigadores en educación comparada desempeñaron un papel importante. La educación comparada fue, al principio, una asignatura importante en las universidades normales, pero fue considerada como un elemento burgués y se canceló durante la época posterior de la fundación de la República Popular China, en que el país aprendió únicamente de la Unión Soviética. A principios de la década de los sesenta, China empezó a investigar sobre la tradición educativa de otros países aparte de la Unión Soviética. El 12 de mayo de 1964, el Grupo de Administración de Asuntos Internacionales del Comité Central del Partido Comunista de China y la Oficina de Relaciones Exteriores del Consejo de Estado aprobaron y publicaron el «Informe sobre el establecimiento de organizaciones relacionadas con la investigación de cuestiones extranjeras en las universidades». Así pues, la Universidad Normal de Pekín, la Universidad Normal del Este de China y la Universidad Normal del Noreste de China fundaron respectivamente un departamento de investigación en educación extranjera. La Universidad Normal de Pekín estableció, por encargo del Departamento de Propaganda del Comité Central del Partido Comunista de China, la revista *Estado del Desarrollo de la Educación Extranjera*. En aquel momento, sus objetivos eran conocer mejor las circunstancias reales de los poderes imperialista y revisionista y vencerlos. A pesar de sus propósitos honorables, los contenidos de la revista siempre fueron considerados como propaganda capitalista y revisionista por la gente y fueron embargados a principios de la Gran Revolución Cultural. En 1973, la investigación sobre la educación extranjera en la Universidad Normal de Pekín empezó a ser recuperada paulatinamente bajo el eslogan de «oponerse al imperialismo y al revisionismo», y el instituto publicó 22 números de *Estado de Desarrollo de la Educación Extranjera* hasta 1979. En 1980, fue admitida como publicación periódica oficial y difundida por todo el país. En 1993, se modificó su nombre y pasó a llamarse *Educación Internacional y Comparada*. A principios de la década de los ochenta, la Universidad Normal del Este de China fundó la revista *Materiales de la Educación Extranjera*; la Universidad Normal del Noreste de China, *Investigación sobre la Educación Extranjera*, y el Instituto de Ciencias de la Educación del Comité Central del Partido Comunista de China, *Educación Extranjera*.

Tras el desmantelamiento de la Banda de los Cuatro,[6] en las escuelas surgió la necesidad urgente de conocer las experiencias educativas extranjeras. En agosto de 1977, el Ministerio de Educación celebró un simposio sobre materiales docentes para las asignaturas de ciencias naturales en Beidaihe y un foro sobre la educación extranjera. Discutieron sobre las tareas del estudio de la educación extranjera y elaboraron proyectos rudimentarios. Entre el 5 y el 15 de julio de 1978, se celebró el primer Simposio Nacional de la Educación Extranjera en la Universidad

Normal de Pekín, en que más de cuarenta investigadores provenientes de departamentos de investigación sobre la educación extranjera de la Universidad Normal de Pekín, la Universidad Normal del Este de China, la Universidad Normal del Noreste de China, la Universidad de Hebei y la Universidad Normal del Sur de China participaron. El segundo simposio se inauguró al final de octubre de 1979 en Shanghái. En él participaron más de diez organizaciones y noventa asistentes. En este evento también se fundó la Asociación para la Investigación sobre la Educación Extranjera.

Con el apoyo del Departamento de Educación Superior del Ministerio de Educación, se publicó una serie de libros que presentaron las experiencias educativas de otros países. Los títulos más representativos son *Colección de libros de la educación extranjera* (35 tomos), *Panorama de la educación de seis países*, *Panorama de la educación de veinte países*, *Educación estadounidense actual* o *Fundamento de la pedagogía estadounidense*, publicados por la editorial Educación del Pueblo.

Entre marzo y junio de 1980, la Facultad de Educación de la Universidad Normal de Pekín invitó a Hu Changdu, investigador en educación comparada de la Universidad de Columbia de Estados Unidos, quien impartió un curso sistemático sobre la educación comparada a los estudiantes de grado. Al mismo tiempo, el Departamento de Educación Superior del Ministerio de Educación organizó una maestría en educación comparada. Sus alumnos eran profesores provenientes de diez universidades chinas. Por un lado, ellos asistieron a las clases de los estudiantes de grado; por otro lado, escucharon la presentación de Hu Changdu sobre la situación y las tendencias de desarrollo de la educación comparada en el extranjero. Con base en esta maestría, estos profesores, bajo la dirección de los expertos Wang Chengxu, Zhu Bo y Tan Renmei, recopilaron el primer libro de texto posterior a la fundación de la República Popular China, *Educación comparada*, destinado a los estudiantes de grado.[7] Estos esfuerzos supusieron la recuperación embrionaria de la posición de la educación comparada entre las asignaturas universitarias. Desde ese momento, se empezaron a presentar las experiencias de reformas educativas extranjeras de manera sistemática y a gran escala.

Introducción de diferentes pensamientos educativos

En el proceso de aprendizaje de las experiencias educativas extranjeras, al principio concentramos la mirada en los países desarrollados, como Estados Unidos, Inglaterra, Francia, Alemania Occidental, Japón y la Unión Soviética. Aparte de la traducción de revistas sobre la educación de estos países, también se publicaron libros y artículos en periódicos. Los libros más representativos fueron no solo *Colección de libros de la educación extranjera* o *Panorama de la educación de seis países*, sino también una serie de obras sobre temas importantes relacionados con proyectos clave financiados por la Fundación Nacional de Ciencias Naturales y Sociales: *Investigación de la situación educativa de posguerra*, publicada por Educación de Jiangxi en 1991; *Didáctica y desarrollo*, recopilada por Leonid Zankov, traducida por Du Diankun y publicada por Educación y Cultura en 1980; *Cien sugerencias para profesores*, escrita por Vasyl Sukhomlynsky, traducida por Zhou Qu y publicada por Pueblo de Tianjin en 1981; o *Proceso de la educación*, escrita por Jerome Bruner, traducida por el Departamento de Investigación de Educación Extranjera de la Universidad Normal de Shanghái[8] en 1978. Los pensamientos educativos más propagados e influyentes fueron los que mencionamos a continuación.

La teoría del aprendizaje evolutivo de Leonid Zankov

Zankov (1901—1977) fue un psicólogo y pedagogo soviético, académico de la Academia de Ciencias de la Educación de la Unión Soviética. Desde 1957 hasta 1977, se dedicó a la investigación y la experimentación en el ámbito de la educación, así como a la relación entre la educación y el desarrollo. Durante estas dos décadas, introdujo directamente el experimento psicológico como método de investigación y estableció la teoría sistemática del aprendizaje evolutivo. Propuso «promover el desarrollo general de los estudiantes con el mayor efecto didáctico posible». Según Zankov, era necesario quebrar los pensamientos tradicionales educativos y elevar el nivel de desarrollo general de los estudiantes para formar su independencia y creatividad. Explicó el concepto de «desarrollo general» desde diferentes aspectos. En su obra *Sobre la educación primaria*, escrita en 1963, declaró: «Definimos el desarrollo general no solo como la formación de la peculiaridad del niño, sino también su progreso de todos los aspectos. Se diferencia del desarrollo específico de los niños». Presentó con más claridad esta concepción en *Conversaciones con los profesores*: «El desarrollo general no solo refiere al desarrollo intelectual, sino también al de las sensaciones, la voluntad, la cualidad, la personalidad y la ideología colectivista». En 1975, expresó otra vez en *Didáctica y desarrollo*: «El desarrollo general abarca dos niveles: el físico y el psicológico».

Bajo el pensamiento principal de «desarrollo general», Zankov propuso cinco principios pedagógicos: llevar a cabo una enseñanza de nivel alto de dificultad; realizar la enseñanza a ritmo rápido; colocar los conocimientos teóricos en posición principal; ayudar a los estudiantes a comprender el proceso de enseñanza; intentar conseguir el desarrollo de todos los estudiantes, incluso el de aquellos con capacidades inferiores. Cuando entraron en conocimiento con estos principios, los profesores chinos también los relacionaron con la teoría de la zona de desarrollo próximo del psicólogo soviético Lev Vygotsky. En palabras sencillas, había que seguir el criterio de «saltar para coger la manzana», es decir, la educación debía tener un cierto nivel de dificultad. De esta manera, los niños podían obtener los conocimientos con sus esfuerzos y conseguir el desarrollo.

La teoría de la educación armónica de Vasyl Sukhomlynsky

Vasyl Sukhomlynsky (1918–1970), originario de Ucrania, fue un famoso pedagogo soviético, profesor de medalla de honor de la República de Ucrania y académico becario de la Academia de Ciencias de la Educación de la Federación de Rusia. Desde 1948, ocupó el cargo de director en la Escuela Secundaria de Pavlysh, en Ucrania, hasta que falleció en 1970. Siempre insistió en realizar la investigación teórica mediante los casos educativos concretos y formó a un gran número de intelectuales. Con base en el concepto principal de «desarrollo armonioso de peculiaridades», estudió distintos fenómenos educativos y estableció un sistema educativo holístico, que combinaba la escuela, la familia y la sociedad. Propuso la idea de la «educación armónica», que relacionaba las actividades del conocimiento del mundo (estudiar) con los comportamientos de la modificación del mundo (practicar), y que combinaba la educación moral, intelectual, estética, física y laboral. Destacó la función principal de la formación moral y consideró que las escuelas debían enriquecer la vida espiritual de los estudiantes, satisfacer sus necesidades interiores y promover el despliegue pleno de su talento y creatividad.[9] Subrayó que había que tener confianza en cada niño y formar su amor propio, su autoconfianza y su orgullo.

Sukhomlynsky no fue experto solo en teoría educativa, sino también en su práctica. Sus actividades y experiencias docentes fueron propagadas entre los profesores chinos de educación primaria y secundaria. El mundo de la educación comparada tradujo todas obras suyas, que abarcan *Escuela Secundaria de Pavlysh*, *Doy mi corazón a los niños* o *Cien sugerencias para profesores*. Desde la década de los noventa hasta la actualidad, su hija, también académica de la Academia de Ciencias de la Educación de Ucrania, fue invitada muchas veces por la Universidad Normal de Pekín a impartir cursos, participar en conferencias y difundir los pensamientos de Sukhomlynsky. Se convirtió así en uno de los pedagogos extranjeros más apreciados por los profesores chinos, en quienes influyó de manera profunda.

La teoría estructuralista de la educación y el método de aprendizaje por descubrimiento de Jerome Bruner

Jerome Bruner (1915–2016) fue un famoso experto en psicología del desarrollo de Estados Unidos. En 1958, Estados Unidos publicó la Ley de Educación para la

Defensa Nacional. En septiembre de 1959, 35 científicos y pedagogos se reunieron diez días en la localidad de Woods Hole en Cabo Cod para discutir las maneras de mejorar las asignaturas de ciencias naturales en las escuelas primarias y secundarias estadounidenses. Al final, Bruner sintetizó los contenidos de la conferencia y redactó *El proceso de la educación*. El libro explica los cuatro aspectos principales de la reforma de asignaturas propuestos por el autor. En primer lugar, para cada asignatura, es imprescindible que los estudiantes aprendan su estructura básica, que abarca los conceptos y las teorías fundamentales, así como las actitudes y los métodos que deben ser dominados para realizar la investigación en este ámbito. En segundo lugar, los contenidos básicos de cualquier asignatura pueden ser enseñados a alumnos de cualquier edad, si se imparten de manera correcta. En tercer lugar, hasta aquel momento se ha prestado excesiva atención al desarrollo del pensamiento analítico de los estudiantes. En el futuro, hay que tener más en cuenta su capacidad intuitiva. En el proceso de descubrir y resolver las cuestiones, los discentes tienen que formular primero una hipótesis de manera intuitiva y, a continuación, emplear el método analítico para comprobar su validez. En cuarto lugar, el mejor motivo para estudiar es sentir interés por la asignatura. Por lo tanto, no hay que usar demasiado los premios o la competición para estimular a los estudiantes.[10]

Bruner propuso el método de aprendizaje por descubrimiento para comprender la estructura básica de la asignatura. A su juicio, el descubrimiento no se limita a las actividades que exigen la exploración sobre objetos desconocidos por parte de los seres humanos. Abarca todas las maneras de obtener conocimientos mediante el propio cerebro. El objetivo de este método es formar el pensamiento creativo, y su proceso consiste en seleccionar una o varias cuestiones, imaginar la situación en que puede ocurrir esta cuestión, formular hipótesis para solucionar dicha cuestión, comprobar la validez de las hipótesis, sintetizar conclusiones que corresponden al método científico y convertir este proceso en una capacidad.

Siguiendo la teoría estructuralista de la educación de Bruner, durante la década de los sesenta, Estados Unidos realizó una gran reforma del currículum de educación primaria y secundaria. Los expertos de cada asignatura recopilaron nuevos libros de texto, titulados «nuevas matemáticas», «nueva física», «nueva química» o «nueva biología». Los conocimientos teóricos presentados en los libros fueron ampliados y profundizados. No obstante, debido a que la directriz de la teoría de Bruner era la formación de intelectuales de élite, los materiales docentes eran muy complicados y difíciles de aceptar para la mayoría de los profesores y los estudiantes. Aunque no consiguieron ser difundidos a gran escala, influyeron profundamente en las reformas curriculares de muchos otros países. Después de la Reforma y Apertura, China también introdujo estos materiales y ellos tuvieron efectos en la reforma de las asignaturas emprendida por nuestro país en la década de los ochenta. Los pensamientos de Bruner de formar las capacidades de diversos aspectos de los estudiantes fueron recibidos por el ámbito educativo, pero el método del aprendizaje por descubrimiento, debido a las dificultades de su utilización, no se aplicó a gran escala.

La teoría educativa de prototipos

La teoría educativa de prototipos, es decir, la «didáctica de prototipos» o el «método de enseñanza basada en prototipos», nació en Alemania Occidental y consiguió la popularidad durante las décadas de los cincuenta y los sesenta. Formó parte, junto con la teoría del aprendizaje evolutivo de Zankov y la teoría estructuralista de Bruner, de las tres tendencias educativas principales de posguerra. Después de la Segunda Guerra Mundial, a fin de facilitar la reconstrucción de Alemania Occidental, su ministerio de educación propuso la medida de mejorar la calidad de la educación con el objetivo de desarrollar a un ritmo más alto la ciencia y la tecnología. Las escuelas intentaron satisfacer esta demanda con la ampliación de los contenidos curriculares y aumentando el número de horas de clase. Como resultado, las lecciones se volvieron muy complicadas. La inteligencia y el optimismo de los estudiantes se vieron negativamente afectados debido a la carga que suponían los deberes y la calidad de la educación empeoró.

Ante esta situación desfavorable, en septiembre de 1951, representantes de universidades, institutos normales superiores e instituciones de educación secundaria de Alemania Occidental se reunieron en Tubinga. Indicaron que «la educación estaba en peligro a causa de la dificultad de libros de texto y la represión de la inteligencia de los estudiantes». Analizaron las circunstancias, propusieron ideas reformistas y aprobaron la «Decisión de Tubinga». En la reunión, el historiador H. Heimpel explicó el proyecto de la «didáctica de prototipos», con que ganó la atención de la mayoría de los participantes. Después de la conferencia, otros expertos como Martin Wagenschein, J. Deborah, Wolfgang Klafki o H. Scheuer publicaron un gran número de obras relacionadas con esta teoría, promoviendo que se convirtiera en una tendencia educativa popular.

La idea principal de la didáctica de prototipos consiste en incluir textos prototípicos dentro de los materiales de enseñanza, para ayudar a los estudiantes a dominar los conocimientos de manera regular, partiendo de lo específico para llegar a lo general. Este método presta atención a la relación entre el sujeto y el objeto, entre la solución de problemas y el estudio sistemático, entre el dominio de conocimientos y la formación de capacidades. Destaca la importancia de los elementos fundamentales de las asignaturas, los contenidos didácticos que se adecuan al nivel de los estudiantes y que pueden promover su desarrollo, y de los prototipos, que ayudan a los estudiantes a aprender por analogía.

Esta teoría fue introducida en China durante la década de los ochenta, pero no tuvo tanta repercusión como las propuestas de Zankov o Bruner, ni a nivel teórico ni a nivel práctico.

La taxonomía de objetivos de la educación de Benjamin Bloom

En las teorías educativas tradicionales existe la opinión de la distribución normal de las calificaciones: un tercio de los estudiantes puede dominar bien los conocimientos y un tercio no puede. Los que no tienen la capacidad de alcanzar un buen dominio de los conocimientos son suspendidos o aprueban el examen con notas bajas. El resto de los estudiantes es capaz de aprender el contenido de las asignaturas, pero logra calificaciones medias. Bloom criticó firmemente esta división. Consideraba que esta propuesta era discriminatoria para muchos alumnos y reprimía la creatividad y el entusiasmo tanto de profesores como de estudiantes. A su juicio, la mayoría (más del noventa por ciento) de los estudiantes era capaz de adquirir los conocimientos y la tarea de la enseñanza era ayudarlos a encontrar el método de estudio correcto. Bloom propuso el concepto de dominio como objetivo de la enseñanza y el estudio.

En la teoría de Bloom, los objetivos de la educación son el fundamento de la organización de actividades docentes, de la recopilación de libros de texto y de la evaluación de los estudiantes. Por lo tanto, si quiere dominar bien los conocimientos, es imprescindible la división de los objetivos de la educación. En su libro *Taxonomía de objetivos de la educación*, dividió estos objetivos en tres dimensiones: cognitiva, afectiva y psicomotriz. Dentro de cada dimensión, se distinguen seis aspectos: conocimiento, comprensión, aplicación, análisis, síntesis y evaluación.

Bloom también proyectó medidas para desenvolver la función del estudio del dominio en los aspectos relacionados con el profesorado, los materiales docentes, la organización de actividades o los métodos didácticos.

En 1986, la Universidad Normal del Este de China invitó a Bloom a impartir un curso y tradujo su *Taxonomía de objetivos de la educación*. De esta manera, sus teorías y métodos fueron conocidos en China y aplicados en las prácticas educativas.

Durante la década de los ochenta, diversas teorías como la didáctica de la alusión, la didáctica cooperativa o la optimización del proceso educativo también se propagaron en China. Aquí no las presentamos con mucho detalle. Estas propuestas coincidían en no enseñar conocimientos de manera sistemática, sino destacar la importancia de desarrollar las capacidades de los estudiantes. «La formación de capacidades» se convirtió en directriz de la reforma educativa. No obstante, la educación tradicional china prestaba mucha atención a los conocimientos, por lo que este desarrollo de destrezas fue dividiéndose en dos categorías: la presentación de conocimientos y la formación en habilidades fundamentales. Sin embargo, las destrezas básicas y las capacidades de desarrollo no son las mismas. Las destrezas se relacionan con las actividades de leer, escribir o calcular instruidas durante la educación primaria y secundaria, mientras que las capacidades significan principalmente la inteligencia, es decir, la cualidad mental imprescindible para llevar a cabo una tarea con éxito. Por lo tanto, las destrezas no pueden sustituir a las capacidades.

Durante este período, en el ámbito de la teoría educativa surgieron otras tendencias que influyeron directamente en el desarrollo de la educación.

En primer lugar, la gente empezó a expresar sus pensamientos con libertad y así se adquirieron nuevos conocimientos sobre el valor de la educación. Las discusiones sobre la esencia de la educación mostraron que los pensamientos educativos gozaban de un dinamismo sin precedentes desde la fundación de la nueva China. La liberación del pensamiento era más significativa que la discusión sobre la esencia de la educación, porque la segunda solo mencionaba una cuestión de importancia en la teoría educativa. No obstante, después de la liberación, el mundo educativo empezó a reflexionar sobre una serie de preguntas de la teoría educativa, como la consideración del valor, las directrices didácticas o la reforma del sistema educativo y de las asignaturas. Todas estas cuestiones fueron discutidas a mediados de la década de los ochenta.

En segundo lugar, el mundo de la teoría educativa empezó a tener en cuenta la investigación desde una perspectiva macroscópica. A lo largo de la historia, solo habíamos prestado atención a las tareas docentes dentro de las escuelas y habíamos obviado la reflexión acerca de la relación entre la educación y el desarrollo social. Después de la Reforma y Apertura, obtuvimos nuevos conocimientos sobre el valor y la función de la educación y comenzamos a meditar sobre el vínculo entre la educación y la modernización de nuestro país. Durante la década de los ochenta, surgió la novedosa especialidad de la economía de la educación. Al mismo tiempo, las estrategias del desarrollo educativo y la teoría de la educación superior entraron en el campo de visión de muchas personas y también se convirtieron en asignaturas importantes.

En tercer lugar, China dio impulso a la introducción de los pensamientos y experiencias educativas extranjeras. Se puede decir que, a lo largo de la historia, hemos aprendido de la cultura occidental de manera obligada, pero después de la Reforma y Apertura, empezamos a estudiar con iniciativa las diversas tendencias en educación de otros países. Antes de la disolución de la Unión Soviética, aprendimos de la educación soviética, pero no aceptamos todos sus aspectos, como en el pasado, sino que los seleccionamos y absorbimos de manera crítica. Aparte de las experiencias soviéticas, también estudiamos un gran número de teorías y pensamientos educativos de los países occidentales desarrollados. La comunicación entre China y Occidente se volvió más frecuente. Muchos expertos participaron en numerosas conferencias internacionales y muchos estudiantes viajaron al extranjero a estudiar. Ellos introdujeron la cultura y la tradición educativa occidental, enriquecieron la investigación y promovieron la liberación del mundo educativo. Se introdujeron muchas nuevas asignaturas y la ciencia de la educación china floreció.

La gran reforma, el gran desarrollo de la educación y el gran cambio de las opiniones educativas

Reforma y desarrollo educativos

Al empezar la década de los noventa, la situación mundial cambió de manera brusca. Con las revoluciones de 1989 y la disolución de la Unión Soviética, los seres humanos entraron en la era pos-Guerra Fría. Con el desarrollo rápido de la ciencia y la tecnología, las competiciones del poder nacional integral, especialmente las de los intelectuales, se volvieron cada día más intensas. Por lo tanto, frente a los retos planteados por siglo XXI, desde la década de los ochenta, diversos países empezaron a plantear nuevas reformas educativas, que alcanzaron su apogeo durante en el decenio siguiente.

La construcción económica de nuestro país experimentó dos cambios: desde la economía planificada hacia el sistema económico de mercado socialista; desde la producción de trabajo intensivo hacia la de inteligencia intensiva. Estas tendencias revelaron la importancia del conocimiento y de los intelectuales, y la educación se convirtió gradualmente en un fundamento importante para la modernización socialista. Era imprescindible reformar y desarrollar la educación y ponerla al servicio de la modernización socialista. En vísperas del Día Nacional de 1983, Deng Xiaoping escribió la dedicatoria para la Escuela Jingshan de Pekín: «La educación se orienta a la modernización, al mundo y al futuro». Estas palabras indicaron la dirección que había de tomar la reforma educativa. Entre los días 15 y 20 de mayo de 1985, el Comité Central del Partido Comunista de China y el Consejo de Estado celebraron en Pekín la Primera Conferencia del Trabajo Educativo Nacional después de la Reforma y Apertura. Fue aprobada la «Decisión de realizar la reforma del sistema educativo» y la propuesta de introducir un periodo de educación obligatoria de nueve años. La educación obligatoria empezó a ser gestionada por los gobiernos municipales, lo cual estimuló el entusiasmo de la administración local. En 1993, el Comité Central del Partido Comunista de China y el Consejo de

Estado publicaron el «Esquema de la reforma y el desarrollo de la educación china» y se proclamó: «Quien domine la educación orientada al siglo XXI será quien podrá conseguir la posición estratégica activa en la competencia internacional de este siglo. Por lo tanto, hay que tener la visión amplia y gestionar la labor educativa de nuestro país lo antes posible, para superar el desafío de la nueva era». En 1997, se celebró el XV Congreso Nacional del Partido Comunista de China. Se propusieron los objetivos y las tareas de modernización socialista de la nueva era y la estrategia de «hacer prosperar al país con la ciencia y la educación». Para realizarlos y progresar en la reforma educativa, el 24 de diciembre de 1998, el Ministerio de Educación elaboró el «Proyecto de desarrollo educativo frente al siglo XXI». Estas decisiones fomentaron significativamente la reforma y el progreso de la educación. Hasta 2000, se ha generalizado en gran medida la educación obligatoria de nueve años y erradicado el analfabetismo entre los jóvenes. Desde 1999, las universidades empezaron a ampliar el número de admisiones y hasta 2002, el porcentaje de admisión se incrementó en un 15 %, alcanzando rudimentariamente la tasa prevista de popularización de la educación universitaria.

El desarrollo de la educación ha sido llevado a cabo a base de reformas. En solo quince años, se ha generalizado la educación obligatoria de nueve años. Este éxito se debió principalmente al trabajo de las administraciones locales, especialmente de los pueblos y aldeas. Sin embargo, tras la modificación del impuesto de las zonas rurales, los pueblos y las aldeas no eran capaces de asumir la tarea de ofrecer servicios de educación básica. Por lo tanto, los ayuntamientos y gobiernos provinciales empezaron a encargarse de garantizar la educación obligatoria bajo la dirección del gobierno central. El 29 de junio de 2006, el Comité Permanente de la Asamblea Popular Nacional aprobó modificaciones en la «Ley de la educación obligatoria de la República Popular China» y determinó el principio de gratuidad de la educación obligatoria. En 2007, el nuevo sistema fue aplicado en todo el país.

El gran progreso de la educación superior también se realizó mediante reformas. La reforma emprendida a finales de la década de los noventa eliminó por completo la heterogeneidad en el sistema de gobierno de las universidades. Las universidades habían sido regidas por administraciones de diferentes niveles: central, provincial o municipal. Las universidades organizadas por los diversos ministerios centrales, excepto algunas minoritarias, eran administradas por el Ministerio de Educación y los gobiernos provinciales, regionales o municipales. Las universidades pertenecientes al Ministerio de Educación podían colaborar con aquellas que estaban dirigidas por gobiernos locales. Se emprendieron también diversas reformas para ampliar la autonomía de estas instituciones. Todas estas reformas optimizaron la administración de las universidades y permitieron el ulterior desarrollo de la educación universitaria.

Además, el desarrollo y la reforma en el campo de la educación permitieron superar las antiguas tradiciones y el establecimiento de nuevos usos.

Fomento generalizado de la educación de las cualidades

Durante la década de los noventa, la educación de las cualidades fue la actividad que se opuso a los pensamientos educativos antiguos. Desde la Primera Conferencia del Trabajo Educativo Nacional en 1985, el experto Wan Li propuso: «Hay que modificar aquellos pensamientos y métodos educativos que no son adecuados para la modernización socialista. Los objetivos esenciales de la reforma educativa son elevar las cualidades del pueblo y formar más intelectuales, que son necesarios en esta nueva era». Analizó con detalle los antiguos pensamientos y métodos educativos chinos y dijo: «Los pensamientos y métodos educativos tradicionales son cerrados, rígidos e inmóviles. La tarea de la educación es transmitir conocimientos. Los estudiantes no pueden preguntar ni mostrar una actitud crítica. En los exámenes, solo responden las cuestiones de la misma manera que enseñan los profesores y persiguen demasiado la nota alta. Este método pedagógico solo es válido para formar personas que siguen las instrucciones de los libros y los directores y que carecen de creatividad y espíritu emprendedor».[11]

En el nuevo período, se elevó significativamente el entusiasmo del pueblo por educarse. Sin embargo, debido al número limitado de plazas en la universidad y al profundo desprecio del que era objeto la educación vocacional y técnica, los exámenes de admisión para entrar en las universidades eran muy difíciles. Para incrementar el porcentaje de alumnos admitidos, las escuelas secundarias ignoraron la formación moral de los estudiantes, así como su salud. A fin de resolver este problema, el país aplicó la directriz de la educación de las cualidades. En 1993, se publicó el «Esquema de la reforma y el desarrollo de la educación china», en el cual se declaró claramente:

> La educación primaria y secundaria debe prestar más atención a la mejora de las cualidades del pueblo que a la evaluación en forma de resultados numéricos. Hay que formar a todos los estudiantes en diversos aspectos, como el pensamiento y la moralidad, la cultura y la ciencia, la habilidad laboral o las cualidades físicas y psicológicas. Hay que ayudarlos a crecer con energía y descubrir sus características únicas.

De esta manera, la educación de las cualidades se convirtió en el tema más popular del mundo educativo.

Existen muchos debates sobre la educación de las cualidades. Algunos expertos creen que este concepto carece de fundamentos teóricos. Consideran que las cualidades físicas y psicológicas son innatas y no se pueden formar mediante la adquisición. Además, la «cualidad» es una palabra neutral porque hay cualidades buenas y malas. La educación no debe ser concluida de manera simple como «educación de las cualidades». Otros preguntan: ¿Cuál es la relación entre la educación de las cualidades y el desarrollo integral? ¿Cuál es la relación entre la educación de las cualidades y las directrices educativas? ¿La primera puede sustituir las segundas? Los rectores y profesores preguntan: ¿Si aplicamos la educación de las cualidades, deben celebrarse exámenes? ¿La capacidad de aprobar los exámenes también puede ser considerada como una cualidad? Además, no están de acuerdo con la «modificación de las directrices educativas», porque consideran que es una negación de los trabajos anteriores. Por lo tanto, el 12 de junio de 1999, en vísperas de la Tercera Conferencia del Trabajo Educativo Nacional, el Comité Central del Partido Comunista de China y el Consejo de Estado publicó la «Decisión de profundizar en la reforma educativa y aplicar de manera integral la educación de las cualidades» y realizó una explicación completa del concepto de la «educación de las cualidades»:

> La aplicación de la educación de las cualidades es una manera de llevar a cabo las directrices educativas del partido. Su objetivo principal consiste en la mejora de las cualidades del pueblo y presta atención a la formación de la creatividad y la capacidad de práctica de los estudiantes. Se esfuerza por formar constructores y sucesores en la construcción socialista, desarrollados en los aspectos morales, intelectuales, físicos y estéticos, con ideales, valores morales, cultura y disciplina.
>
> La educación de las cualidades debe enfrentarse a la modernización, al mundo y al futuro, combinar el aprendizaje de las ciencias y la adquisición de cultura con la mejora de la moralidad, la asimilación de conocimientos teóricos con la práctica social, la aplicación de los valores individuales mediante contribuciones al pueblo y a la patria, la materialización de ideales nobles mediante el esfuerzo y el trabajo duro.
>
> La educación de las cualidades también debe servir a todos los alumnos y crear condiciones beneficiosas para el desarrollo de todos sus aspectos. Según la ley, hay que proteger su derecho a recibir educación, respetar sus características físicas y psicológicas, así como las normas educativas. Solo de esta manera, los pupilos son capaces de crecer con vigor, optimismo e iniciativa.[12]

Después de la Tercera Conferencia del Trabajo Educativo Nacional, se llevaron a cabo también conferencias del trabajo educativo de ámbito provincial, enfocadas a la formación de la creatividad y la capacidad de práctica de los estudiantes, con el objetivo de propagar el espíritu de la Conferencia del Trabajo Educativo Nacional. Sin embargo, no se ha podido introducir la educación de las cualidades de la noche a la mañana, sino que se ha enfrentado con muchos problemas del sistema y pensamiento educativos.

En primer lugar, existía una contradicción entre la escasez de recursos educativos y las necesidades crecientes de educación. Esta insuficiencia no solo se reflejaba por la cantidad, sino también por la calidad. En China existía la tradición de valorar la educación y todos los padres esperaban que sus hijos pudieran ingresar en buenas escuelas. No obstante, la educación secundaria todavía no estaba generalizada y las plazas de admisión a las universidades eran limitadas. Aunque el porcentaje de admisión había alcanzado el 23 % después del esfuerzo de varios años, la mayoría de los jóvenes no tenía oportunidad de entrar en la universidad. De esta manera, resultaba complicado aplicar la educación de las cualidades, puesto que el nivel de competitividad en los exámenes de acceso era muy alto.

En segundo lugar, el sistema evaluativo obstaculizaba la educación de las cualidades. Los exámenes para entrar en bachilleratos y universidades, denominados Examen Unificado Nacional para Admisiones a Universidades y Colegios Generales y Prueba Académica para Estudiantes de Educación Secundaria, decidían el destino de los jóvenes y ninguno de ellos podía evitarlos. Al entrar en la escuela primaria, los estudiantes se sumergían en un sistema en el que abundaban las competiciones. Por eso, la educación de las cualidades no podía ser llevada a cabo sin una reforma del sistema de exámenes, lo cual era muy difícil porque estaba vinculado estrechamente con una situación marcada por la insuficiencia de recursos educativos.

En tercer lugar, las normas de la evaluación de las escuelas también provocaban dificultades para introducir la educación de las cualidades. La sociedad, especialmente los gobiernos locales, seguían valorando el porcentaje de admitidos a la universidad como el único criterio de evaluar escuelas. El porcentaje constituía un «índice inflexible» y la educación de las cualidades, una «tarea blanda». El bajo porcentaje de admisión universitaria de una escuela secundaria podía provocar las críticas del gobierno, la discriminación de la sociedad y las quejas de los padres.

Por último, los pensamientos educativos antiguos también fueron un obstáculo. Sin los pensamientos educativos correctos no se puede aplicar la educación de las cualidades, porque esta se refiere a una serie de cuestiones relacionadas con las opiniones sobre el valor de la educación, los intelectuales, la calidad y la enseñanza. Por ejemplo, ¿solo son intelectuales los que pueden entrar en la universidad? ¿La calidad de la educación es evaluada solo por las notas del examen? ¿Hay que enseñar a los estudiantes a aprender o solo transmitirles conocimientos existentes? Estas preguntas están combinadas con la cultura y la educación tradicionales chinas, y así lo explicó Wan Li en la Primera Conferencia del Trabajo Educativo Nacional: los intelectuales formados en los pensamientos y métodos educativos tradicionales y caducos carecen de creatividad y espíritu emprendedor; solo siguen las instrucciones de los libros y de los directores. Por eso, no son verdaderos intelectuales, con buenas cualidades.

Discusión sobre la posición central de los estudiantes en la educación

Otra discusión relevante dentro de la transformación de los pensamientos educativos se relaciona con la posición de los estudiantes en la educación. Se trata también, de una cuestión de debate permanente en la historia de la educación. Al entrar en la década de los sesenta, este tema fue propuesto de nuevo y el mundo educativo subrayó que la educación no solo se refería a la transmisión de conocimientos, sino también a la formación de capacidades.

En nuestro país, la consideración de los estudiantes como el cuerpo principal de la educación surgió por primera vez gracias a la obra *Pedagogía*, recopilada en 1976 por los soviéticos Aleksandr Alekseyvich Baranov, Volkova y Slastenin y traducida en 1979 por Li Zizhuo y Zhao Wei. El título del sexto capítulo, «El niño es el cuerpo principal y el objetivo de la educación», fue citado por el Catedrático Gu Mingyuan (el autor de este libro) y el profesor Huang Ji cuando se recopiló el libro de texto *Pedagogía* para las escuelas normales. En el cuarto capítulo de *Pedagogía*, el autor explicó: «... los estudiantes son tanto el cuerpo principal como el objeto de la educación».

Antes de la publicación de este libro, el autor también redactó otro artículo –publicado en el número 10 de 1981 de la revista *Educación de Jiangsu*– para declarar esta opinión, provocando un debate en el que intervinieron muchas personas, tanto a favor como en contra. Los opositores consideraban que en la educación solo existe un cuerpo principal, los profesores, porque en ellos recae la función principal durante el proceso educativo. Frente a estas opiniones, el autor escribió otro artículo, «Sobre la tradición y la reforma de la educación»,[13] en el que explica que los profesores funcionan como directores en la educación, pero los estudiantes forman el cuerpo principal. No obstante, esta publicación provocó aún más discusiones. Por eso, en 1991, a petición de Qu Baokui, editor principal de la *Revista Académica de la Universidad Normal del Este de China (Tomo de Ciencia Educativa)*, el autor publicó: «Versar otra vez sobre la relación dialéctica entre la función principal de los profesores y la posición principal de los estudiantes».[14] El artículo no declaraba simplemente que los estudiantes ocupan el cuerpo principal en la educación, sino que analizaba la relación entre los tres elementos del proceso educativo: profesores, alumnos y libros de texto. Durante la década de los noventa, las discusiones sobre esta cuestión disminuyeron y la mayoría de los profesores aceptó la opinión del autor. La profesora Pei Dina de la Universidad Normal de Beijing realizó experimentos sobre este tema y consiguió buenos resultados.

Estas discusiones tratan, en realidad, de la transformación de los pensamientos sobre la educación. La tradición educativa apreciaba la autoridad absoluta de los profesores y sus tareas se limitaban a transmitir conocimientos rígidos a los estudiantes. Este método no fomentaba la reflexión por parte de los alumnos: estos solo debían recibir conocimientos, sin discutirlos ni ponerlos en tela de juicio. De esta manera, solo se formaba a personas con pensamientos inflexibles, que seguían a rajatabla las instrucciones de los libros y sus superiores. En la actualidad, hay que colocar a los estudiantes en la posición principal de la tarea educativa y dirigirlos con iniciativa y optimismo, con la ilustración, la guía y el apoyo de los profesores. Solo de esta manera se puede formar a intelectuales con espíritu creativo y capacidades prácticas.

Discusiones sobre la comercialización de la educación

Desde la década de los noventa, puesto que la economía planificada se había transformado en una economía de libre competencia socialista, surgieron propuestas de combinar la educación con el mercado y así comercializarla. Estas opiniones causaron discusiones entre muchas personas, tanto expertos en educación como economistas y empresarios. A continuación, se resumen sus opiniones.

La primera opinión considera que la educación es una industria que fabrica conocimientos, intelectuales, ciencia y tecnología y debe ser enfrentada al mercado. Si se realiza la comercialización de la educación no obligatoria, especialmente la universitaria, se puede solucionar el problema de la insuficiencia de la inversión educativa del gobierno, ampliar la dimensión de las universidades y satisfacer las necesidades de estudio. Además, muchas personas prefieren destinar sus ahorros a la educación. Con la comercialización de la educación, se promoverá el consumo interno y se desarrollará la economía. Esta propuesta también cree que el servicio de la educación es un tipo de bien económico que ofrece un valor de uso especial y que puede ser negociada en el mercado. Los alumnos y sus padres son los consumidores y tienen que pagar para los estudios. La combinación de la educación con la competitividad del mercado puede promover la reforma educativa e incrementar la eficiencia de las escuelas.

La segunda opinión se opone a la primera, considerando que la comercialización de la educación no es adecuada. La educación pertenece a los servicios públicos y forma intelectuales. Por eso, no puede ser comercializada ni entrar en el mercado. Su esencia no solo consiste en la formación de trabajadores, sino también en la mejora y la educación de las personas. El país no debe colocarla en el mercado, sino invertir en este servicio. Además, los diferentes tipos y niveles de educación tienen diferentes relaciones con la economía, directa o indirecta. Por lo tanto, la combinación de la educación con el mercado debe variar de acuerdo con las circunstancias: no se puede aplicar un «modelo único». Todavía estamos en la etapa primaria del socialismo, la economía no está muy avanzada y hay desequilibrios regionales en el desarrollo económico. Más aún, los ingresos de los habitantes son muy variados y la mayoría de las personas acaba de satisfacer necesidades básicas como la ropa y la alimentación. Si combinamos la educación con el mercado, los alumnos provenientes de familias en condiciones económicas inferiores van a tener menos oportunidades. No es beneficioso para garantizar la igualdad del acceso a la educación.

La tercera opinión afirma que no se puede hablar de la comercialización de la educación de manera general, sino hay que analizar la esencia y la función de la educación y conocer su relación con el mercado. Los defensores de esta opinión creen que la educación tiene atributos propios del mercado, porque consume recursos económicos y guarda relación con actividades como la inversión, la producción y el empleo. Los servicios educativos no son gratuitos y pueden ser negociados en el mercado. La educación pertenece al «tercer sector» de la economía nacional, pero tiene algunas peculiaridades: en primer lugar, hablando en sentido estricto, no produce intelectuales o recursos humanos sino diferentes tipos de servicios. En segundo lugar, la educación puede ser considerada como un producto del bienestar público. En tercer lugar, las actividades docentes no tienen relaciones de negocio directas con el mercado. En cuarto lugar, aunque en la educación existe la inversión y la producción, se parece más a un tipo de servicio público destinado a la formación de intelectuales. Algunos aspectos de la educación no obligatoria que tienen características de la tercera industria pueden ser combinados con el mercado, por ejemplo, los servicios logísticos de las escuelas, la transacción de los frutos científicos, etc.

En la actualidad, es comúnmente reconocido que la educación es un tipo de industria con características distintivas. La mayoría de las personas no está de acuerdo en llevar a cabo su comercialización, porque, en realidad, rinde un servicio público. No obstante, se pueden variar las vías de inversión y aprovechar el mercado para enriquecer los recursos educativos y elevar la eficiencia en las escuelas.

Discusiones sobre la modernización de la educación

La exploración de los chinos sobre la modernización de la educación empezó con el Movimiento de Autofortalecimiento. A lo largo de más de cien años, los pensamientos educativos orientales y occidentales entraron en colisión y se integraron mediante la introducción de ideologías y sistemas educativos occidentales a China. La educación china caminaba poco a poco hacia la modernización. Sin embargo, antes de la Reforma y Apertura, la modernización era todavía una esperanza alejada de la realidad porque la educación china se encontraba en un estado de atraso. Al entrar en la década de los noventa, se generalizó la educación obligatoria de nueve años en las zonas costeras más desarrolladas, por lo que la modernización educativa se volvió indispensable. La provincia de Jiangsu propuso por primera vez los planes de modernización educativa después de implantar la educación obligatoria de nueve años. Sus proyectos causaron un incremento de las discusiones teóricas sobre la modernización educativa. En 1993, el Comité Central del Partido Comunista de China y el Consejo de Estado publicaron el «Esquema de la reforma y el desarrollo de la educación china», declarando:

> Hasta finales del siglo XX, los objetivos principales del desarrollo de la educación de nuestro país son los siguientes: elevar ostensiblemente el nivel de educación del pueblo; desarrollar la formación profesional preempleo y posempleo de los trabajadores urbanos y rurales; proveer un número de intelectuales de diferentes tipos que satisfaga la necesidad de la modernización; crear un marco del sistema educativo socialista con características chinas que enfrente los retos del siglo XXI; tras el esfuerzo realizado durante las próximas décadas, se establecerá un sistema educativo socialista relativamente completo y desarrollado, y se llevará a cabo la modernización de la educación.

Después de la publicación del esquema, los pedagogos de Jiangsu, Shanghai, Pekín y las ciudades del delta del río de las Perlas organizaron simposios para discutir las características y los contenidos de la modernización educativa y las estrategias y maneras para alcanzarla.

La modernización educativa forma parte de la modernización social. Empezó en el mundo occidental y, por lo tanto, muchas personas la equiparan a la occidentalización. A finales de la década de los cincuenta, en los países occidentales surgieron teorías de modernización que comprobaban la racionalidad y la preeminencia del sistema social occidental, y lo consideraban como una directriz teórica y un prototipo para el progreso de los países en desarrollo durante el período que siguió a la Segunda Guerra Mundial. A finales de la década de los sesenta, estas opiniones fueron criticadas por muchos expertos porque representaban una visión etnocéntrica por parte del mundo occidental. En realidad, la civilización occidental no constituye el centro del mundo; se trata únicamente de un tipo de culturas humanas. Además, algunos países en desarrollo han utilizado la estrategia y la política de esta ideología, que apreciaban únicamente el «crecimiento», pero no han realizado la modernización. Por lo tanto, estas teorías han recibido numerosas críticas.

La modernización china no puede seguir el camino occidental, sino que debe abrir una nueva vía propia en correspondencia con la situación social de nuestro país. Bajo la dirección de la teoría de Deng Xiaoping, nos esforzamos por construir en China un socialismo acomodado, democrático y civilizado con nuestras características. Es decir, para llevar a cabo la modernización, en el aspecto político, hay que desarrollar la democracia socialista; en el aspecto económico, hay que seguir la estrategia de «tres etapas», cuyo objetivo final consiste en alcanzar, a mediados del siglo XXI, el nivel de desarrollo económico promedio de los países desarrollados; en el aspecto cultural y educativo, hay que prolongar el plazo de la educación, mejorar las cualidades del pueblo, hacer progresos en los campos científico y tecnológico, así como propagar la cultura china avanzada; en el aspecto ideológico, hay que difundir el pensamiento de la reforma y apertura.

La modernización es un proceso histórico que no cesa de cambiar y desarrollarse. El autor propone un nuevo concepto de la modernización, refiriéndose al proceso histórico en que la capacidad humana de conocer, aprovechar y controlar la naturaleza (y a sí misma) se ha incrementado sin precedentes. De esta manera, se causan las reformas profundas y amplias en los ámbitos político, económico y cultural, con el objetivo de crear civilizaciones materiales y espirituales de alto nivel.[15]

La modernización educativa debe adaptarse a las nuevas necesidades de la sociedad moderna y aprovechar al máximo los frutos de la ciencia y la tecnología para reformar el sistema, los contenidos y los métodos educativos, con el fin de promover la modernización de los seres humanos. La sociedad moderna abarca dos etapas: la industrial y la informática. Cada una dispone de sus propias características. Las de la sociedad industrial son las siguientes: en primer lugar, la igualdad de acceso a la educación, en el aspecto teórico y jurídico; en segundo lugar, la sistematización de la educación escolar, la fundación de un sistema educativo con diferentes tipos y niveles y la normalización de la administración dentro de las escuelas; en tercer lugar, la combinación de la educación con los trabajos de producción, con categoría de ley universal de la educación moderna, y en cuarto lugar, la valoración de la ciencia como un contenido importante de la educación escolar. Al entrar en la sociedad de la información, la educación cuenta con más peculiaridades. A las características anteriores, hay que sumar las siguientes:

(1) El carácter democrático de la educación. En la actualidad, la producción de maquinaria en las sociedades industriales requiere que los obreros tengan un cierto nivel de conocimientos científicos y culturales. La generalización de la educación obligatoria se ha convertido en ley y norma de muchos países. El sentido más importante de la educación obligatoria es que todas las personas de la sociedad pueden recibirla, con independencia de su pueblo, etnia, sexo, condición familiar, riqueza, antecedente cultural o creencia religiosa. De esta manera, se garantiza la democracia de la educación. La democracia también progresa con el desarrollo de la sociedad

moderna: el plazo de la educación obligatoria se prolonga y la educación universitaria se amplía y se generaliza. Para realizar la modernización educativa, hay que establecer, ante todo, un sistema que pueda satisfacer las necesidades de estudio del pueblo, con el fin de promover la igualdad en el derecho a recibir educación.

(2) El carácter productivo de la educación. La combinación de la educación con los trabajos de producción consiste en una ley universal de la educación moderna. La educación debe superar sus límites y ponerse al servicio del desarrollo económico y social para adaptarse a las necesidades de la época contemporánea y progresar por sus propios medios. En la década de los ochenta, esta peculiaridad empezó a ser apreciada por muchos países. En 1981, la Unesco organizó el Trigésimo Octavo Congreso de la Educación en Ginebra, cuyo tema principal era la combinación de la educación con la producción. Posteriormente, esta vinculación de la enseñanza, la investigación y la producción se llevó a cabo de modo diferente en los sistemas educativos de muchos países. La educación cooperativa también se desarrolló.

(3) El carácter permanente de la educación. La idea de la educación a lo largo de la vida fue ampliamente difundida a partir de la década de los sesenta. El desarrollo rápido de la ciencia y la tecnología conllevó una reforma brusca de la sociedad, que pasó a ser de industrial a informática. El estudio constituye un elemento indispensable de la sociedad de la información. Solo mediante el aprendizaje permanente, las personas pueden adecuarse a las necesidades de las reformas productivas y sociales, causadas por el alto nivel de desarrollo científico y tecnológico. Esta peculiaridad exige superar los límites de las escuelas, combinar las educaciones escolar, familiar y social, y vincular los estudios regulares e irregulares, formales e informales. Asimismo, con la evolución de la sociedad, la educación no es ya un método para alcanzar un objetivo, sino el objetivo en sí mismo. La educación empieza a formar parte de la vida de los humanos y la sociedad se transforma en un ambiente de estudio permanente, en que todo el pueblo participa.

(4) La personalidad de la educación. El objetivo fundamental de la educación consiste en formar a las personas y ayudarlas a conseguir un desarrollo completo. El desarrollo de los seres humanos tiene características comunes y particulares, que reciben la influencia de diferentes elementos sociales. Las comunes reflejan las exigencias de la sociedad, y las particulares, las necesidades de cada individuo. En comparación con la sociedad agrícola feudal, la industrial promovió la libertad de los trabajadores, aunque ellos también fueron sometidos a restricciones causadas por la división

del trabajo. Además, la sociedad industrial destacó la importancia de la normalización y la unificación. Las características individuales no pudieron desarrollarse suficientemente. Por el contrario, la sociedad de la información enfatiza la individualidad y la diversidad, y la aplicación amplia de las tecnologías de redes sociales posibilita la educación particular y el desarrollo de las características individuales de cada persona. Entre las características individuales que deben ser desarrolladas, la más importante es la creatividad. La educación moderna tiene que formar el espíritu emprendedor y la creatividad de los humanos, para promover su desarrollo íntegro.

(5) La multiplicidad de la educación. La naturaleza de la educación exige, sin duda, su multiplicidad. Esta multiplicidad viene reflejada por la complejidad y la diversidad de los objetivos educativos. En la sociedad agrícola, los objetivos educativos eran simples: consistían solo en transmitir los contenidos de los libros sagrados y formar funcionarios para la clase dominante. Durante la sociedad industrial, la educación escolar no solo debía formar intelectuales para administrar el país, sino también expertos en ciencia y tecnología para mejorar la producción, además de trabajadores cualificados, con conocimientos tecnológicos. En la sociedad de la información, los criterios para evaluar los intelectuales son multidisciplinares y las escuelas tienen que formar diferentes tipos de intelectuales. Asimismo, las instituciones científicas se han convertido en generadores de información. Las universidades deben desplegar las investigaciones científicas, generar nuevos conocimientos y frutos científicos, así como proponer conceptos de valor y formas de pensamiento novedosos.

La multiplicidad de la educación también se refleja en la diversidad de su estructura. En términos estructurales, la educación escolar ha sufrido una transformación: de una educación general a una combinación de diferentes tipos de educación (general, profesional o tecnológica). La educación universitaria también se ha transformado: de la instrucción académica a largo plazo a la de diferentes tipos y niveles. Al mismo tiempo, se han superado los márgenes de la educación escolar. La educación formal se combina con la informal, la regular y la irregular coexisten.

Además, esta multiplicidad queda reflejada también en los diversos contenidos y métodos educativos. Los contenidos pueden variar según cada persona. Además, las clases no son la única forma de enseñanza. El estudio individual y la participación de los estudiantes constituyen características importantes de la didáctica moderna.

(6) La apertura de la educación. La educación moderna será un sistema abierto, que interactuará cada día más con la sociedad. Las escuelas dejarán de ser organizaciones cerradas y estarán abiertas a todo el pueblo, vinculándose con las familias y la sociedad. Las diversas instituciones sociales se convertirán en lugares de estudio y se constituirá una sociedad en que todas las personas se formarán continuamente a lo largo de la vida. La apertura de la educación también abarca la informatización educativa, que vamos a explicar en el apartado siguiente.

(7) La internacionalización de la educación. La educación moderna es un fenómeno internacional. Las colaboraciones entre los sistemas educativos de diferentes países son imprescindibles. Gracias al desarrollo de la ciencia y la tecnología y a la globalización económica, los desplazamientos e intercambios informáticos internacionales se vuelven más fáciles y rápidos. El mundo se hace más pequeño: una reforma educativa de un país determinado puede ser propagada por todo el mundo a alta velocidad. Otros factores también han promovido la internacionalización de la educación, como el elevado número de estudiantes y trabajadores en el extranjero, los congresos internacionales organizados en diferentes países, la correspondencia entre científicos, etc.

(8) La innovación educativa. La sociedad contemporánea se caracteriza por estar en constante cambio. Por lo tanto, la educación necesita de constante renovación. Esta necesidad se refleja en las frecuentes reformas educativas realizadas por diversos países del mundo, a lo largo de las últimas décadas.

La informatización también es un símbolo importante de la educación moderna; se refiere a la aplicación intensiva de la tecnología informática en todos los aspectos de la educación para promover su renovación y desarrollo. La tecnología informática se ha extendido a todos los aspectos de la producción y de la vida humanas. Ha influido también enormemente en la educación y está provocando un cambio revolucionario, que analizaremos en el apartado siguiente.

La educación es un asunto que seguirá debatiéndose hacia el futuro y debe enfrentarse a los retos que este futuro le plantea. Los pensamientos educativos tradicionales siempre miran al pasado y se limitan a las experiencias anteriores. Por el contrario, los pensamientos educativos modernos se orientan al futuro e intentan detectar nuevas situaciones y tendencias e investigar sobre nuevas cuestiones. Los tradicionales se inclinan a esperar de manera pasiva las reformas, mientras que los contemporáneos se esfuerzan por adaptarse a los cambios sociales y siempre tienen mayor visión del futuro.[16]

La educación tiene características científicas porque sus actividades se apoyan en investigaciones llevadas a cabo por las ciencias de la educación. Los comportamientos educativos se han vuelto más razonables porque la educación moderna no progresa por el empirismo sino mediante la adopción de decisiones científicas. No obstante, los errores en la toma de estas decisiones pueden influir en la totalidad del desarrollo de la educación e incluso en el de la economía social. Todos los aspectos de la educación, desde los de macroestructura, como las estrategias de desarrollo, hasta los de microestructura como las reformas de las asignaturas y la enseñanza, tienen que ser llevados a cabo según las averiguaciones y los experimentos científicos.

Las características científicas de la educación abarcan también el ámbito jurídico. Aunque las leyes no son equivalentes a la ciencia, la legalidad de la sociedad moderna está fundamentada en la ciencia. Las normas educativas, tras ser comprobadas por la ciencia, se convierten en leyes y tienen una función jurídica. La educación moderna es una educación legal, puesto que todos sus aspectos están regulados por las leyes del país. Esta educación es científica y altamente racional.

En resumen, la educación moderna queda reflejada en diversos aspectos educativos, como los pensamientos, los sistemas, los contenidos, los métodos o los recursos materiales, pero lo más importante es que se exterioriza a través de pensamientos y opiniones educativos. Solo se puede promover la renovación de los sistemas, contenidos y métodos mediante la de los pensamientos, relacionada estrechamente con las tradiciones culturales chinas. Las numerosas discusiones en el ámbito educativo, acaecidas en la década de los noventa, son un tipo de choque y encuentro entre la cultura nueva y la vieja, entre pensamientos tradicionales y novedosos.

Las experiencias de carácter práctico son siempre abundantes, mientras que las síntesis teóricas siempre son escasas. En los capítulos anteriores, solo hemos presentado algunas de las discusiones de mayor influencia. En realidad, estas charlas tienen lugar en todos los tiempos y en todos los sitios. Durante las décadas de los ochenta y noventa, se produjo en China una gran ola de experimentos de reforma educativa, que, en su esencia, pretendían introducir nuevos pensamientos educativos y nuevos modelos de formación de intelectuales. Uno de los más influyentes fue la investigación experimental sobre la reforma educativa integral, dirigida por el famoso pedagogo Lü Xingwei, que empezó con el proyecto clave de superar los límites tecnológicos propuestos por el país durante la etapa del Octavo Plan Quinquenal. Ha durado más de diez años y ha llegado a más de diez provincias y ciudades; en él participan docenas de escuelas. Este proyecto ha tenido una influencia de ámbito nacional y todavía está en una fase experimental. Por otro lado, cabe mencionar también un experimento de la nueva educación básica, dirigido por Ye

Lan, así como un experimento de la educación principal, organizado por Pei Dina. Ambos se están implementando en numerosas provincias y ciudades y cuentan con la participación de un gran número de escuelas. Otros proyectos importantes, como el de la educación escénica (de Li Jilin), de la educación lúdica o el de la educación para el éxito, han sentado las bases para la creación de una nueva tradición pedagógica moderna y han añadido notas de color a la investigación sobre la reforma educativa, como si fueran cien flores que se abrieran y compitieran, o mil árboles que dieran la bienvenida a la primavera.

Veinte años después de la Reforma y Apertura, las ciencias de la educación dan frutos de manera constante. Antes de este acontecimiento, del árbol de la ciencia educativa solo brotaba una rama: la *Pedagogía*. Aunque existían varias versiones, se asemejaban en cuanto a sus contenidos. Tras la Reforma y Apertura, se instauró la libertad de pensamiento y la ciencia educativa floreció. Después de varios «planes quinquenales de desarrollo tecnológico», la investigación sobre la ciencia educativa se ha vuelto muy fructífera. Se ha convertido en una rama de las ciencias compuesta por muchas nuevas asignaturas interdisciplinarias, como la filosofía educativa, la economía educativa, la sociología educativa, la administración de la educación, la antropología educativa o la ecología educativa. Lo más sorprendente es que las instituciones de educación superior han formado cientos de doctores en pedagogía y miles de másteres, quienes han propuesto muchos pensamientos y teorías nuevos en sus tesis o trabajos de fin de máster. Todos estos esfuerzos han establecido fundamento teórico para la construcción de la nueva tradición educativa china.

Choque de la cibercultura con la educación tradicional

La tecnología informática y la cibercultura

Durante la década de los noventa, gracias al desarrollo de la tecnología informática, el mundo entró en la era de la informatización. Las revoluciones informáticas, marcadas por Internet, sucedieron en diferentes zonas del mundo y han influido profundamente en la producción, la vida y la forma de pensar de la sociedad humana. En China ocurrió lo mismo. En septiembre de 1993, cuando el entonces presidente de Estados Unidos, William Jefferson Clinton, propuso el proyecto de construir «la infraestructura informática nacional» (llamada coloquialmente «autopista de la información»), los expertos de nuestro país discutieron si necesitábamos y disponíamos de suficiente soporte financiero para construir esta «autopista». No obstante, esta autopista no tardó mucho en surgir y consiguió un desarrollo tan rápido que sorprendió a todos. Según estadísticas incompletas, en enero de 2000 en nuestro país existían 8,9 millones de usuarios de Internet. En julio del mismo año, el número alcanzó los 16,9 millones, y en julio de 2003, llegó a 68 millones. A 6 de diciembre de 2003, había un total de 78 millones de usuarios.

La tecnología informática, especialmente el desarrollo rápido de Internet, provocó cambios en la forma de pensar de los humanos. Sang Xinmin lo denominó como «las redes sociales de la inteligencia humana», explicando:

> En periodos anteriores, decíamos que los ordenadores eran herramientas para el pensamiento y extensiones del cerebro humano. A pesar de todo, cada ordenador disponía de una memoria y unas funciones limitadas y no podían compararse al cerebro, que esconde capacidades enormes. No obstante, Internet, mediante la vinculación de diversos ordenadores, recoge la inteligencia de todos los humanos a lo largo de la historia dentro de un sistema de redes enorme y complejo, que cubre todo el mundo. No solo ha ampliado el pensamiento del cerebro de cada individuo, sino que también ha creado un nuevo cerebro exterior, que pertenece a todo el mundo y, ¡que se está desarrollando a alta velocidad en cada momento![17]

El desarrollo de la tecnología informática y de Internet ha influido profundamente en la educación, cambiando de manera revolucionaria sus pensamientos, contenidos, métodos y estructuras. Muchos países prestan atención a la informatización educativa. Por ejemplo, en 1993, Estados Unidos propuso la idea de construir un marco para la educación por Internet, promoviendo que la autopista informática llegara a cada escuela, cada aula y cada biblioteca, con el fin de que todos los niños estadounidenses pudieran acceder a la información de Internet de manera independiente desde los ocho años, y utilizar la Red para estudiar desde los doce. Reino Unido, Francia, Finlandia, Japón, Corea o Singapur han elaborado proyectos similares para acelerar el proceso de informatización educativa.

Desde finales de la década de los noventa, China también tomó esta senda. El 13 de enero de 1999, el Consejo del Estado aprobó el «Proyecto de desarrollo educativo para el siglo XXI», en que se consideraban contenidos importantes la realización del «programa de la educación a distancia contemporánea», la construcción de las redes educativas abiertas y del sistema de estudio para toda la vida. En 2001, la Comisión de Planificación del Estado publicó el «Décimo plan quinquenal de desarrollo de la economía nacional y de la sociedad: proyecto clave dedicado a la tecnología y educación», y el Ministerio de Educación publicó el «Décimo plan quinquenal de trabajo de la educación nacional». Ambos consideraban la informatización educativa como un proyecto de gran importancia para el país. Por lo tanto, el nivel de informatización de las escuelas chinas se desarrolló a alta velocidad: las zonas más desarrolladas establecieron redes locales o institucionales para permitir la comunicación entre diversas escuelas; las menos desarrolladas establecieron también redes internas. Además, se generalizó la instalación de ordenadores en las escuelas de educación primaria y secundaria. Según estadísticas incompletas, a finales de 2002, había un total de 5,84 millones de ordenadores en estos institutos, uno por cada 35 estudiantes.

El uso de Internet no solo se ha generalizado en la educación escolar, sino también en la vida extracurricular de los adolescentes. Navegar por Internet se ha convertido en parte importante de su vida. En 2003, el 17,1 % de los 68 millones de internautas chinos era menor de dieciocho años; el 39,1 % tenía entre dieciocho y veinticuatro años. Si sumamos los dos grupos, descubrimos que las personas en edad de recibir formación académica suponen el 56,2 % del total de los usuarios, más de la mitad. Los adolescentes y los jóvenes también son los que más frecuentan los cibercafés. Internet, debido a sus peculiaridades, se ha convertido en un tipo de cultura popular entre los adolescentes y los jóvenes. La cultura de Internet ha provocado un gran choque a la educación tradicional. Por esta razón, es imprescindible realizar investigaciones sobre ella.

Características de la cultura de Internet

Virtualidad

Internet puede crear un mundo simulado, donde hay escuelas, bibliotecas, tiendas o bancos virtuales. Cuando nos comunicamos con otros por Internet, estamos en una situación comunicativa imaginaria, ya que no sabemos el género ni la edad de nuestros interlocutores. Las personas son capaces de formar diversos grupos sociales según los intereses, aficiones, creencias y valores comunes. Sin embargo, el mundo virtual no es irreal sino que existe en la realidad. Pueden estudiar, hacer amigos, comprar, intercambiar información y hablar sobre las cuestiones sociales, académicas o vitales de su interés. Debido a la virtualidad y a la confidencialidad de las identidades de los usuarios, Internet, por un lado, proporciona una plataforma para llevar a cabo comunicaciones de manera abierta, igualitaria y libre; por otro lado, es aprovechado por los criminales para llevar a cabo acciones fraudulentas. Por eso, cuando utilizamos Internet tenemos que obedecer las leyes y mantener la integridad personal.

Interculturalidad

La cultura tradicional nace y se desarrolla en determinados grupos, zonas, pueblos o países, por lo cual tiene particularidades populares y regionales. Las comunicaciones tradicionales entre diferentes culturas deben superar los límites espaciales, especialmente entre pueblos o estados. Al contrario, los intercambios de la cultura de Internet son efectuados por redes sociales, que abarcan todo el mundo. Las informaciones de diferentes pueblos y culturales pueden ser encontradas en la Red. Mediante esta plataforma, se puede viajar virtualmente por todo el mundo y conocer sobre las culturas de otros pueblos. Se han superado los límites espacio-temporales y reducido la distancia entre personas. Sin embargo, en la actualidad (a principios del siglo XXI), el 90 % de las informaciones en Internet provienen de países occidentales que luchan por alcanzar la hegemonía cultural. Por eso, cuando utilizamos las redes sociales para comunicarnos, tenemos que absorber las culturas avanzadas y abandonar las caducas. Al mismo tiempo, debemos propagar las virtudes de la cultura del pueblo chino.

Apertura

La cultura de Internet ha creado un espacio abierto de una extensión que no conoce precedentes. Las comunicaciones son efectuadas de manera totalmente abierta, sin límites de tiempo o espacio. En Internet, los usuarios pueden entrar en un nuevo mundo donde ninguna persona puede ser favorecida o discriminada por su etnia, condición, economía, trasfondo cultural o creencia religiosa. Pueden expresar sus opiniones con libertad y sin temor a represiones. No obstante, esta libertad puede ser mal aprovechada por las personas irresponsables para propagar informaciones falsas o dañinas y así engañar a otras personas y perturbar la sociedad. Por lo tanto, la cultura de Internet necesita un mayor nivel de responsabilidad, moralidad y vigilancia de los usuarios. Asimismo, los administradores de las redes sociales deben asumir las responsabilidades sociales y el gobierno tiene que gestionarlas y vigilarlas.

Interactividad

La esencia de Internet es la comunicación y la difusión. El gran desarrollo de la tecnología informática facilita que las personas puedan comunicarse de manera interactiva en tiempo real. La difusión de los medios tradicionales (excepto los teléfonos) es de dirección única, mientras que la de Internet es bidireccional, se lleva a cabo en tiempo real en diversos aspectos y puede tener lugar en cualquier sitio. En Internet, los usuarios son tanto consumidores como productores o proveedores de recursos informáticos. Pueden leer noticias, obras, o publicar noticias u obras para expresar críticas sobre las circunstancias reales o artículos de otras personas. Además, pueden hablar sobre los problemas de estudio u otras cuestiones con profesores, compañeros o amigos.

Personalización

La cultura de Internet proporciona una plataforma para el desarrollo de la personalidad. Las personas pueden seleccionar los contenidos y el ritmo de estudio según sus intereses y también elegir a compañeros para comunicarse con ellos. Internet se parece a un mar extenso y una persona puede navegar y nadar con libertad y valentía en este mar de informaciones. Sin embargo, hay que prestar atención a los frecuentes vendavales y marejadas, saber orientarse y seleccionar las vías y estrategias más apropiadas.

La influencia de la cultura de Internet en la educación tradicional

La aplicación de las ciencias informáticas en la educación, en forma de contenidos multimedia y acceso a Internet, ha promovido la informatización educativa y está causando una nueva revolución educativa. No solo ha elevado enormemente la eficiencia y la calidad de la educación, sino que también ha ocasionado una reforma profunda de la educación, desde sus diferentes perspectivas como los pensamientos o los modelos educativos.

La informatización educativa es un trabajo muy complejo del sistema social, que abarca la macroinformatización de los proyectos de educación y de la administración, y la microinformatización de diversos eslabones del sistema educativo, como el ambiente de estudio y de los modelos de estudio y evaluación. Su choque con la educación tradicional está reflejado en diferentes aspectos del pensamiento y modelos educativos.

En primer lugar, Internet ha proporcionado a los estudiantes un ambiente de estudio totalmente nuevo y una plataforma caracterizada por la abundancia y la variedad. En el pasado, los estudiantes recibían los conocimientos de manera pasiva; ahora han empezado a explorarlos con iniciativa. De esta medida, su interés, capacidad y eficiencia en los estudios se han incrementado significativamente.

En segundo lugar, Internet ha modificado la función de los profesores. Las relaciones y comunicaciones tradicionales entre profesores y alumnos han sido sometidas a una renovación radical. Para los estudiantes, los profesores dejan de ser la única fuente de conocimientos. Los profesores no pueden limitarse a la presentación de conocimientos existentes a los alumnos, sino que tienen que convertirse en sus compañeros de estudio, aprendiendo juntos a ellos y dirigiendo su proceso de aprendizaje autónomo. La función principal de los profesores consiste en dirigir a los estudiantes en la selección de vías y estrategias correctas de estudio, así como prestarles apoyo para evitar que se extravíen en el mar furioso de la información.

En tercer lugar, Internet ha promovido el intercambio de recursos educativos. La informatización educativa puede integrar los mejores recursos educativos de diversas escuelas y zonas y compartirlos con las regiones en que estos recursos sean escasos. La educación a distancia resulta de gran utilidad en la consecución de este objetivo: puede superar los límites del tiempo y del espacio, y desempeña un papel importante en la formación permanente y en diversos tipos de instrucción profesional.

En cuarto lugar, Internet ha ampliado el ámbito educativo y ha proporcionado ambiente apropiado para la educación a lo largo de la vida del pueblo. Ha derribado los muros de las escuelas y superado las restricciones temporales y espaciales de las clases. Ha extendido enormemente el ámbito educativo y satisfecho las necesidades del estudio de la gente. Ha creado las condiciones necesarias para la construcción de la sociedad de estudio.

En quinto lugar, la tecnología informática la promovido la reforma de los modelos educativos, reflejada en los aspectos siguientes:

(1) Ha cambiado el ritmo de conocer las cosas de los aprendientes en el proceso de la enseñanza. El proceso tradicional estaba formado por etapas sucesivas que incluían conocer los libros de texto, entenderlos, consolidar los conocimientos y aplicar los conocimientos en la práctica. La tecnología informática combina estos cuatro pasos. Los recursos multimedia y la educación por Internet disponen tanto de imagen como de sonido. No solo presentan los conocimientos de manera más visual, sino que también pueden dirigir a los estudiantes a descubrir, de manera directa, la esencia de las cosas y las relaciones internas entre ellas. El microcosmos y el macrocosmos, así como las leyes de movimiento de algunos objetivos, que no pueden ser percatados por los ojos, son expuestos por la tecnología informática. De esta manera, los estudiantes pueden aprender y dominar más fácilmente la esencia de los conocimientos, lo cual resulta beneficioso para la formación y el desarrollo de sus capacidades de reflexión.

(2) Ha modificado algunos principios educativos. El proceso educativo tradicional opinaba que la enseñanza debía ser realizada desde lo más cercano hasta lo más lejano, desde lo superficial hasta lo profundo, de lo concreto a lo abstracto. La tecnología informática ha cambiado este orden: puede colocar cosas lejanas ante los ojos de los estudiantes, convertir los conocimientos complicados en sencillos y los abstractos en concretos. Además, es capaz de ampliar o reducir el tiempo y el espacio, siempre y cuando facilite la comprensión por parte de los estudiantes.

(3) Ha cambiado los contenidos y las formas de los libros de texto. Mediante la tecnología informática, se pueden añadir en la enseñanza elementos de las nuevas tecnologías que eran difíciles de entender y modernizar los contenidos de la enseñanza. Los programas didácticos diseñados por la tecnología informática pueden combinar el sonido, la imagen y la escritura, haciendo que el diseño y la estética de los libros de texto resulten más atractivos.
(4) Ha cambiado la forma de evaluar. En la sociedad informática, las exigencias para los intelectuales se han modificado: los intelectuales tradicionales, caracterizados por acumular conocimientos, no pueden satisfacer las necesidades de la sociedad. En la actualidad, se requieren personas que dispongan tanto de conocimientos como de capacidades, además de gozar de una personalidad sana. Este fenómeno ocasiona una serie de evoluciones y desarrollos en las técnicas de evaluación. Se refleja principalmente en que la medición tradicional, basada en los prototipos referenciales, se ha convertido paulatinamente en una serie de criterios tecnológicos basados en los conocimientos y las capacidades. Las tecnologías evaluadoras de adaptación y de rendimiento desarrollarán nuevas formas de evaluación.
(5) Ha transformado las relaciones entre profesores y alumnos. No lo explicamos con más detalle porque lo hemos comentado en apartados anteriores.

Para adaptarse a estas reformas, ante todo, hay que renovar las opiniones sobre la educación. Hay que reflexionar sobre la educación a nivel macro. Las miradas de los profesores y los padres no pueden limitarse al espacio circunscrito a los muros de las escuelas y en las clases, sino que tienen que incluir el resto de la sociedad. En la actualidad, los estudiantes no solo reciben informaciones en la escuela y en el aula. Al contrario, gozan de otras vías para acceder a los recursos informáticos, como las familias, la sociedad e incluso Internet. Los conocimientos adquiridos por estas otras vías, *a posteriori*, tendrán, sin duda, influencia en los estudios de la clase. Si los profesores y los padres limitan su visión a escuelas y aulas, no serán capaces de formar intelectuales adaptados al siglo XXI, época caracterizada por altos niveles de tecnología y competitividad. Los profesores tienen que aprovechar plenamente las características y ventajas de Internet, combinando la tecnología informática con la enseñanza en clase. Todo ello, con el objetivo de promover el desarrollo de los estudiantes.

No obstante, debemos ser conscientes de que incluso la cultura de Internet tiene dos caras. Internet recoge los conocimientos y la inteligencia de todos los seres humanos y facilita el acceso a las diversas manifestaciones de la civilización, pero también propaga muchos contenidos caducos o atrasados.

En primer lugar, la difusión de la pornografía, la violencia y las formas de vida corruptas ejercen una influencia negativa en la formación de conceptos y valores vitales de los estudiantes adolescentes. El aumento de los casos criminales cometidos por adolescentes se debe mayoritariamente a los contenidos inapropiados de Internet.

En segundo lugar, muchos estudiantes descuidan sus estudios a causa de su adicción a los videojuegos e incluso algunos han elegido un camino equivocado. Recientemente, ha sucedido con frecuencia que relaciones de amistad con adolescentes entabladas a través de Internet han acabado en agresiones sexuales. Algunos estudiantes pasan toda la noche en los cibercafés, lo cual ha repercutido negativamente en su salud. Recientemente, se informó sobre un trágico incidente en el que dos estudiantes, agotados por pasar demasiado tiempo en el cibercafé, se durmieron en la vía férrea y fueron atropellados por el tren.

En tercer lugar, la interacción constante entre el humano y la máquina puede repercutir negativamente en el desarrollo físico y mental de los adolescentes. El largo tiempo que se pasa en el mundo virtual de Internet provoca problemas cognitivos y de adaptación de los estudiantes a la sociedad real, por esta razón, no es beneficioso para su desarrollo en sociedad.

En cuarto lugar, el uso frecuente de los ordenadores puede disminuir las capacidades de expresión escrita y de cálculo de los estudiantes. Los usos lingüísticos de Internet constituyen un impedimento para la normalización del idioma chino y afectan a la construcción de la nueva cultura china.

En resumen, la cultura de Internet, como un nuevo medio cultural, es en esencia positiva y sana, pero en ella también existe una ola oculta de influencia negativa que debe ser tenida en cuenta por las personas dedicadas a la educación.

Notas

1 Las «cuatro modernizaciones» fueron objetivos establecidos por Zhou Enlai en 1963, y promulgados por Deng Xiaoping a partir de 1977, para fortalecer la agricultura, industria, defensa nacional, ciencia y tecnología de China.las cuatro modernización tratan de Modernización industrial, modernización agrícola, modernización de la defensa, modernización científica y tecnológica.

2 Deng, X. P. (1983). *Antología de Deng Xiaoping (1975–1982).* Pekín: Pueblo.

3 Deng, X. P. (1983). *Antología de Deng Xiaoping (1975–1982).* Pekín: Pueblo.

4 Qu, B. K. (1999). *Investigación de la metaeducación.* Zhejiang: Educación de Zhejiang.

5 Instituto de Investigación de Currículos y Materiales Educativos (Eds.) (2000). *Camino de la reforma de asignaturas y libros de texto.* Pekín: Educación del Pueblo.

6 Nota de autores: la banda de los cuatro (四人帮) es el nombre que recibió un grupo de altos dirigentes del Partido Comunista de China que fueron expulsados del mismo y puestos bajo

arresto tras la muerte de Mao Zedong en 1976. Fueron declarados culpables de crímenes y abusos cometidos durante la Revolución Cultural.

7 La primera versión de *Educación comparada* fue publicada por Educación del Pueblo en 1982, la segunda salió a luz en 1985. La primera fue recopilada por Wang Chengxu, Zhu Bo y Gu Mingyuan. La tercera, publicada en 1999, fue realizada por Wang Chengxu y Gu Mingyuan. En junio de 2015 se difundió la quinta, con modificaciones importantes.

8 En 1972, la Universidad Normal del Este de China, el Instituto Normal de Shanghái, el Instituto de Educación Física de Shanghái, la Escuela Normal de Tiempo Parcial de Shanghái y la Escuela de Educación de Shanghái fueron obligados a combinarse en la «Universidad Normal de Shanghái». En 1978, se separaron y en 1980, la Universidad Normal de Huadong recuperó su nombre original. Aquí el Departamento de Investigación sobre Educación Extranjera de la Universidad Normal de Shanghái equivale al Departamento de Investigación sobre Educación Extranjera de la Universidad Normal del Este de China.

9 Gu, M. Y. (Eds.) (1992). *Gran diccionario de la educación* (Vol. 12). Shanghái: Educación de Shanghái.

10 Bruner, J. (1973). *El proceso de la educación*. Shanghái: Pueblo de Shanghái.

11 Educación del Pueblo. (1986). *Selección de documentos importantes de la reforma educativa*. Pekín: Autor.

12 *Diario de Guangming*, 17 de junio de 1999.

13 Gu, M. Y. (1987). Tradición y cambio en la educación. *Ciencia Social China*, *04*, 123–128.

14 Gu, M. Y. (1991). La dialéctica entre el papel dominante del profesor y el papel subjetivo del alumno. *Revista Académica de la Universidad Normal de Huadong (Tomo de Ciencia Educativa)*, *02*, 69–73.

15 Gu, M. Y. y Xue, L. Y. (1996). *Introducción a la educación comparada*. Pekín: Educación del Pueblo.

16 Gu, M. Y. (1998). *Mis exploraciones sobre la educación*. Pekín: Ciencias de Educación.

17 Sang, X. M. (2000). *Teoría y práctica del estudio de la era de información*. Pekín: Universidad Central de Radiodifusión y Televisión.

CAPÍTULO XI

Epílogo: exploraciones del camino hacia la modernización de la educación china

En los capítulos anteriores, hemos analizado los diferentes elementos culturales, tanto autóctonos como extranjeros, que influyen o han influido en la tradición educativa china. Este análisis permite percibir que la base cultural de la educación china es compleja y pluralista. La base cultural más esencial y nuclear es, sin duda, la tradición cultural del pueblo chino. Sin embargo, el sistema moderno educativo chino proviene de Occidente y por ello, lógicamente, se encuentran en él huellas de la cultura occidental. Debido a las diferencias entre la cultura china y la occidental, y especialmente, a la ocupación por parte de los poderes imperialistas occidentales, los chinos, al principio, se vieron obligados a aceptar esta cultura invasora. Así pues, el encuentro de ambas culturas fue violento y derivó en un proceso largo caracterizado por el sufrimiento. Chen Duxiu, en su artículo «La última conciencia de nuestro pueblo», expresó:

> La difusión de la occidentalización ha cambiado la forma de vida de los chinos y despertado la conciencia de la necesidad del desarrollo. No obstante, la cultura occidental y la china tradicional son, en esencia, diametralmente opuestas. Por lo tanto, el encuentro entre estos dos tipos diferentes de culturas fue una colisión que, posiblemente, ha provocado las turbulencias que ha experimentado la sociedad china durante siglos.
>
> [...] Después de cada choque, los chinos tomaron conciencia de diferentes aspectos. Hasta el Movimiento del 4 de Mayo han pasado seis períodos. El primero fue

a mediados de la dinastía Ming, cuando la religión y las herramientas occidentales empezaron a ser introducidas a China y pocas personas tenían conocimiento de ellas. El segundo ocurrió a principios de la dinastía Qing, en que las armas, los cañones y los calendarios occidentales fueron presentados al emperador, pero fueron rechazados por muchos mandarines conservadores, lo cual provocó el comienzo de los debates sobre la tradición y la modernidad. El tercero sucedió a mediados de la dinastía Qing. Después de las Guerras del Opio, las fuerzas armadas occidentales sorprendieron a los chinos, y nacieron los conceptos como «asuntos occidentales» o «aprendizaje occidental», que planteaban cuestiones como la construcción del ferrocarril o la forma y el movimiento de la Tierra. El cuarto ocurrió a finales de la dinastía Qing, cuando la Primera Guerra Antijaponesa destruyó los ejércitos chinos y debilitó la economía nacional. Por eso, se efectuó la Reforma de los Cien Días y se expandieron los nuevos pensamientos. La discusión se hizo más profunda, partiendo de las cuestiones de sistemas administrativos hacia la ideología política esencial. El quinto empezó en los primeros años de la República de China, en que la Revolución de Xinhai estableció el régimen republicano. El sexto está ocurriendo en la actualidad, e incluye los conflictos entre los movimientos a favor y en contra de la restauración. Todas las personas patrióticas están de acuerdo con el régimen republicano y se oponen al despotismo feudal.

[…] Sin embargo, ¿el régimen republicano actual está consolidado? ¿El sistema constitucional puede ser introducido sin obstáculos? A mi juicio, estos son los problemas esenciales de la política, que necesitan la última toma de conciencia de nuestro pueblo. Constituye el séptimo período, en que se aplica la constitución de la República de China.

Desde el punto de vista de Chen, la última toma de conciencia todavía era difícil de ser llevada a cabo. ¿Por qué? Las razones consistían en que, durante aquella época, solo unas pocas personas comprendían la importancia del régimen republicano y constitucional. La mayoría de la gente no sentía la relación que «la política tenía con los asuntos vitales propios». Por consiguiente, albergó la esperanza de que fueran los jóvenes quienes tomaran conciencia y les planteó sus exigencias en tres puntos.

(1) En primer lugar, hay que tener conciencia política, comprendiendo ante todo que, «el país es la riqueza común de todo el pueblo, los humanos son animales políticos». Además, «si queremos sobrevivir en la situación actual mundial, es imprescindible abandonar la política dictatorial gobernada por mandarines que ha durado miles de años, y cambiarla por la política autónoma y libre del pueblo». Por último, «si la constitución y la república no provienen de la conciencia y la iniciativa de la mayoría del pueblo, son falsas y solo funcionan para decorar la vieja política».

(2) En segundo lugar, hay que tener la conciencia ética. Al juicio de Chen, las «Tres Normas y Cinco Virtudes» del confucianismo de la clase feudal son esencialmente opuestas a la libertad, la igualdad y la independencia de Occidente. Solo tras la abolición de este sistema político feudal se puede conseguir la conciencia ética, que, desde su punto de vista, es «la última de la última conciencia del pueblo».
(3) Los pueblos occidentales se concentran en administrar el país por leyes y aprecian los beneficios reales, mientras que los orientales se concentran en los sentimientos y los valores ficticios.

Se trata de un artículo de juventud de Chen, quien no fue capaz a tan temprana edad de analizar la relación entre las culturas oriental y occidental con el concepto del universo de materialismo histórico marxista, sino que solo propuso la europeización o la occidentalización para sustituir el régimen político dictatorial tradicional por el republicano occidental basado en la libertad, la igualdad y la independencia. No obstante, su análisis detectó con clarividencia el choque entre las culturas oriental y occidental. En cuanto a la actitud, el proceso del aprendizaje de China de los países occidentales empezó por ser forzado y terminó por ser consciente. En cuanto al nivel, los chinos conocieron primero la cultura material, como las armas, los cañones o los calendarios; después la institucional, es decir, la constitución y la república; y al final la ideológica: la libertad, la igualdad y la independencia. Según Chen, la cultura ideológica era la más importante y la «última de la última conciencia». Sin embargo, era la más difícil de aprender y era imposible sustituir la vieja por la nueva, como había ocurrido con la cultura institucional. Solo mediante los choques se podía alcanzar la integración, es decir, la absorción de nuevos elementos culturales con base en la cultura autóctona y la creación de una nueva cultura con características propias. Tanto la nueva cultura como la educación moderna chinas están siguiendo este camino.

Según los análisis anteriores, se puede percibir que los actuales pensamientos, sistemas, contenidos y métodos educativos chinos, es decir, la tradición educativa moderna china, no ha nacido de manera aislada sino que ha surgido paulatinamente bajo unas circunstancias políticas y económicas determinadas después de la fundación de la República Popular China, tras heredar y modificar una tradición educativa milenaria y absorber los elementos educativos extranjeros. Abarca los aspectos siguientes:

(1) La milenaria cultura tradicional china, que incluye la influencia de la educación tradicional, sus elevados ideales y sus contenidos feudales y caducos.

(2) Los pensamientos educativos científicos y democráticos surgidos desde el Movimiento del 4 de Mayo.
(3) La educación tradicional de las antiguas zonas democráticas controladas por el Partido Comunista, que abarca los pensamientos y sistemas educativos, especialmente los de la formación de jefes y funcionarios. Ha tenido una gran influencia en la educación después de la fundación de la República Popular China.
(4) La influencia, a lo largo de más de cien años, de los pensamientos, sistemas y métodos educativos occidentales, particularmente durante las últimas décadas.
(5) La influencia de la educación soviética después del establecimiento de la República Popular China.

Estos aspectos no pueden considerarse compartimentos estancos. Al contrario, están vinculados entre sí y se influyen mutuamente. A veces entran en colisión y, del conflicto, nace la integración. En ellos existen tanto pensamientos y sistemas educativos punteros como viejos y caducos. Se puede considerar que, después de la fundación de la República Popular China, estamos progresando bajo las directrices del marxismo, del maoísmo y de la teoría de Deng Xiaoping, y la tendencia principal de los pensamientos educativos ha sido progresista y excelente. Sin embargo, no se puede negar que, en nuestra tradición educativa, existen contenidos atrasados y devaluados. Todavía no se puede afirmar que la nueva tradición educativa moderna china esté establecida. Si queremos fundar esta nueva tradición educativa científica, democrática y popular, necesitamos el esfuerzo conjunto de todos los colectivos dedicados a la educación.

Tratar correctamente la relación entre la modernización educativa y la cultura tradicional china

La educación china se desarrolla sobre el fondo de la cultura china. La cultura es su fundamento esencial. Por lo tanto, en el proceso de alcanzar la modernización de la educación china, hay que tratar adecuadamente la cultura tradicional china. Deben conservarse y desarrollarse los aspectos sobresalientes de la cultura china, criticar y abandonar los pensamientos y las opiniones caducos y viejos. Estamos en contra del nihilismo nacional, por el cual se considera que la cultura china es atrasada y está menos desarrollada que la occidental. No se puede negar que la cultura tradicional china tiene aspectos atrasados, a la vista de todos desde que entramos en la época moderna. Sin embargo, la esencia de la cultura china se caracteriza por la excelencia, que condensa el espíritu del pueblo chino, que habita un territorio de 9,6 millones de kilómetros cuadrados, y se caracteriza por la valentía ante la violencia, el esfuerzo tenaz y la ambición de superar las calamidades, tanto las naturales como las causadas por la mano del hombre. En la actualidad, este espíritu sigue estimulando al pueblo chino a progresar hacia la nueva época y hacia el mundo. Tampoco estamos de acuerdo con el populismo, que opina que la cultura china es la más avanzada, abarcando desde la antigüedad todos los elementos renovados y avanzados; y que no hay que aprender desde otras culturas ni asimilar los nuevos conocimientos y experiencias. Cuando un individuo y un pueblo no perciben sus defectos, empiezan a caer en el atraso. Las razones por las que China se convirtió en un país atrasado en la era moderna son justamente la arrogancia y la actitud cerrada y conservadora. Debemos recordar en todos los momentos esta lección dolorosa.

El segundo apartado del cuarto capítulo está dedicado por entero al espíritu fundamental de la cultura tradicional china, y el tercer apartado del quinto capítulo se ocupa de la ingente riqueza de la educación tradicional china. Esta tradición de excelencia es un valioso recurso educativo para llevar a cabo la modernización de la educación china y debe ser difundida e integrada en la educación moderna. No obstante, no se puede negar que en la educación tradicional existen aspectos negativos, no adaptados a la modernización, especialmente los viejos conceptos de valor y de inteligencia, que suponen un obstáculo en el camino hacia la modernización y la universalidad de la educación de las cualidades. Tanto las personas como la cultura necesitan rechazar los contenidos antiguos y absorber los nuevos. Por consiguiente, si queremos modernizar la educación en la actualidad, tenemos que emprender un proceso de renovación educativa, en especial en lo referente a los pensamientos educativos, y eliminar todas aquellas opiniones antiguas que obstaculizan la modernización.

Cambiar los valores educativos estrechos y establecer valores educativos amplios y correctos

La característica común a toda la educación escolar antigua es que servía a la clase dominante y permitía formar intelectuales pertenecientes a esta clase. El sistema feudal y su sistema de valores, centrado en la ética y la virtud del confucianismo, hicieron que la educación se vinculara estrechamente con el feudalismo y se pusiera a su servicio. De esta manera, se formaron valores educativos estrechos, que funcionaban solo para la clase dominante, para un ejercicio de gobierno despótico y para centralizar el poder. En resumen, para la política. Los que estudiaban mejor podían desempeñar cargos en la corte. A lo largo de muchos años, las personas consideraron la educación simplemente como una herramienta. Los políticos la trataron como una herramienta para la dominación y para la gestión de los conflictos políticos; los economistas, la consideraron como una herramienta para mejorar el rendimiento de la economía; los padres la pensaron como una llave para que sus hijos consiguieran cargos con privilegios asociados.

Por todas estas razones, algunos expertos han declarado: «En la tradición educativa china (según el autor, debe ser la educación tradicional china) están ausentes los valores relacionados con la democracia y los derechos humanos».[1] Desde luego, en cada sociedad y cada país, y los estados socialistas no son una excepción, la educación no puede desvincularse de la política. La educación socialista debe servir para consolidar el régimen socialista. Sin embargo, esta solo es una de las muchas funciones sociales de la educación. La educación también tiene una función económica, que debe servir para el desarrollo de la producción material; y la cultural, que beneficia la construcción de la civilización espiritual. La característica más importante y esencial de la educación consiste en el desarrollo del individuo. Es decir, el objetivo principal de la educación es la formación de las personas y la mejora de sus cualidades. Por eso, hay que prestar atención a esta característica y objetivo esencial y superar las limitaciones de ver la educación solo como una herramienta. La función de la educación como herramienta es realizada mediante la formación de personas, es decir, esta función es reflejada por el objetivo principal de la educación. Solo después de mejorar las cualidades de las personas, pueden estas hacer contribuciones significativas a la sociedad. Al mismo tiempo, los seres humanos, al contribuir a la sociedad y renovar el mundo real, también están progresando en cuanto individuos.

Cambiar el concepto tradicional del intelectual por uno nuevo de la sociedad moderna

En la sociedad feudal, la economía natural ocupaba una posición dominante. Las actividades económicas aisladas solo exigían que las clases educadas hicieran uso de conocimientos y habilidades tradicionales con el objetivo de conservar la riqueza legada por los antepasados. No sentían el estímulo de explotar nuevos ámbitos de conocimientos o de innovar. Este concepto de intelectualidad estaba vinculado a valores educativos estrechos. A lo largo de miles de años, la clase dominante de la sociedad feudal necesitaba formar sirvientes dóciles que obedecieran todas las órdenes de sus dueños y que no tuvieran opiniones independientes o propias. Los trabajadores, bajo la dominación feudal y las circunstancias reales de la economía natural, solo sabían enseñar a sus hijos cómo conservar la riqueza de sus ancestros. Su visión terminaba en la frontera de sus tierras y no había deseo de descubrir nuevas.

Aunque nos separa mucha distancia de la sociedad feudal, sus valores tradicionales no han desaparecido completamente y siguen influyendo en la educación actual. La tendencia a formar a los estudiantes siguiendo un solo patrón; a exigirles que respeten los conocimientos inalterables como si se tratase de libros sagrados; a interpretar lo que enseñan los profesores como la única fuente de autoridad, o a considerar el respeto a los libros y la obediencia a los jefes como el criterio para evaluar a un estudiante reflejan una concepción antigua del intelectual, que no desarrolla las características individuales de los alumnos ni fomenta sus capacidades de reflexión independiente. No están adaptados a la sociedad moderna, en que se ha instalado la economía del conocimiento y la ciencia y tecnología se renuevan día a día. La educación debe dedicarse a la formación de intelectuales con espíritu emprendedor y capacidad innovadora. Solo mediante la creación incesante de nuevos conocimientos y la explotación de nuevos ámbitos se puede alcanzar la prosperidad para el país y el pueblo, y superar a los rivales en las competiciones internacionales.

Otro reflejo de la antigua concepción de la intelectualidad es la consideración de que solo los que destacan entre los compañeros pueden ser considerados intelectuales. Esta opinión recibe la influencia de la tradición por la que solo los letrados con un mejor desempeño académico podían conseguir cargos en la corte. Sin embargo, la sociedad actual necesita intelectuales y profesionales en un gran número de campos. Todas las personas que tienen responsabilidad social, diligencia y esfuerzo y que pueden hacer contribuciones a la sociedad son intelectuales. En 1985, en el decreto llamado «Decisión de realizar la reforma del sistema educativo» se indicaba:

> Hay que formar cientos de millones de trabajadores de diversos sectores sociales, como industria, agricultura o comercio, con cultura, conocimientos tecnológicos y destreza en el trabajo. Hay que formar decenas de millones de directores de fábrica, gerentes, ingenieros, agrónomos, economistas, contables, estadistas y otros trabajadores de los ámbitos económico y tecnológico, con conocimientos de ciencia y tecnología moderna y de administración y con capacidad emprendedora. Hay que formar decenas de millones de intelectuales dedicados a la educación, la ciencia, la medicina, la teoría, la cultura, el periodismo, la industria editorial, el derecho, la diplomacia, los asuntos militares y a otros aspectos de la política y del Partido, que puedan adaptarse a las exigencias del desarrollo científico y cultural moderno y de la revolución de las nuevas tecnologías.

Se trata solo de una división esquemática. Según la clasificación normalizada de la Organización Internacional del Trabajo (ILO) anterior a 2010, las profesiones sociales pueden ser divididas en ocho categorías grandes, 83 pequeñas, 284 subcategorías más detalladas y 1506 programas profesionales. Dentro de cada programa profesional también hay más de diez mil profesiones concretas, que están en constante cambio. La sociedad no puede funcionar normalmente sin ninguna de estas profesiones. Desde luego, todos los padres esperan que sus hijos obtengan un trabajo digno y bien remunerado. Sin embargo, las personas disponen de diferentes talentos, capacidades, intereses, aficiones y aptitudes, y están enfrentadas a diferentes oportunidades en la vida, por eso, sus profesiones no son iguales. Si la persona es diligente y siempre quiere aprender, puede cosechar éxitos en cualquier profesión y ganarse el respeto de sus congéneres. Además, la sociedad actual está sometida a un proceso de reforma constante y cabe la posibilidad de que una persona no se dedique a una única profesión durante toda la vida. Lo más importante de la educación escolar es proveer a los jóvenes de una base sólida de conocimientos y mejorar sus cualidades. Ellos tienen que estudiar incesantemente cuando entran en la sociedad. Si un joven tiene el deseo de estudiar, le surgirán muchas oportunidades de cambiar la profesión.

Además, el concepto de intelectualidad en la educación actual debe tener las características siguientes:

(1) Aumento del número de intelectuales. En el pasado, únicamente una minoría podía acceder a la educación y, en consecuencia, en la sociedad existía un número reducido de intelectuales. En la sociedad actual, la educación secundaria se ha generalizado y la educación superior está experimentando un suceso similar. Ha aumentado el número de intelectuales con educación e instrucción.
(2) Diversificación. La sociedad moderna necesita intelectuales de diversos tipos. Por lo tanto, hay que revertir la tradición de formar intelectuales de acuerdo con un único modelo, y formar las personas según sus capacidades, permitiendo que puedan desarrollar al máximo sus capacidades. La sociedad necesita intelectuales con conocimientos generales y sobresalientes. La educación moderna tiene que crear condiciones para el desarrollo de características personales de índole muy diversa, ayudando a las personas a perfeccionar sus talentos con libertad y sin límites.
(3) Desarrollo armónico. Los intelectuales necesitan desarrollarse de manera armoniosa en los aspectos moral, intelectual, físico, estético y laboral. No solo deben tener conocimientos abundantes, sino también capacidad de expresión, comunicación u organización. Lo más importante es que hay que contar con elevados valores morales y generosidad.
(4) Clarividencia. Por un lado, el plazo de formación de intelectuales es largo; por otro lado, el plazo durante el cual los intelectuales prestan sus servicios a la sociedad es también largo. Estos dos plazos largos nos exigen

una visión de futuro y de desarrollo, que nos permita reflexionar sobre la cuestión de la formación de intelectuales. No solo hay que tener en cuenta las exigencias de los intelectuales y sus modelos de la sociedad actual, sino también hay que percibir las exigencias de las futuras etapas de progreso social, así como la fuerza potencial de las personas y su futuro desarrollo.

Superar las opiniones que valoran el conocimiento pero desprecian la tecnología

Durante el largo periodo feudal, el sistema educativo escolar se vinculó estrechamente con el de la selección de intelectuales. Los letrados estudiaban para convertirse en funcionarios. Para alcanzar este objetivo, había que participar en el Examen Imperial. Los estudiantes se dedicaban diligentemente a los libros, sin tener contacto con la sociedad y la producción, y despreciaban todas las profesiones y labores que exigían la habilidad técnica. Estas opiniones siguen teniendo influencias amplias en la actualidad y pueden ser una de las múltiples causas por las que la educación de formación profesional de nuestro país no está muy desarrollada. Las palabras tradicionales dicen «los letrados que estudian bien pueden convertirse en funcionarios», no en obreros, campesinos o comerciantes. Por eso, los buenos estudiantes prefieren entrar en los mejores bachilleratos y las universidades de prestigio. A ellos no les gustan las escuelas de formación profesional. Si no cambiamos estas opiniones, es difícil para que la educación vocacional ocupe una posición importante en la mente de las personas y consiga desarrollarse. En caso contrario, el nivel de cultura y de tecnología de los trabajadores no mejorará, lo cual puede redundar en una caída de la productividad.

Con todo, no ha de desdeñarse la influencia del sistema de Examen Imperial. La selección de intelectuales mediante un examen, en comparación con el sistema hereditario de los títulos nobiliarios y de los cargos oficiales, puede ser considerada como un progreso. No obstante, este tipo de educación valoraba los conocimientos al tiempo que menospreciaba la tecnología, y se concentraba en obtener un buen resultado en los exámenes. Estas características han pasado a formar parte de la tradición educativa de nuestro país. Han provocado la rigidez de los modelos de la formación de intelectuales y han obstaculizado la reforma y el desarrollo de la educación. Si queremos cambiar esta situación, por un lado, hay que reformar el sistema de exámenes y, por otro lado, debemos modificar las opiniones tradicionales sobre la educación, interpretando el concepto de formación de intelectuales desde una perspectiva más amplia y superando los límites estrechos de máximas como «los letrados que estudian bien pueden convertirse en funcionarios».

Estas opiniones, caracterizadas por valorar los conocimientos, ignorar la tecnología e intentar acceder a instituciones educativas prestigiosas, pueden ser consideradas como características típicas de la cultura oriental. El porcentaje de admisión a la educación superior de Japón y de Corea es muy elevado y generalizado, pero la competitividad entre estudiantes es feroz, porque los jóvenes quieren entrar solo en las mejores universidades. Los padres de familias de reputación pueden sentirse avergonzados si sus hijos no logran acceder a las mejores universidades. Al contrario, en la sociedad occidental no existen estas opiniones. Son asuntos propios de los hijos la elección de universidades y de profesiones y no tienen ninguna relación con los padres. Ellos se limitan a dar algunos consejos y dejan el derecho de decisión en manos de sus hijos. Esta es una diferencia entre las culturas oriental y occidental. Se puede decir que, en cuanto a esta cuestión, las opiniones de los padres occidentales son más científicas, democráticas y avanzadas, que merecen ser aprendidas por nosotros. Si no cambiamos nuestros puntos de vista, no podemos solucionar los problemas de la competición feroz en los exámenes, de la escasez de espíritu renovador, de la ignorancia en materia de tecnología o de la insuficiencia de intelectuales tecnológicos, a pesar de la abundancia de recursos educativos y del alto nivel de desarrollo de la educación superior.

Establecer conceptos de enseñanza y de calidad de enseñanza correctos

La enseñanza es un proceso interactivo entre profesores y estudiantes, pero la educación tradicional y vieja la ha convertido en una actividad unidireccional desde los profesores. Los estudiantes están en una posición pasiva: «Mientras que los profesores hablan con fluidez, los estudiantes escuchan en silencio». El proceso de enseñanza, para los estudiantes, es un proceso de aprendizaje, que necesita una actividad cerebral positiva. Confucio dijo: «Aprender sin reflexionar provoca la confusión». Si no utilizamos el cerebro para reflexionar, es difícil aprender, recordar y aplicar los conocimientos. La diferencia radical entre la enseñanza de ilustración y la de introducción consiste en si los profesores pueden promover la reflexión activa de los estudiantes. La enseñanza de introducción solo presta atención al resultado, y presenta los conocimientos existentes a los alumnos. No tiene en cuenta el proceso de la enseñanza ni exige la reflexión ni las preguntas de los estudiantes. Este método didáctico, evidentemente, no puede formar el espíritu renovador ni la capacidad práctica de los aprendientes.

Si se quiere formar la capacidad de los estudiantes, hay que colocarlos en la posición principal del proceso de la enseñanza, estimular suficientemente su optimismo e iniciativa, animarlos a estudiar con independencia. Las nuevas reformas de asignaturas de nuestro país destacan la importancia de la posición central de los alumnos en el estudio y proponen la idea del estudio de exploración. Sin embargo, es difícil lograr éxitos si las opiniones de los profesores sobre la enseñanza no cambian.

¿Cómo se define la calidad alta de enseñanza? ¿La calidad será más alta si se enseñan más conocimientos y se obtienen notas más altas? La educación moderna presta más atención a la formación de las capacidades de los estudiantes, que abarcan las capacidades de descubrir y proponer preguntas, de analizarlas y solucionarlas, y las competencias de seguir los estudios, de expresarse, de llevarse bien con los otros o de organizar. Durante la década de los sesenta, el pedagogo estadounidense Bruner, en su *Proceso de educación*, declaró:

> Tal vez podamos considerar la adquisición de notas altas como el objetivo más general de la educación. Sin embargo, hay que clarificar el significado verdadero de conseguir notas altas. Se refiere a que no solo hay que formar estudiantes con buenas calificaciones, sino que también hay que ayudarlos a obtener el mejor desarrollo de la inteligencia.[2]

En la sociedad actual, la ciencia y tecnología se desarrollan a alta velocidad y los conocimientos se renuevan día a día. Dentro de los años limitados de la educación escolar, no se puede ni hace falta enseñar a los estudiantes todo el saber humano acumulado. Lo más importante es enseñarles las maneras correctas de estudiar. La calidad de la enseñanza debe ser evaluada por el nivel de desarrollo de la inteligencia de los estudiantes.

Los conceptos de calidad de enseñanza generales tienen que seguir fielmente las directrices educativas, promoviendo el desarrollo iniciativo y dinámico de los aspectos moral, intelectual, físico o estético de los estudiantes. No se les exigen las notas sobresalientes en cada asignatura, puesto que esto contraviene sus leyes de crecimiento. Las capacidades de las personas son heterogéneas. Por lo tanto, si se exige la consecución de una nota sobresaliente en cada asignatura, se van a reprimir los intereses o las destrezas especiales de los alumnos. De esta manera, no se puede formar intelectuales excelentes.

Superar los conceptos de educación escolar cerrados, establecer conceptos de la educación a lo largo de la vida

En el pasado, nuestra comprensión de la educación solo se limitaba a la educación escolar, considerándola como una oportunidad de estudiar proporcionada a las personas entre los seis o siete y los veinticuatro o veinticinco años. En este periodo podían conseguir conocimientos suficientes, e incluso inagotables, para toda la vida. No obstante, el rápido desarrollo de la ciencia y la tecnología modernas y el aumento geométrico de la cantidad de conocimientos han roto este sueño. Solo mediante el estudio incesante, las personas pueden seguir el ritmo de la época. La educación escolar no es solo la educación recibida antes de la incorporación al mundo laboral, sino también abarca la formación permanente, la educación de rehabilitación, y la educación del ocio. La educación moderna ha incluido la formación escolar en el sistema educativo de toda la vida, proporcionando oportunidades de estudio para personas de todas las edades.

Respecto al ámbito de las actividades educativas, la educación no se realiza solo dentro de las escuelas. En los tiempos pasados, si uno quería recibir la educación, debía entrar en la escuela. Por el contrario, en la actualidad, las personas pueden conseguir conocimientos mediante diversos medios, especialmente Internet, que ofrecen informaciones de manera rápida y cómoda. Por lo tanto, el ámbito de la educación se ha ampliado enormemente.

En cuanto a las tareas de la educación, no solo se dedica a la formación profesional de las personas y a la creación de condiciones para la construcción de la civilización material de la sociedad, sino que también contribuye a la mejora de las cualidades científica y cultural, ideológica y moral de todo el pueblo, y a la construcción de la civilización espiritual socialista. Por eso, no se trata de asuntos relacionados únicamente con escuelas o profesores sino también con toda la sociedad.

Solo después de asumir que el aprendizaje es un proceso que dura toda la vida, de ofrecer oportunidades de estudiar para todo el pueblo, y de realizar la educación en todos los espacios y tiempos, se pueden evitar los modelos de producción reducida, colocar la educación en el sistema general del desarrollo social para evaluarla, otorgarle una posición fundamental y global en la estrategia de la construcción social.

Tratar de manera correcta los pensamientos y experiencias educativos extranjeros

El sistema educativo moderno chino se desarrolló a base de introducir el sistema educativo occidental. Por lo tanto, contiene en abundancia pensamientos y culturales occidentales. A lo largo de más de cien años, hemos aceptado y absorbido muchas tendencias ideológicas educativas occidentales que se agolpaban en China. Cómo distinguir, absorber y domesticar los elementos educativos occidentales para transformarlos en tradiciones de la educación china constituye una cuestión que merece una reflexión prudente.

Nos oponemos al etnocentrismo occidental, que valora todo lo occidental y que considera la occidentalización como la modernización y la única vía de desarrollo de China. La historia ha mostrado que esta opinión desemboca en un callejón sin salida. Solo se puede realizar la modernización que corresponde a los beneficios del pueblo chino mediante la creación de nuestro camino propio, adaptado a la situación real de nuestro país. Con la educación ocurre lo mismo: solo si combinamos los sistemas y experiencias educativos avanzados extranjeros con la tradición educativa de nuestro país, podemos conseguir rendimiento en la modernización de la educación. Mientras tanto, tampoco estamos de acuerdo con el etnocentrismo oriental. En la época actual, el hegemonismo de la cultura occidental se vuelve cada día más desaforado, lo cual provoca la antipatía de muchos expertos orientales y el surgimiento del etnocentrismo oriental, una ideología egoísta muy estrecha. En realidad, ambos movimientos se inscriben en la cultura colonialista, y el último consiste en una resistencia pasiva a la anterior y un reflejo de la falta de autoconfianza en la cultura del propio pueblo. La actitud correcta es absorber todas las bondades de la civilización humana, aprender las experiencias avanzadas de organización y administración de escuelas de todo el mundo, y combinarlas con nuestras propias experiencias, para realizar la domesticación de la tradición educativa.

La internacionalización y la domesticación constituyen cuestiones de debate permanente de la investigación de la educación e incluso de todas las ramas de las ciencias sociales y de las humanidades. La propagación de la cultura y las comunicaciones académicas llevan evidentemente el choque y el encuentro entre diferentes culturas. Lógicamente, estos choques y encuentros se influyen mutuamente en una doble dirección. Sin embargo, debido al atraso de la ciencia y la tecnología de China durante los últimos doscientos años, los imperialistas occidentales rompieron la puerta de China mediante el uso de la fuerza militar y llevaron, al mismo tiempo, su ciencia y tecnología avanzada. De esta manera, la influencia se ejerció en una dirección única. Estas culturas occidentales tenían diferencias esenciales con la doméstica, por lo que los chinos discutieron incesantemente preguntas como si había que aceptar o no esta influencia cultural extranjera y de qué manera.

Puesto que fueron impuestas a cañonazos por parte de los extranjeros, los chinos se sentían incómodos en su fuero interno, pero no eran capaces de rechazarlas sino que tenían que aceptarlas de cualquier manera. Por lo tanto, surgieron opiniones y argumentos como «conservar la cultura ética tradicional como esencia, utilizar la ciencia y tecnología occidentales como auxilio», o «aprovechar de las habilidades de los bárbaros occidentales para vencerlos», o puntos de vista que negaban que la cultura occidental hubiera sido llevada por los países imperialistas, puesto que había existido en China desde épocas antiguas. Por consiguiente, se puede considerar que el etnocentrismo oriental también surgió por la influencia de la cultura colonialista.

En realidad, desde los orígenes de la humanidad siempre se han desarrollado actividades de comunicación, que abarcan la emigración, el comercio o la guerra. Desde luego, las comunicaciones culturales de la época colonialista fueron unidireccionales; en ese periodo, los colonizadores propagaron sus culturas con el poder e intentaron destruir las culturas autóctonas. Por eso, se encontraron con la resistencia de los países y pueblos colonizados. Estas actitudes eran comprensibles desde el punto de vista emocional.

Sin embargo, desde la perspectiva racional, la resistencia sin excepción a todas las culturas extranjeras por temor de la colonización era no solo necia, sino también dañina, como criticó Lu Xun en el artículo «El principio de 'tomarlo por ti mismo'», en que el autor propuso dicho principio, que tenía las características siguientes: en primer lugar, nadie podía esperar a que le trajeran una cosa sino que había de tomarla con iniciativa, por sí mismo. Se diferenciaba de «esperar a que alguien te lo traiga», aunque no hacía falta andarse con ceremonias cuando la recibía. En segundo lugar, había que tomar las cosas selectivamente: coger aquellas que nos resultaran útiles y rechazar las caducas y atrasadas. En cuanto a las cosas enviadas, debían mantener la misma actitud. En tercer lugar, tenían que transformar lo tomado en algo beneficioso. La internacionalización consistía en tomar las cosas de otros países, mientras que la domesticación equivalía a modificarlas en cosas útiles para nosotros.

Bajo la situación actual de la globalización económica, la internacionalización de la cultura y la educación es inevitable. Solo se puede crear una nueva cultura del pueblo chino con la combinación de la internacionalización y la domesticación. En la educación ocurre lo mismo. Hay que potenciar la promoción de la apertura hacia el exterior, prestar especial atención a las tendencias principales de desarrollo de la educación mundial, absorber con optimismo todos los frutos excelentes de la civilización humana, aprender desde las experiencias avanzadas de organización y administración de escuelas del mundo para promover la modernización de la educación de nuestro país.

Se debe realizar también la identificación y la modificación, es decir, la domesticación, cuando se absorben las teorías y los sistemas educativos de otros países del mundo. Durante los últimos años, hemos introducido muchas nuevas teorías, como la teoría del constructivismo, la del posmodernismo, la de las inteligencias múltiples, la de la economía de nuevo sistema, u otras relacionadas con la administración de empresas. Algunas de ellas provienen directamente del ámbito educativo y otras, de diferentes ramas de la ciencia. Estas teorías enriquecen, sin duda, el arsenal de la teoría educativa china. Sin embargo, algunas teorías, al ser introducidas, no van acompañadas de un proceso de análisis e incluso a veces se crean rígidamente algunos nuevos términos que no pueden ser dominados por la mayoría de los profesores. Cualquier teoría, solo después de ser entendida y dominada por los numerosos profesores, puede convertirse en una fuerza educativa y formar la nueva tradición de la educación china.

Efectuar la renovación del sistema y establecer un sistema moderno de educación popular

El expresidente Jiang Zemin, en el centenario de la fundación de la Universidad Normal de Pekín, propuso: «La clave para efectuar la renovación educativa es hacer la reforma más profunda, de tal manera que se complemente y se mejore incesantemente el sistema educativo correspondiente a las necesidades de la construcción de la modernización socialista». Estas palabras nos exigen eliminar los obstáculos del sistema que restringen el desarrollo de la educación, esforzarnos por elevar los rendimientos del uso de los recursos educativos, mejorar la estructura educativa, ampliar los recursos educativos y satisfacer plenamente las necesidades de estudiar durante toda la vida del pueblo en la sociedad del aprendizaje.

Hay que investigar con minuciosidad las cuestiones siguientes: en la actualidad, ¿cuáles son los sistemas que obstaculizan el desarrollo de la educación? ¿Cómo se pueden eliminar? ¿Cómo se establece el sistema de la educación a lo largo de la vida en la sociedad de aprendizaje? Para resolverlas, también hay que escuchar con atención a los trabajadores y expertos de la educación y proponer sugerencias políticas. Aquí, el autor solo presenta algunas preguntas que merecen, desde su humilde punto de vista, reflexión.

Hay que realizar renovaciones en el sistema de la inversión educativa

En la actualidad, las contradicciones principales en el desarrollo de la educación de nuestro país consisten en la paradoja entre la insuficiencia de los recursos educativos y la alta demanda de formación. La insuficiencia de los recursos educativos se refleja en aspectos cuantitativos, como el desarrollo educativo desequilibrado, que no puede satisfacer las necesidades de educación del gran número de jóvenes; se refleja, en aspectos cualitativos, como la insuficiencia grave de la educación de buena calidad. Los estudiantes deben competir desde primaria para conseguir recursos educativos de buena calidad, lo que supone un serio obstáculo para la generalización de la educación de las cualidades. Para cambiar esta situación, lo primero que debe hacerse es colocar la educación en la posición prioritaria del desarrollo y fortalecer la inversión educativa. En junio de 2006, en la vigésimo segunda conferencia del X Comité Permanente de la Asamblea Popular Nacional se modificó la «Ley de la educación obligatoria», que instauraba la gratuidad de la educación obligatoria. Durante los últimos años, la inversión en educación de nuestro gobierno ha aumentado paulatinamente año tras año: en 2007, la inversión educativa supuso el 4 % del producto nacional bruto; en 2016, el 4,22 %. Se trata de un progreso enorme.

El problema actual es que el desarrollo educativo sigue siendo desequilibrado. Por lo tanto, promover la justicia y elevar la calidad de la educación sigue siendo la tarea principal del desarrollo educativo en el futuro. Según los datos de la Oficina Nacional de Estadística, hay grandes diferencias regionales en materia de inversión educativa. Es especialmente insuficiente en algunas zonas centrales. Cabe considerar el establecimiento de una cuantía normativa mínima del promedio de financiación. Las diferentes zonas pueden superar el promedio sin límites, y las que no puedan alcanzarlo, obtienen el apoyo integrado del gobierno central.

Además, hay que explotar más fuentes y reducir los gastos. La reducción de los gastos funciona para aumentar el rendimiento de la organización de las escuelas. En la actualidad, la financiación educativa sufre una crisis, y, lo que es peor, el fenómeno del malgasto es muy grave. Dentro de una zona, las escuelas se construyen de manera repetida, pero no comparten sus recursos con las otras. Algunas escuelas primarias y secundarias erigen lujosos edificios sin prestar atención a su función actual. A menudo, su superficie ocupa cientos de acres de tierra. Algunas escuelas secundarias construyen cuatro canchas de tenis pero son muy poco utilizadas y se convierten en objetos decorativos para las visitas de las autoridades. Algunas escuelas gastan cientos de miles e incluso un millón de yuanes para construir solo la puerta principal. Todo esto no solo provoca el malgasto enorme y tiene una mala influencia en el desarrollo equilibrado de diferentes zonas. Lo más grave es que se trata de una sustancia corrosiva del pensamiento: muchos municipios y escuelas se comparan en cuanto a suntuosidad y dinero gastado, lo cual tiene un impacto muy negativo.

Explorar más fuentes significa buscar más vías de inversión. Hay que liberar la ideología y conseguir los hilos de pensamiento novedosos y rompedores para salir del dilema entre la oferta y la demanda. En primer lugar, hay que seguir ampliando la escala de la educación organizada por centros privados, especialmente, hay que estimular la organización de escuelas privadas dedicadas al plazo de la educación no obligatoria. Mientras tanto, el gobierno financia la educación obligatoria para administrarla bien. En la actualidad, las escuelas organizadas por organismos privados han ganado cierta dimensión, y después de la publicación de la «Ley de promoción de la educación privada», su posición ha sido determinada. Sin embargo, su administración es difícil debido a que las políticas todavía no son aplicadas y las actividades, no normalizadas. Las oficinas administrativas de la educación de algunas zonas no están seguras de las escuelas privadas, temiendo que puedan convertirse en «escuelas de élite», que buscan solo los beneficios.

En realidad, lo más importante es la supervisión y la administración, y la normalización de las actividades escolares. El gobierno debe administrar las escuelas privadas de la misma manera que las públicas, fortalecer la administración e introducir cambios en aquellas escuelas que no presten atención a la calidad de enseñanza sino solo a los beneficios. Con las políticas correctas y la administración normalizada, las escuelas no van a llegar hasta el punto de administrarse de modo autónomo. En segundo lugar, hay que modificar y reformar las escuelas públicas débiles: por un lado, atraer las inversiones privadas para que participen en la organización de escuelas y mejoren las condiciones escolares; por otro lado, administrar las escuelas con mecanismos privados y sistemas de gestión modernos, para aumentar los rendimientos del trabajo y evitar el malgasto de recursos educativos. En tercer lugar, hay que realizar la reforma del régimen de recursos humanos y ejecutar por completo las relaciones contractuales. La norma actual de que «los profesores pertenecen a las escuelas» los limitan a una única escuela, lo cual no es beneficioso para su movilidad. Hay que efectuar al cien por cien el sistema de contratos, contratar a profesores con responsabilidad y objetivo, y estimular el movimiento de profesores entre diferentes escuelas.

Hay que renovar el sistema de organización escolar

En las prácticas educativas actuales, el sistema de organización escolar ha experimentado muchas renovaciones. Aparte de las escuelas privadas surgidas hace veinte años, han aparecido también escuelas organizadas por la administración pública y con inversión privada, escuelas organizadas por entidades privadas y con financiación pública, escuelas públicas, escuelas reestructuradas, escuelas por acciones, escuelas organizadas por valores educativos, escuelas privadas afiliadas a otras escuelas prestigiosas, colegios afiliados a institutos de educación superior, etc.

Hay que experimentar, investigar y administrar de manera normalizada todas estas formas de organización. No obstante, a algunas oficinas administrativas de la educación les faltan conocimientos sobre esta situación actual. Incluso algunos sostienen un punto de vista demasiado rígido, considerando que solo existen dos formas de organización: públicas o privadas. ¿Hay una tercera o cuarta forma? Por ejemplo, ¿existen escuelas pertenecientes tanto al ámbito público como al privado, o escuelas organizadas de manera conjunta con una «economía mixta»? El autor opina que se pueden probar todas. Especialmente, bajo las circunstancias actuales de la insuficiencia de inversiones educativas, las diversas vías de financiación promueven sin duda la multiplicidad de las formas de organización de escuelas. Después de que China entrara en la Organización Mundial de Comercio, las instituciones educativas extranjeras también accedieron a nuestro país para participar en la organización conjunta de escuelas. La diversidad de formas y sistemas de organización de escuelas será una tendencia imparable en el futuro. Este cambio influirá, sin duda, enormemente en la tradición educativa china, que merece ser investigada con minuciosidad por el mundo educativo.

Hay que cambiar en mayor medida la función del gobierno en la administración educativa, fomentar la capacidad de autogestión de las escuelas según la ley

La «Ley de la educación de la República Popular China» normaliza definitivamente la función y el derecho de las oficinas administrativas de la educación del gobierno y de las instituciones educativas, pero las normas no son muy concretas. Por eso, cuando se llevan a cabo, las oficinas administrativas de la educación del gobierno siempre dirimen los asuntos de manera demasiado minuciosa y detallada, provocando el debilitamiento de la capacidad de autogestión de las escuelas. Desde una perspectiva jurídica, el organizador de las escuelas públicas es el gobierno y sus oficinas administran las escuelas en nombre del gobierno. El gestor de la escuela es el rector, la persona jurídica que representa la escuela. Las escuelas deben tener el derecho de establecer las especialidades y las asignaturas y contratar a los profesores según las necesidades sociales y sus propias capacidades. Sin embargo, en la actualidad, excepto las seis universidades de permiso especial, ningún otro instituto público de educación superior tiene autonomía para establecer especialidades. La superficie de China es muy extensa y el desarrollo de diversas zonas, muy desequilibrado. Por lo tanto, no es razonable establecer de manera única las especialidades de todos los institutos de educación superior del país. Mientras tanto, solo si las universidades disponen de suficiente autonomía administrativa, pueden conseguir sus peculiaridades. En cuanto a este tema, existen todavía muchas cuestiones por debatir.

Además, se pueden fundar algunas organizaciones intermediarias para utilizar los recursos sociales para ayudar a las oficinas del gobierno a administrar las escuelas. Por ejemplo, se pueden establecer organizaciones de evaluación educativa u organizaciones de acreditación de escuelas privadas. De esta manera, las oficinas administrativas del gobierno pueden dedicar más tiempo a la investigación, a la toma de decisiones importantes y a la dirección de macronivel de los trabajos de las escuelas.

Hay que establecer un sistema de administración de escuelas democrático y moderno

La administración democrática de las escuelas sirve para estimular el optimismo de los profesores y alumnos, para que participen con iniciativa y entusiasmo en la administración de las escuelas. Las escuelas deben establecer, bajo la dirección única del Comité del Partido, asociaciones de profesores o sistemas de evaluación de profesores. El Comité de los asuntos administrativos de la escuela debe incluir representantes de estudiantes y de padres. En las escuelas chinas actuales no ha habido muchos avances en lo que se refiere a la libertad de expresión de sus actores principales, es decir, profesores y alumnos. Aunque muchas escuelas han establecido un sistema de representación de docentes, estas organizaciones prestan más atención al bienestar de los docentes que a la enseñanza y la investigación. Sin embargo, las voces de profesores son indispensables en la enseñanza y la investigación. Además, los alumnos y sus padres, en algún sentido, son consumidores del servicio educativo y también tienen derecho de conocer las circunstancias y la calidad de la educación. En las escuelas de muchos otros países se fundan comités de los padres, mientras que en tiempos anteriores, solo muy pocas escuelas nuestras disponían de esta organización. Los padres forman parte de unos recursos sociales muy útiles y pueden ayudar a las escuelas a solucionar muchos problemas muy difíciles, además de funcionar como intermediarios que conectan la escuela y la familia, la escuela y la sociedad.

Hay que crear una sociedad de estudio, en que todo el pueblo estudia durante toda la vida

El XVI Congreso Nacional del Partido Comunista de China propone que uno de los objetivos de la educación para la construcción integral de una sociedad modestamente acomodada es la creación de una sociedad del estudio, en que todo el pueblo estudia durante toda la vida, para promover el desarrollo integral de las personas. La sociedad del estudio hace referencia a una sociedad en que se estudia para alcanzar el desarrollo. Se trata de una sociedad renovada y se combina con la educación a lo largo de la vida.

La educación a lo largo de la vida consiste en la característica más básica de la educación moderna. En 1972, el informe del Comité del Desarrollo de la Educación Internacional de la Unesco, el libro *Aprender a vivir: el hoy y la mañana del mundo educativo*, se citaban los artículos de Fuller, Mahler, Berede o Hutchins de la década de los sesenta para describir la sociedad del estudio, afirmando: «La educación ha dejado de ser privilegio de personas extraordinarias o actividad normalizada de un tipo de edad determinada. La educación está progresando día a día hacia la dirección orientada a toda la sociedad y toda la vida del individuo». Además señaló: «La educación del futuro debe ser un conjunto coordinado, dentro de lo cual todas las secciones de la sociedad se unifican en el nivel de la estructura. Este tipo de educación será común y permanente».[3]

Es decir, en la sociedad del futuro todas las personas son «estudiantes» y todas las organizaciones sociales son organizaciones de estudio. En la sociedad futura, la educación permanente no solo tiene el objetivo de satisfacer las necesidades de cambiar la profesión o ganarse la vida, sino que forma parte de una manera importante para elevar la calidad de la vida, como se indicó en el informe de 1996 del Comité del Desarrollo de la Educación Internacional de la Unesco «La educación encierra un tesoro»:

> La posición de la educación en la vida del individuo es cada vez más importante, porque su función en promover el desarrollo de la sociedad moderna se vuelve más grande ... En el futuro, toda la vida consiste en tiempo de estudiar y de aprender, cada tipo de conocimientos puede afectar y enriquecer los otros.[4]

Para satisfacer las necesidades de la educación a lo largo de la vida, es imprescindible construir la sociedad del estudio, es decir, llevar a cabo la socialización del estudio, combinar la sociedad con el estudio e introducir la integración educativa. En la sociedad del estudio, todo el pueblo es objeto de la educación y parte principal de estudio. Dispone de oportunidades de recibir educación amplias e iguales. Para construir esta sociedad hay que conseguir los objetivos mencionados a continuación.

En primer lugar, hay que perfeccionar la comunicación y la conexión de diversos niveles y tipos de escuelas, romper los obstáculos entre escuelas profesionales y ordinarias, permitir a los estudiantes a cambiar la especialidad según las necesidades sociales y sus propios intereses, reconocer mutuamente créditos entre escuelas, etc. Desde luego, el cambio de especialidad y la homologación de créditos deben ser llevados a cabo según normas determinadas. Hay que romper la barrera del «academicismo», combinar la educación académica y la no académica, la educación regular y la irregular, y prestar más atención a la no académica y a la irregular. La sociedad moderna tiene más en cuenta la capacidad de una persona. Por eso, tiene que proporcionar a los estudiantes diversas oportunidades de estudio según sus capacidades, sin restringirlos a una sola categoría de escuela o especialidad. Solo de esta manera se puede estimular el entusiasmo de cada individuo. Mientras tanto, se puede evitar el problema de que el examen de acceso a la educación superior se convierta en un puente de un solo tablón mediante el que los estudiantes entran en los institutos de educación superior.

En segundo lugar, hay que combinar la educación escolar con la social y la doméstica, construir un sistema para educar a la comunidad. La educación escolar forma parte y consiste en el núcleo de la educación de la comunidad. Las escuelas deben romper los límites de sus paredes y atraer a los grupos sociales a participar en la organización escolar. Los recursos de las escuelas, especialmente los de inteligencia, deben servir a la comunidad y expandir su influencia en ella. Mientras tanto, necesitan absorber los diversos recursos de la comunidad para permitir el desarrollo de las escuelas, realizar el compartimento de recursos y el desarrollo conjunto.

En tercer lugar, las diversas empresas e instituciones de la sociedad deben organizar grupos de estudio, es decir, incluir la formación profesional y el estudio permanente en las tareas de la administración y el desarrollo de su propia organización. Se promueve la renovación mediante el estudio y se desarrolla el estudio mediante la renovación.

El estudio es un medio por el que los humanos realizan la autotrascendencia. La sociedad del estudio combina la educación con la sociedad y proporciona mejores condiciones para el desarrollo íntegro de los humanos. De esta manera, sus cualidades pueden alcanzar un nivel más alto.

Notas

1 Ding, G. (2002). *Entre la historia y la realidad. Investigación teórica de la tradición educativa china*. Pekín: Educación y Ciencia.
2 Bruner, J. S. (1973). *Proceso de educación*. Shanghái: Pueblo de Shanghái.
3 Comisión Internacional para el Desarrollo de la Educación de la Unesco (1996). *Aprender a vivir: el hoy y el mañana del mundo educativo*. Pekín: Ciencia y Educación.
4 Unesco (1996). *La educación encierra un tesoro*. Pekín: Ciencia y Educación.

Postada

Ha pasado seis años desde de la publicación de este libro. Me hubiera gustado efectuar una modificación importante, pero no la he podido realizar porque no he dispuesto del tiempo libre necesario. Una mera revisión general de todo el libro equivale al trabajo de dos meses. Por eso, pienso en mantener la originalidad de la obra, porque trata de un fruto de investigación del pasado. Esta edición nueva no cuenta con variaciones grandes en comparación con la original: solo he cambiado muy pocos contenidos y eliminado algunas ilustraciones.

Se puede decir que los recientes seis años constituyen un periodo en que la reforma educativa de nuestro país se ha hecho, poco a poco, más profunda. Se ha garantizado la gratuidad de la educación obligatoria, se ha producido la nueva reforma del currículo de educación básica, se ha llevado a cabo el desarrollo trascendental de la educación superior y se ha progresado en la educación de formación profesional. Especialmente, «colocar la educación en la posición pionera, realizar la equidad en la educación, elevar la calidad educativa y construir un país poderoso en recursos humanos» se han convertido en voces más altas, con gran resonancia en todo el país. China está elaborando un «Esquema del proyecto nacional de la reforma y el desarrollo educativo a medio y largo plazo», que plantea realizar generalmente la modernización educativa hasta 2020. Para cumplir este objetivo, se necesita liberar en mayor grado los pensamientos, cambiar las opiniones sobre la educación y realizar la renovación del sistema. Sin duda, la nueva tradición educativa china se actualiza y se enriquece en la profundización de la reforma y la renovación. Estos contenidos habrán de ser tratados en investigaciones futuras. Aquí los mencionamos para demostrar que la cultura china se está desarrollando, la educación está progresando y reformando, por lo que es lógico que la tradición educativa también esté en proceso incesante de desarrollo. No obstante, su desarrollo no puede desvincularse de la base cultural ni de los valores esenciales del pueblo chino. Por lo tanto, la investigación de la base cultural de la educación china todavía consiste en una tarea indispensable para nosotros.

Para terminar, agradezco de nuevo las labores diligentes con que la editorial Educación de Shanxi ha contribuido para este libro.

Gu Mingyuan
13 de agosto de 2009
En la Librería del Perseguimiento de la Verdad de Pekín.

Index

www.ingramcontent.com/pod-product-compliance
Ingram Content Group UK Ltd.
Pitfield, Milton Keynes, MK11 3LW, UK
UKHW021858290926
8980IPUK00005B/897

9 781433 197673